普 天 之 下 · 盡 是 好 書
普天出版家族
Popular Press Family
A-Plus Creative Company
淩雲文創

最麻辣、最暢銷的唐朝歷史！

唐朝實在很邪門 全集

Tang Dynasty So Strange

盛唐天下．帝國終局

霧滿攔江 精采力作

《唐朝絕對很邪乎》
全新修訂版

唐朝這個輝煌燦爛的王朝迷霧重重，處處透著一股邪勁，
玄武門之變僅僅是兄弟之間的爭權奪位？還是別有內由？
為什麼李世民的名字叫做「大野世民」？
一代女皇武則天到底有功還是有過？
她和高宗李治所生的女兒真的是王皇后所殺？
或是其實根本另有其人？眼睛瞎了的安祿山還想要起兵造反，
究竟是什麼讓他如此怨懟？
楊氏和李氏之間千頭萬緒的糾葛情仇，
竟是唐朝最終覆滅的主要原因？

◆出版序◆

最麻辣、最搞笑的大唐帝國！

霧滿攔江，大陸最具知名度的歷史類暢銷作家之一，創作出無數暢銷名作後，終於回過頭來把焦點放在盛世大唐身上，一一評點李唐人士出列，予以一番「指教」！

在華夏歷史上，唐朝始終是衆人無法忽視的閃亮星辰，不論是武治還是文學，都有著舉足輕重的地位，更不用說這個朝代從唐高祖開始，便有許多浪漫傳說圍繞著這一堆李姓皇室不停打轉。

大唐，一個令人爲之嚮往的崇高燦爛年代，有著開疆拓土的武將，賢相良臣……眞是這樣嗎？

江湖上人稱「幽默講史領導人」的霧滿攔江要告訴大家別想太多，所謂大唐盛景，只不過是一群基因有缺陷、心靈有傷痕，就連腦袋也不算清楚的李家人主演的一場歷史大戲！

有人說，大唐可是有前所未有的兩段榮景：貞觀之治和開元盛世，但是，這兩個盛世在霧滿攔江分析後，讀者將得到「盛世和領導一點關係都沒有」的結論，全盤推翻之前的印象。

從頭到尾的二十一位皇帝每個人不止邪乎，還有著扯不開、理不清的稱呼，從父親母親兩邊排下來的輩分更是嚴重混亂！

霧滿攔江以一貫幽默麻辣的俐落言語，帶領讀者審視這票輩份纏成一團的李家皇族，隨著扉頁翻過，每件邪乎事都展現出本來的眞面目，令人不禁訝嘆，原來這些人的遺傳基因有著先天上的缺陷！

在作者條分縷析的說明下，使人不得不相信這的確是一種可能，因爲在時間和衆多人爲因素影響下，歷史似乎可以任人打扮，形成一直以來所有人深信不移的「事實」。

唐代開拓出的版圖極廣，卻不過是李世民他老人家爲求絕世美女，拼著將士性命不要才得來的影響；武則天是歷史上唯一成功的女皇帝，行事詭譎、陰晴不定，其實背後有著深沉哀傷的心靈舊傷？

玄宗和楊貴妃的愛情故事是後世藝術家最喜歡的素材，但其實六十多歲的老頭李隆基，對芳齡早逝的楊家娘子根本沒那麼情深意重？

說不清從何時開始，這群皇家中人的輩份開始大亂，姑姑和妻子是同一個人，父親和兒子可以算成同一輩分，更不用說那些娶表妹、嫁表哥的「正常」現象……一段段的皇室婚姻爲唐朝帶來的，是衆人性格及思路上的偏差，還有國勢的日漸衰頽。

在這些弔詭事情的背後，自然的歷史規則卻依舊以巨大的力量緩緩推動歷史的車輪往前行。

大唐因何而滅？作者說，照史料分析，這是再正常不過的必然結果，甚至還搬出馬爾薩斯的人口論原理輔助說明。

天下大權集帝王身，聖賢聰明的帝王能夠繁榮昌盛，荒誕愚笨的帝王必將使大權落入他手而使得國家由繁榮步入衰落，當中還有一個最重要的因素，就是人口。

隋煬帝年間，天下人口極多，也合力生產出豐厚的糧食，在經歷改朝換代的戰亂烽火後，存活下來的唐初人民得以安心享用多出來的糧食，這便是「貞觀之治」的前導因素之一。

一旦人口數回歸至高點，甚至將要突破人糧平衡時，便是戰亂再起、民心傾軋的時刻到來，皇權自然岌岌可危，扣到大唐歷史上來說，便是開元天寶之後的最大隱憂……

霧滿攔江，大陸最具知名度的歷史類暢銷作家之一，著作無數，善於另闢蹊徑，將衆人熟知的歷史做出一番另類解讀，看似惡搞，卻是符合正史，同時以此做出延伸到正史之外合理推斷。

其文風麻辣生猛，創作出《清朝其實很有趣》、《明朝其實很有趣》、《山海經密碼》，以及《民國就是這麼生猛》等無數暢銷名作後，終於回過頭來把焦點放在盛世大唐身上，一一評點李唐人士出列，予以一番「指教」！

這是一部和「人性」息息相關的大唐麻辣史，隨著扉頁翻起，可以盡情享受霧滿攔江一貫的麻辣言辭，他以大膽合理的設想推出楊氏和李氏之間的複雜糾葛，讓人直呼不可思議，不由得折服於書中那從獨特角度出發的分析，對作者的功力深感佩服，更使人在掩卷後喟嘆良久，原來，歷史可以如此不一樣！

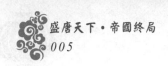

第2章 太宗李世民：類人猿的騙局／071

事實上，李世民只是一個瘋子，而不是一個傻子，這個嗜血狂魔以驚人的理性設計他的殘殺手段，並以此為號召，將以尉遲敬德為首的殺人狂聚集在一起。

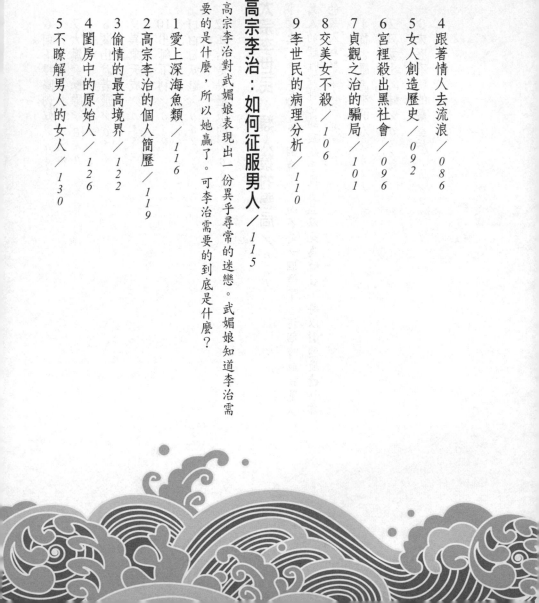

第3章 高宗李治：如何征服男人／115

高宗李治對武媚娘表現出一份異乎尋常的迷戀。武媚娘知道李治需要的是什麼，所以她贏了。可李治需要的到底是什麼？

第4章 女皇武則天：心靈深處的黑暗陰獄／147

武則天殺人，並非是僅限於李氏皇族，更非凡堅持李氏天下的就一定要殺。武則天殺人的理由只有一個：她只殺壞人。那什麼叫壞人呢？就是不讓她開心的人。

第5章 中宗和睿宗：扁平化人生／209

睿宗時代，仍然處於武李兩家的資源整合之中，內容殘酷血腥，你死我活。這場整合，就發生在做姑姑的太平公主，和做侄子的李隆基之間。

第6章

玄宗李隆基在龍椅上坐了七年之後，她才姍姍來遲地出生，出生時唐玄宗已經三十五歲，以年齡來論，這兩人之間不應該有什麼交集，可他們兩個偏偏就是有交集，還名垂青史，傳唱不歇。

第7章

從沈氏到崔氏，再到獨孤氏，李豫生命中的三個女人，沒有一個給他帶來快樂，他對於女人的全部感受，除了痛苦就是痛苦。這慘痛的人生，讓李豫日漸消沉，此後拒絕讓任何女人走入內心。

第8章 順宗李誦：黑魔法的祭品／401

皇太子突患怪疾，早有人飛報德宗天子。德宗聽了這個消息，笑了。人們正在驚訝何以德宗會笑起來，突然發現德宗不是在笑，而他的嘴歪，眼斜了，渾身上下激烈抽搐起來。

第11章

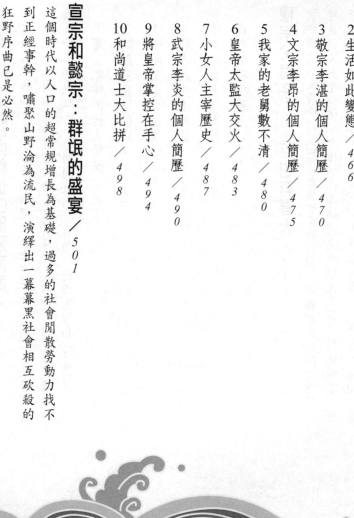

這個時代以人口的超常規增長為基礎，過多的社會閒散勞動力找不到正經事幹，嘯聚山野淪為流民，演繹出一幕幕黑社會相互砍殺的狂野序曲已是必然。

第12章

僖宗、昭宗和哀帝：毀滅季節的恐怖餘響／525

鳳翔節度使李茂貞自從上次弄丟昭宗後，後悔不迭，誠懇地希望昭宗去他那裡，讓他繼續清君側；宣武節度朱溫使也熱烈歡迎陛下親臨視察。比較李茂貞和朱溫，昭宗還沒在朱溫手下吃過苦頭，決定把這個機會讓給他。

序章

隋唐佳話

少年李淵十八歲，左右開弓，
將年方十六歲的少女竇氏娶回家，
話說竇家小姑娘羞答答地進了洞房，
見李淵一脫上衣，瞳孔倏然瞪大，
脫口尖叫起來……

人世有代謝，往來成古今。

雄渾壯麗的大唐帝國，並不是從天上掉下來的，也不是從地上鑽出來的。在唐之前，有大隋帝國，而在大隋朝之前，還曾有一個北周。

當時的北周有八大上柱國，上柱國的意思，類似於政治局中的八大常委，是掌握實際兵權的厲害人物。八大上柱國中，有一個竇毅，官居金州總管，爵封神武公，娶了皇帝的姐姐襄陽公主做老婆。大約是在西元五六八年的那一天，襄陽公主幸福地懷孕了，十個月後，生下來一個小寶寶。

這孩子一出生，險些沒把竇毅嚇死，生出來的分明是一個毛球，黑乎乎一大團，還忽悠忽悠地亂動彈。果然不愧是公主，連毛毛球都敢生……

竇毅強忍著恐懼，撥開這團毛球，往裡邊一看，嘿！毛球裡邊臥睡著一個白胖白胖的嬰兒。再仔細看這團毛球，居然是嬰兒的頭髮，這破孩子，出生的時候頭髮就和身體一樣長，這得消耗孩子她媽多少營養啊！

當時北周皇帝叫宇文邕，是襄陽公主的哥哥，聽說了這樁怪事，就吩咐竇毅把孩子抱進宮裡瞧瞧，進宮後端過來一看，怪不得頭髮長這麼長，原來是個女生。從此以後，這個女孩子幸福地生活在皇宮中，享受公主級待遇，準備長大成人。

當時竇毅對襄陽公主說：「這個孩子啊，才貌如此奇異，嗯，這樣的怪孩子可不能隨便什麼人就嫁了，一定要找個最合適的人選……」不想說話的工夫裡，北周帝國就滅亡了。

北周之所以滅亡得這麼快，是因爲英雄楊堅出世，著急忙慌地創建他的大隋帝國。這位滅了北周，創建大隋的楊堅，史稱隋文帝，兵權在手，滅周興隋，無人敢吭一聲。大家都紛紛寫信上書，向隋文帝楊堅表忠心，並強烈聲討北周宇文反動派的累累罪行……

這一年，竇毅的女兒剛剛十三歲，正在宮裡玩耍，突然聽說國家領導人換了，宇文家族下台，當時這小姑娘一下子撲倒在殿階上，氣得昏死過去。大家急忙上前，掐人中、揉腦門，好一番折騰，就見小姑娘醒來，捶胸歎息：「可恨我不是男子，不能拯救宇文舅舅家於危難之中……」

這話一說出來，直嚇得竇毅和襄陽公主魂飛天外，急忙捂住小姑娘的嘴，喝斥道：「別瞎說！這不和諧的話妳也敢說？嗯，以後要說，就說堅決擁護領導的英明決議……聽清楚了沒有？」

訓斥過女兒之後，竇毅越想這事越可怕，自己的女兒才十三歲，這麼小的年紀，就如此不和諧，老是跟領導頂牛，再過幾年那還了得？還不如趕緊瞧瞧誰家男孩子好唬弄，快把這丫頭嫁出去吧……

三年之後，竇毅命人於府門之上，畫了兩隻孔雀，順牆隔開一段距離，放著畫弓和翎箭。宣布但凡少年子弟，只要身世清白，沒有犯罪前科，智商又不是太低的話，都可以來竇家門前射箭。只要能一箭射中孔雀的眼睛，就可以少奮鬥二十年，把竇家聰明美貌的小丫頭帶回家當老婆，你來不來？

消息一傳出，霎時間竇家門前人山人海，四鄉五里的窮光棍都飛快趕來，經過審核之後，有十幾人過關，進入比射場地。可是，這些人有的連弓都拉不開，就算勉強拉開弓，一箭射出，箭也飛得不知去向……竇毅看得憋氣又窩火，正在鬱悶之間，突聽馬蹄得得，一個英姿颯爽的年輕人踏出人群，引弓搭箭，就聽「嗖啪嗖啪」兩聲，回頭再看大門上的孔雀眼睛，已各自釘著一枝翎箭。

竇毅大喜，定睛一看這英俊的年輕人，竟然也是熟人！

這年輕人名叫李淵，他爹大野虎也是朝中八大上柱國之一，爵封唐國公，和竇毅是同事。竇毅立即吩咐下去，「從今天開始，李淵就是我的女婿了。」

西元五八三年，少年李淵十八歲，左右開弓，將年方十六歲的少女竇氏娶回家，還在歷史上留下一個美麗的成語「雀屏中選」。意思是說，只有最有本事的小夥子，才有資格抱得美人歸。

話說竇家小姑娘羞答答地進了洞房，見李淵一脫上衣，瞳孔倏然瞪大，脫口尖叫起來，「怪物啊……」

只見李淵的胸脯上，赫然長著三個乳頭。

本是奇人，生俱異相。李淵這麼個長法，也有他自己的道理。雖說李淵一個大男人，三個乳頭是有點多了，可它已經長出來了，難道還能剪掉嗎……

此後，毛毛球竇氏就和仨乳頭丈夫李淵幸福生活在一起，六年後，生了個大寶寶，取名叫李建成。夫妻二人休息了十年，靜極思動，一時興起又生下一個小寶寶，取名叫李世民。

這個李世民，知名度比較高，便是未來大唐帝國時代的唐太宗。

光有了唐太宗還不夠，李淵夫妻二人繼續努力，勤於生產，又生下老三李元霸，然後竇夫人繼續揪住李淵，生下了老四李元吉。

老四一出生，卻是怪異得很，因爲這孩子的哭聲不似嬰兒之聲，而是豺狼的嚎叫。當時可把竇氏氣壞了，「返祖現象，基因突變，好端端地生孩子，怎麼會生出來這麼一個怪物？快抱出去扔掉！」

於是李元吉就被扔到門外，幸虧家裡的保姆看不過去，又偷著把孩子抱了回來。

從此，唐太宗李世民一家人幸福地在太原生活，坐看剛建立沒多久的大隋帝國步入一個刀兵四起、腥風血雨的年代。

第一章

高祖李淵：以德服人的模範典型

唐軍邁著大步進入長安，

代王楊侑躲藏在府中不敢露面。

李淵率兵而入，跪在楊侑面前嚎啕大哭，

哭罷，宣佈廢黜天子楊廣，擁立楊侑為皇帝。

1 唐高祖李淵的神秘檔案

仔細推敲，就會發現李淵這份個人簡歷當中充滿不可解釋的疑惑。頭一樁：李淵到底是什麼人？是漢人？是鮮卑人？李淵一家信誓旦旦地說自己是漢人，可這家人實在是有點靠不住。

要知曉大唐帝國自何而來，就要先看一份大唐首任皇帝李淵神秘的個人檔案。

- 姓名：李淵
- 出生：北周天和元年，西元五六六年
- 籍貫：陝西長安
- 生肖：狗
- 卒年：唐貞觀九年，西元六三五年，享年七十歲
- 特長：記憶力超強，過目不忘，善於結交各類人物
- 社會關係：

父親：大野虎

母親：獨孤氏

妻子：竇氏

兒子二十二個，女兒十九名。

零歲：出生於軍人家庭，父親李虎因軍功被封爲八大上柱國，並改名爲大野虎，所以李淵又叫大野淵，以此類推，唐太宗李世民應該叫大野世民……

七歲：承襲唐國公之位。

十八歲：娶妻竇氏，被妻子發現自己有三個乳頭。

四十八歲：召集親信大臣，密謀奪取天下。

四十九歲：出任太原道安撫總管。

五十二歲：出任太原留守。

同年，率三萬軍隊誓師於太原，向關中進發。攻進長安，迎隋煬帝之子、十三歲的代王楊侑爲帝，出任大丞相。

五十三歲：楊侑哭著喊著要把天下送給李淵，李淵堅決拒絕，多次拒絕未果後，被迫接受天下。

是年，建大唐天下。

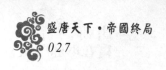

五十三歲：消滅河西涼州李軌僞政權。

五十四歲：消滅劉武周僞政權，名將尉遲恭請降。打掉劉文靜反皇帝集團，撥正航向。

五十五歲：消滅王世充僞政權，消滅竇建德僞政權。

五十六歲：消滅劉黑闥土匪武裝。

六十二歲：次子李世民發動玄武門兵變，殺哥哥李建成，宰弟弟李元吉，逼迫李淵離休。

七十一歲，以離休老幹部身份，卒。

如果仔細推敲，就會發現李淵這份個人簡歷當中充滿不可解釋的疑惑。

頭一樁：李淵到底是什麼人？是漢人？是鮮卑人？還是原始人？

李淵一家是信誓旦旦地說自己是漢人，可這家人實在是有點靠不住，在北周帝國時代，也信誓旦旦地聲稱自己是鮮卑人，才會被封爲八大上柱國之一。現在是大唐時代，以漢民族爲主了，他們又聲稱自己是漢人。敢情這家人就是牆頭草，哪裡人多，就往哪裡紮堆，這怎麼行？

然則，這家人到底是什麼人呢？

我們有十足的把握，可以肯定，他們一家人，百分百是來自荒原上的少數民族，證據……有關李氏家族的身世來歷，我們會在後文經由李家人的輩分關係詳細論證。

現在來說說李淵的第二個謎。

從李淵的個人簡歷上來看，他是在五十二歲的時候舉旗鬧事，同年進入長安，拿下整個天下。

那麼這事就奇怪了，我們知道隋唐時代是英雄四起的時候，尤其是瓦崗寨裡的英雄人物，簡直可以說是風起雲湧。

怎麼這麼多的英雄人物，就坐在地上看李淵奪取天下，居然連吭都不吭一聲？容易，太容易，容易到了令人髮指的程度。

歷朝歷代的開國君王，要奪取天下，莫不是付出慘烈犧牲。比如說漢高祖劉邦，動輒讓楚霸王項羽追得屁滾尿流，連老婆都讓人家捉到戰俘營裡去了。再說到三國時代的劉備，就為了躲進四川那麼個小地方稱孤道寡，活得就甭提多麼淒慘了……何以他李淵這麼順風順水？

這個原因，還要從李淵的創業歷程上尋找。

2 術士創造歷史

看相？蕭吉的眉毛一飛又一挑，看相，無非不過是看看臉上的風水罷了，擱這麼厚重的禮物在這裡，你好意思說人家這輩子沒出息嗎？

歷史上，李淵雖然開創了大唐，是爲大唐高祖，但史學經典《資治通鑑》卻認爲，大唐帝國的開創，理應歸功於一個叫蕭吉的風水術士。

蕭吉一介江湖人士，又是如何開創大唐基業的呢？

事情的起因是，隋文帝楊堅的老婆皇后獨孤氏死了，他就吩咐術士蕭吉，去找塊風水寶地來安葬。

蕭吉支領了一大筆差旅費，興沖沖地出發，甫一出門，就遇上一個人，隋文帝楊堅的二兒子，晉王楊廣。

說起這楊廣，委實是個奇怪至極的人物。

據史書上記載，楊廣出生的那一天，極光四起、彩霞滿天，鄉間的牛馬都驚恐不安地嘶叫起來，生育楊廣的獨孤皇后則做了一個奇怪的夢。

在夢中，獨孤皇后看到一條模樣古怪的龍，從她的身體裡嗖的一聲竄出，又嗖的一聲竄上高空，接著啪唧一聲重重摔在地上，把龍尾巴摔斷！

醒來之後，獨孤皇后很是心慌，就叫來皇帝老公，把這個夢細說了一遍。

當時隋文堅楊堅狐疑地盯著這個孩子，看了好久，才說：「妳這個夢吧，表示咱家這個孩子，有點不正常……妳說妳半夜的說什麼夢呢，快睡覺吧。」

之後楊廣長大成人，對文字有著一種不可解釋的敏感，聽人念一次就牢記在心，再也不會忘記。所以他酷愛讀書，不論是醫書、藥書、天文書、地理書、技藝書，或是玄學書……只要是書本落到他的手上，翻閱一下，就能夠把整本書背誦下來。

此外，楊廣還有一個驚人的本事：洞悉人心。

小楊廣八歲的那一年，曾經遇到一個大臣上奏章，小楊廣和大臣聊了幾句話，就說：「你等一下……」然後伏案揮筆，刷刷刷寫了篇文字，拿給那個大臣。那大臣睜眼一看，頓時尖叫一聲，扔了奏章掉頭便走。

楊廣寫的是什麼，竟然把大臣駭得魂飛天外？

原來，楊廣寫出來的，是一部奏章，內容竟然與那個大臣手中拿著的奏章一模一樣，不只是內容一樣，就連文字措辭，甚至連語句都沒有絲毫區別。

只是聊幾句閒話，楊廣就看透了這個人，知道這個人要上奏什麼事，知道他如何寫奏章，如此聰明，實在是有點怕人。

此時楊廣來找蕭吉，是想請蕭吉吃飯。

吃飯？國家領導人的兒子請自己吃飯，那是超有面子的事，蕭吉興高采烈地去了。到了楊廣家，兩人坐下開喝，喝著喝著，就見一個僕人捧只玉匣過來，呈到蕭吉面前，一打開，就見匣子裡邊華光四溢，珠光寶氣。

蕭吉心裡咯噔一聲，禮下於人，必有所求，可自己不過是一個江湖術士，人家楊廣爲啥要送這麼厚的禮物給自己呢？

「晉王，此爲何意？」

楊廣那俊俏的臉上浮現著親和的笑容，「不過是想請先生替我看看相。」

看相？

蕭吉的眉毛一飛又一挑，看相，無非看看臉上的風水罷了，擱這麼厚重的禮物在這裡，你好意思說人家這輩子沒出息嗎？

蕭吉拿眼睛仔細地看過楊廣，終於躬身拜倒，「恭喜殿下，賀喜殿下……這個這個，不出四年的時間，你就會升爲太子，然後君臨天下，做皇帝。」

楊廣大喜：「那就拜託先生了，若然是眞如先生所說，那定然是拜先生所賜。」

聽了這句話，蕭吉差一點沒有大哭出來。楊廣的話，說得明明白白，他蕭吉是看風水的，此番拿了人家的黃金，這風水就得看出效果來，至少也要把楊廣看成皇帝。可是這世上，有能夠讓楊廣當上皇帝的風水嗎？

沒有也得有。

蕭吉硬著頭皮出發了，跋山涉水、餐風宿露，在荒無人煙的原野上暴走很久，終於選中一塊地。蕭吉興沖沖回來，彙報說：「啓奏陛下，找到了一塊好地皮，據本人測算，這塊地的風水，能夠讓楊家基業延續二千年，皇統延續二百世。」

隋文帝楊堅一聽就樂了，說：「少來這套，難道秦始皇下葬前就沒有看過風水嗎？難道漢高祖劉邦下葬的時候就沒有看過風水嗎？怎麼看了風水之後，他們的帝王基業就傾覆了呢？由此可見，風水這玩意兒是靠不住的……但話又說回來，風水靠不住，那也得看啊，要不養你蕭吉幹什麼？」說完這番話，隋文帝楊堅就拍板決定，就用蕭吉看好的那塊地。

蕭吉謝恩退下，回到家中，遇到自家兄弟蕭平仲。蕭平仲問他：「你看的那塊地，到底管用不管用啊？」

蕭吉說：「管用，怎麼會不管用呢？只不過月缺月圓、花開花滅，人世間這事最難兩全。不過看一塊地，一要讓楊廣當皇帝，二要讓楊家基業百世流傳，可這兩個目標是背道而馳的，顧得了一個，就顧不了另一個……」

蕭平仲問：「那你最後顧了哪一頭呢？」

蕭吉歎了口氣，「唉！咱是拿錢吃飯，誰給咱的錢多，咱就替誰幹活，所以這一次的風水……肯定要照顧楊廣當皇帝的了。」

蕭平仲問：「照你這麼說……那楊家的基業到底能延續多久幾世？」

蕭吉豎起一根手指頭，「噓，你記住，咱們老蕭家的人，是從來不撒謊的，我說大隋基業延續二千年，意思就是延續三十年。我說楊家基業延續二百世，意思是說延續兩世……我是個誠實的人，一口唾沫一個釘，你聽明白了吧？」

3 太子腦殼出問題

楊勇等啊等，等啊等，越等越焦急，越等越上火，終於急出了神經病，爬到了樹上，衝著楊堅居住的皇宮大聲吼叫：「爹，爹，你兒子冤枉啊……」

術士蕭吉看過的風水，到底管用不管用呢？

這個不清楚，但有一件事是確切無疑的，打從蕭吉給楊家看過風水之後，太子楊勇的腦子，就開始出問題。

史書上說，忽然有一天，他在太子宮中吹吹打打，奏樂跳舞，並傳令百官去宮中參見，百官排著長隊去了，忙著表忠心獻殷勤，沒人再理會皇帝楊堅。

聽到這個消息，楊堅頓時就火了，發表談話說：「什麼意思？太子在搞什麼？我這不是還沒死嗎？等我一死就輪到他了，他真的連這麼幾天都等不及了？」

楊堅傳旨，停止再向太子宮中進獻各地特產。

從這天開始，隋文帝楊堅就開始瞧著大兒子不順眼，老疑心這孩子是個白眼狼，爲了及早登上皇位，說不定會幹出什麼可怕的事情來。而太子楊勇那邊呢，也是後悔不迭，痛不欲生。

想個什麼辦法，能夠讓父皇消消氣呢？太子楊勇左思右想，突然之間腦子裡靈光一閃，「有了，就這麼辦……」

楊勇在太子宮裡弄了塊地，蓋起一間茅草屋，四周種植荊棘叢，自己穿著粗布衣服，光著兩隻腳板，就睡在荊棘叢中。

隋文帝楊堅聽說了這事，吃驚得眼珠子差點沒鼓出來，急忙問報信的人，「他這麼個搞法，到底是什麼意思？」

報信的人急忙去調查，然後回來報告，「啓奏陛下，是這麼回事，太子這麼個搞法，嗯，是一種黑魔法，據說光腳赤身睡在荊棘叢中的兒子，能夠喚回父母心中的愛……」

「胡扯！」隋文帝多大歲數的人了，豈會相信這個？楊堅懷疑，兒子這一招，巫術肯定是巫術，但目的應該不是爲了喚醒父親心中沉睡的愛，而是……說不定，是詛咒他這個當爹的快點死翹翹。

楊堅很生氣，就吩咐拿下壞太子楊勇，交給……交給誰管理好呢？嗯，二兒子楊廣人不錯，長得英俊，又會寫詩，就讓老二負責關押老大吧。

就這樣，太子楊勇，淪爲二弟楊廣的階下囚。

楊勇對弟弟楊廣說：「老二，幫個小忙，讓我見見父皇，我冤啊！」楊廣說：「大哥，你放心，這點事，小意思，你等著吧！」說完，楊廣就出門赴飯局去了，根本不把大哥申冤的狀子向父親楊堅稟報。

楊勇等啊等，等啊等，越等越焦急，越等越上火，終於急出了神經病，爬到樹上，衝著楊堅居住的皇宮大聲吼叫：「爹，爹，你兒子冤枉啊……爹啊，爹，你聽沒聽到兒子喊冤啊……」

楊堅從睡夢中驚醒，就問：「外邊是什麼動物啊，大半夜的吼叫得這麼嚇人？」身邊的人回報說：「皇上，是這麼回事，是廢太子他……瘋了。」

不就是最近找了個風水術士，挑了塊好墳地嗎？怎麼好端端的，太子說瘋就瘋了呢？楊堅理不清楚這一團亂麻，裝聽不見楊勇的高聲慘叫，閉上眼睛又睡了。

等到天亮，楊堅心想，現在這情形，老大楊勇瘋了，肯定不是能再繼承皇位了，那麼現在該怎麼辦呢？

還能怎麼辦？當然是讓二兒子楊廣做天子啦！

後來楊廣登基爲帝，他的屁股剛剛挨到龍椅上，就見宮中怪事倏生：一株楊樹，無故枯死，而另一株李樹，卻長得生機勃勃，結了無數甜美的果子。聽了這個消息，楊廣心裡一緊，莫非這是說楊家將亡，李家將興？

正在困惑之際，宮中又聞歌聲：河南楊花謝，河北李花榮。楊花飛去落何處，李花結果自然成……

聽了這個歌聲，楊廣大駭，急忙出門去尋找，發現唱歌的竟然是一個宮女。

於是楊廣將那宮女叫過來，問她：「這首歌，是誰教給妳的？」

宮女回答：「我有個弟弟，流落民間，我是從他那裡學來的。這首歌，在宮外人人都會唱，許多孩子就是唱著這首歌，在路邊玩耍。」

楊廣聽後，沉默半晌，才突然說道：「有個姓李的人，在暗中搗鬼。」

是誰？

4 黑狗偷食，白狗當災

蒲山郡公李密，這個李密長得瞳目如電，身材偉岸，下頷上有一捲巨大的鬍鬚，太平盛世，他長這麼巨大的鬍子幹什麼？明擺著是要造反！

這個在暗中搞鬼，破壞大隋帝國安定局面的人，就是長了巨乳頭的李淵。

李淵之所以這麼惡搞，是因爲他遇到個叫史世良的術士。當算卦術士史世良遇到李淵的時候，正值李淵春風得意，先出任樵州和隴州的刺史，又承襲唐國公的爵位，然後又被任命爲滎陽太守、殿前少監、衛尉少卿……總之，當時李淵擔任的官職太多，連他自己都記不住。

史世良見到他之後，大驚，逕自向前拜倒，說了一句話。

「你丫的面相不凡，日後定當大貴。」

李淵聽了後，卻非常不高興，冷哼了一聲，「難道我現在的地位，還不算大富大貴了嗎？」

術士仰天大笑，「現在的你，不過是供人驅使的鷹犬，眼前的富貴，不過是人家扔給你的腐肉。若待你日後眞正富貴之時，再想起今天的日子，恐怕帶給你的，只有難言的羞愧吧？」

李淵聽了，頓時色變，掉頭急急走開，不敢再聽那術士胡言亂語——術士史世良在暗示他，他未來的造就，當有帝王的福分……可是這種話，豈能公開說出來？若是讓別人聽到，只怕性命難保。

等回到自己的唐國公府中，李淵坐下來細一尋思，卻是越想越覺得史世良說的話有道理，自己這麼大的本事，又有四個本事同樣不小的兒子，那皇帝之位，憑什麼他楊廣坐得，我李淵就坐不得？

這麼一想，李淵急了起來，悄悄地叫過來幾個親信，給了他們一大筆錢，讓他們潛入京師一帶，散佈謠言。由於李淵做這件事，全憑一時衝動，也沒有嚴肅認眞地論證過，所以弄出來的謠言，品質相當低劣，無非不過是「桃李子，有天下」，又或是「楊氏當滅，李氏當興」等這類明顯缺乏技術含量的內容。

不想李淵過於急切，他幹的事，全被老婆竇氏看在眼裡，竇氏火大，把李淵叫進臥房，當頭一記大脖拐，「李淵，你缺心眼啊你，竟然幹這種事？」

李淵很憤怒，又不敢發火，口中囁囁道：「人家又沒幹什麼……」

竇氏喝斥道：「你還敢頂嘴？你想坐擁天下，可是你估量過自己的實力嗎？你羽翼未豐，兵稀將少，自己用腦子想一想，如果你真的要起事爭奪天下，這天下豪傑，會有幾個人願意奉你號令？」

李淵鼓著兩隻眼珠子，看著老婆，好半晌才冒出來一句，「我深受天子寵信，再說咱們家跟皇帝家還是親戚，就算是皇帝知道了……也未必會真的殺了我吧？」

竇氏氣得臉都白了，一指門外，「你這蠢豬……給我滾！」

「滾就滾！」李淵悻悻地出來，馬上聽說朝中出了大事。

什麼大事呢？

原來，自從楊廣聽到了「楊氏將滅，李氏將興」的讖言之後，就開始琢磨這事是誰搞的鬼，先按著人頭，把朝中諸官撥拉了一遍，突然間發現了蒲山郡公李密，這個李密長得瞳目如電、身材偉岸，下頜上有著一捲巨大的髫鬚，太平盛世，李密他長這麼巨大的髫子幹什麼？明擺著是要造反！

李密一看這情形，沒辦法了，趕緊逃跑吧。

正所謂黑狗偷食，白狗當災。唐國公李淵閒極無聊散佈政治謠言，由此而造成的嚴重後果，卻均由李密來承擔。

5 瓦崗英雄的歲月

李密逃了，楊廣這邊著急又上火，看這廝逃得笨手笨腳，這政治謠言應該不是他造的吧？如果不是李密，那又會是誰呢？莫非是……

卻說李密帶著他的一大票江湖黑道朋友，浩浩蕩蕩踏上逃亡之路，逃到一座小縣城，衆人疲倦，倒地就睡，醒來的時候卻發現鋒利的刀刃緊抵在他們的頸子上，居然被人家一網打盡。

打盡了也沒有關係，這支捉住他們的官兵，紀律非常之好，不打罵俘虜，不搜身，也不抄家，所以李密他們帶著行囊中鼓鼓的黃金白銀，被押送到高陽。

到了高陽，就見朝廷派來的使者來到，審驗俘虜。這時候李密把身上的黃金全都拿出來，問使節：「喜不喜歡？」

使節憤懣地回答：「王八蛋才不喜歡！」

李密就笑呵呵地說：「你要是眞的喜歡，這些金子銀子，就歸你了。不過呢，這些錢你也不能白拿，等我們被斬首之後，你得幫個小忙，替我們收斂屍身安葬，這個交易，你答應不答應？」

使者大喜，與李密擊掌，「一言爲定，誰說話不算數，誰是王八蛋。」

生意成交，李密大喜，就拿出一塊碎銀子遞給使者，「拿著，出去買點酒肉，咱哥幾個先喝一頓……」

使者歡天喜地地買來酒肉，大家就在牢房裡席地而坐，大碗喝酒，大塊吃肉，大聲划拳，就這樣一連多日吵吵嚷嚷，醉生夢死，喝得使者五迷三道、顚三倒四，忽然一日從酒醉中醒來，朗聲吟道：「大夢誰先覺，平生我自知，牢房春睡起，獄外日遲遲……不對頭啊，怎麼這牢房的牆壁上又多出一扇門呢？」再仔細一瞧，原來是牆壁上被人鑿出來一個洞。

是誰幹的？

使者把腦袋從壁洞上鑽出去，向外一看，登時放聲大哭：「那殺千刀的李密，他竟然不夠哥兒們義氣，灌醉了善良的使者我，帶著他的黑社會朋友逃之夭夭了！」此去，恰似蛟龍入海，又如猛虎歸山，李密逕投瓦崗寨，成了顚覆大隋帝國的主要力量。

李密逃了，楊廣這邊著急又上火，看這廝逃得笨手笨腳，這政治謠言應該不是他造的吧？

如果不是李密，那又會是誰呢？

莫非是……李淵？

這一次楊廣終於猜對了。

李淵雖名淵，其實一點也不冤。

朝中有使者飛馬趕至太原，「宣弘化留守李淵入京面聖！」聽到隋煬帝楊廣讓他返回長安的命令，李淵差點沒嚇死，心想楊廣那可是絕頂聰明的人物，他肯定猜出來了，有關楊氏當滅、李氏當興的政治謠言，是我李淵瞎編出來的。倘若去了京師，只怕我的腦袋……

心裡害怕，李淵咕咚一聲，倒在床榻上，哭著對使者說道：「兄弟，你看我，都病成這樣子了，能不能活到明天，我自己心裡都沒數啊。不是我抗旨不遵，我是擔心自己一旦奉旨動身，還沒出家門，就死翹翹了。兄弟，你能不能幫我一個小忙，回去跟皇上說一說，就說我真的病得厲害……」

6 何不投降匈奴

河東兵、李淵自己的兵，再加上馬邑太守王仁恭的兵，三個方面軍加起來，是一個怕人的數字。到底是多少人？差一點不到五千人。

使者無奈，只好回去告訴楊廣，李淵病情嚴重，無法奉旨來長安。

楊廣聽了，半信不信，就去找在宮裡出任女官的李淵外甥女，問她：「妳舅舅爲何不肯來長安？」

李淵外甥女回答：「興許是病情比較嚴重吧？」

楊廣冷笑：「恐怕是心病吧？」

外甥女急忙寫了密信，告訴李淵這個消息。收到信後，李淵眞的病重了。這時候他最想做的，就是和妻子竇氏商量商量，可是此時竇氏病危，李淵只好把事情憋在心裡，不敢說出來。

不久，竇氏病歿。李淵悲痛不已，自思娶了這麼好的一個老婆，卻因爲自己不聽她的話，以致於落到了如此危險的境地。從此他採用韜晦之計，故意放縱聲色，還收取下屬的賄賂，表示自己絕無雄心壯志，如此混到了大業十三年，楊廣傳旨，任命李淵爲太原留守。

接到聖旨的當天，李淵將四個兒子李建成、李世民、李元霸及李元吉叫過來，流著淚對他們說：「你爹好笨啊，當初不肯聽你媽媽的話，否則的話，我早就得到今天這個機會了……」

區區一個太原留守，對李淵來說，預示著什麼機會呢？

原來，當地的居民，都是古帝陶唐氏的舊民。所以，太原之地，又稱之爲「唐」，而李淵世代爵封唐國公，正是將太原做爲李氏的封地。所以，李淵回來這裡，就如同飽受欺凌的遊子回到家鄉。所以，李淵認爲此地必將成爲他的龍興之地，只待休養生息，一飛沖天。

但楊廣讓李淵回到封地，卻不是讓這廝休養生息的。楊廣交給李淵一個重要的任務，命令他兵出太原，與馬邑太守王仁恭合兵，北上鎮守邊疆，對付來犯的匈奴強敵。

北部的胡人，始終是中原大患，楊廣爲了幫助李淵完成使命，還專門調撥了河東的一部分兵馬，隸屬李淵的麾下。就這樣，河東兵、李淵自己的兵，再加上馬邑太守王仁恭的兵，三個方面軍加起來，是一個怕人的數字。

到底是多少人？

差一點不到五千人。

五千人對付匈奴……怎麼會三個方面軍湊在一起，人數還這麼少呢？這是因為，楊廣要留一手，李淵要留一手，馬邑太守王仁恭也不傻，當然也要留一手，三方面一人留一手，居然還能夠湊出來五千兵馬，已經夠意思了。

發現自己這邊將寡兵稀，王仁恭有點上火，就說：「昔者漢將軍霍去病封狼居胥，所率精兵兩萬，戰馬十五萬匹，才逐得匈奴北走。如今咱們才不過是五千人，還不夠人家匈奴喝一壺的……不知道李大人有何計較啊？」

李淵硬著頭皮說：「情況是這個樣子的，現在皇上遠在江南，還寫詩曰：『我夢江都好，征遼亦偶然，但存顏色在，離別只今年。』皇上果然是天縱英武，這詩寫得賊啦好……我的意思是說，咱們這裡才五千人，又駐紮在這麼一座荒城，內無糧草，外無援兵，隨便一夥流浪漢，都比咱們人多，不知道王大人有何計較啊？」

王仁恭慘笑道：「我正是沒有主意才問你，你卻反過來問我？」

李淵道：「哦，原來你沒有主意……你沒主意，我也沒有主意……要不這麼辦，咱們乾脆投降匈奴得了！」

7 大漠突擊隊

突厥人那邊措手不及，被砍得哭喊連天，掉頭狂逃，一個突厥酋長的駿馬被繳獲，李淵四個兒子各斫下首級數百，堆在一起形成了一座人頭山，嚇壞了荒原之上善良的突厥人。

話說那北部的匈奴人馬，自古以來就是中國的大患，早在周朝、秦朝、漢朝和晉代，匈奴就隔三岔五殺入中原襲擾一番。到了李淵鎮守北部邊疆時，匈奴人已經進化成了突厥鐵騎。

突厥人的優勢，就在於他們的長槍快馬，奔行原野之上，倏忽如電，來去無蹤，遊牧天下，四海爲家，既不需要花費銀子修築城堡，也不需要浩浩蕩蕩的後勤運輸線。打的就是游擊戰，玩的就是破襲術，濃煙滾滾，數萬鐵騎齊至，頃刻間城池被攻破，殺得你血流成河，等你著急忙慌地調集大隊人馬趕來，數萬鐵騎卻猶如水銀瀉地，化整爲零，只落個白茫茫大地眞乾淨，讓人全無辦法可想。

所以漠北荒原上，向來是遊牧民族幸福的家園，他們趕著大篷車，逐水而居，逐草而眠，忙時閒時，弄些強弓硬弩，殺入中原膏腴之地，弄點外快，打個牙祭，搶搶美女，劫劫銀子，小日子過得就甭提多滋潤。

某一天，荒漠上的遊牧客們正自逍遙快樂，忽見遠方塵土大起，就見一隊二千餘人的突厥騎士突至。

馬上人清一色狗皮帽子，反穿老羊皮襖，一到突厥部落附近就耀武揚威、得意洋洋，分列成幾隊縱橫馳騁，往來衝射。衆牧民一見大喜，急忙捧了馬奶牛肉，上前親切慰問「子弟兵」。

等走得近了，遊牧客們突然呆住，眼前這支突厥騎兵……嗯，模樣長得好怪，眼窩不深陷，鼻子不高凸，扁平平的一張臉，黃色的皮膚……不好！這是中原漢人的騎兵啊，他們居然化裝成突厥人混進漠原裡來！

一點也沒錯，這支突擊隊正是由李淵率領，以他的四個兒子李建成、李世民、李元霸和李元吉爲首，各領五百精兵跑到荒漠裡和突厥兄弟爭奪水草。

眞是太令人氣憤了，突厥民衆很生氣，一支又一支小型游擊隊，悄無聲息地跟在李淵的部隊後面，想瞧瞧能不能找到機會，給敵人一個教訓。

可是李淵帶來的人是他精心挑選出來的，個個身手不凡，人人強弓硬弩，突厥人幾次靠近，都被李淵部衆的身手嚇得退了回去。沒辦法，看來要打掉這支侵略軍，非得集中優勢兵力，發動一場大決戰才行。

飛羽傳令，荒漠上戰馬狂奔，憤怒的突厥人正在集結兵力。這個消息很快被李淵得知，還沒等突厥騎士列好隊形，他已經帶著自己的突擊隊殺上來了。

看到突厥騎兵，就見李淵把手中的長刀一揮，下令道：「今次決戰，以砍獲首級爲憑建功，開始吧……」話音一落，就見他的四個兒子，各自率領底下的五百人，瘋了一樣地向突厥騎兵衝了過去。

突厥人措手不及，被砍得哭喊連天，掉頭狂逃，一個突厥酋長的駿馬被繳獲，四個兒子各斫下首級數百，堆在一起形成了一座人頭山，嚇壞了荒原之上善良的突厥人。

突厥人知道遇到麻煩，只好派使節來找李淵談判，說：「我們突厥人，逐草而食、逐水而居，本性非常熱愛和平。這荒原上的水草本來就不足，才會在不得已的情況下，去南邊找點活路。可是現在你們一下子來了二千多人，和我們爭奪水草，這豈不是要了我們的老命嗎？說吧，你們要什麼條件？只要你們退回去，什麼條件都可以談。」

條件？李淵想了好半晌，才說：「其實我們也沒啥條件，就是看你們這裡風光不錯，無限蒼涼，所以過來旅遊……」

突厥使節無限悲憤，「你說你們什麼條件也沒有，就跑到我們家園來放火燒殺，這豈不是扯蛋嗎？求求你們快點回去吧，你們到底是想要戰馬，還是想要美女？儘管說！」

李淵搔頭道：「那就給咱點戰馬吧，還有還有，以後咱們兩家再簽訂一個互不侵犯條約，結成戰略合作夥伴關係啥的，等你們簽了字，我們馬上就走……」

此次北征，與突厥人締結戰略聯盟，爲李淵日後的入主中原奠定基礎，但是當他返回太原時，卻遇到一個難以對付的強大敵人。

歷山飛，王漫天。

歷山飛王漫天，性別男，狀粗豪，性狡黠，兩臂有萬夫不擋之神力，善御衆，不知從何處而來。只見天邊塵土大起，歷山飛已挾數萬之衆，南攻上黨，擊潰由將軍慕容、羅候所統帥的官兵，北逼太原。

李淵部將潘長父出戰，交手未及一合，已被歷山飛斬於馬下。

旬日之間，歷山飛的數萬部衆已經將太原城團團圍困，太原至上黨、西河及京都的交通路線全部阻斷。

8 關山渡若飛

歷山飛部眾陣腳大亂，被李淵的騎兵縱橫馳騁，箭射刀砍，所向披靡，斬首生俘，不計其數，部眾裡多有裹脅的男女老幼，此時見到這種情形，無不大哭乞降。

消息傳報長安，楊廣極是憂心，便遣虎賁郎將王威、虎牙郎將高君雅二人統兵前來，聽從李淵之命，三路合兵謀破歷山飛。

接獲命令之後，李淵大喜，對二兒子李世民說：「唐，本來是咱們家的地盤，北有突厥侵擾，南有山賊圍困，這對咱們家來說是件天大的好事，只要能夠與突厥講和，再擊敗山賊，則李氏的根基，從此就牢固了。」

李淵與王威、高君雅，各統河東、太原兵馬總計六千人，驅師大進，尋找歷山飛的主力決戰。三軍行至雀鼠谷口，恰與歷山飛的大隊人馬相遭遇，看對方旗號嚴整，殺氣彌天，少說也不少於兩萬之眾。

看到山賊勢大，王威和高君雅都有點害怕。

李淵知道他們的心思，就安慰道：「二位放心好了，這夥山賊，別看模樣怕人，實則不過是烏合之衆，之所以四方劫掠，無非爲了財富而已，勝則一擁而上，敗則逃之夭夭。邀鬥山賊，最要緊的不能與他們鬥勇，鬥勇是鬥不過他們的，山賊一個個都是不要命的傢伙，但如果鬥智，那山賊可就沒咒念了。」

這時候山賊正潮水一般地向前湧來，李淵從容佈陣，以老弱病殘爲大隊人馬高舉旌幟，以所帶的器械糧草爲後陣，以極少數騎兵爲兩翼，是爲小陣。

李淵問王威：「王將軍，你想統帥大陣，還是想統帥小陣？」

大陣？小陣？王威仔細一瞧，大陣的人馬比較多，是個安全的藏身之地，就說：「我這人善於運籌帷幄，衝殺戰場不是我的強項，就統帥大陣吧。」

李淵把大陣交給王威統帥，自己和四個兒子，統帥小陣。這時歷山飛兵衆蜂擁上來，見王威高踞中軍，旌旗林立，不由分說吶喊一聲，數萬山賊向著王威狂撲過來。

王威所統的大陣，充其量不過三兩千人，又是老弱殘兵，頃刻間被歷山飛衝破。眼見山賊圓睜怪目，殺氣騰騰，王威驚叫一聲，「不好，賊衆勢大，我的小命要玩完了……」一聲驚呼未止，就聽嗖的一聲，翎箭破空之聲遙遙而來，一箭將王威的座下馬射得四腳朝天，王威被壓在馬腹之下，眼見面前是無數雙山賊的光腳板，正自哄搶財物。

這時候李淵的後隊——輜重人馬擁了上來，就見一輛輛馬車上面滿載財物，歷山飛部眾大喜，蜂擁而上。

現場正在混亂之中，突聽一聲號炮，就見左右兩翼，李淵的四個兒子各領一支精壯騎兵，突然間衝了上來。

此時戰場形成兩個怪異的包圍圈，最裡邊是始終逮不到機會從地下爬起來的王威，被山賊重重包圍。李淵則統精兵從外邊將山賊圍住，將歷山飛夾在大陣和小陣的合圍之中。歷山飛部眾陣腳大亂，李淵的騎兵縱橫馳騁，箭射刀砍，所向披靡，斬首生俘，不計其數。歷山飛部眾裡多有裹脅的男女老幼，此時見到這種情形，無不大哭乞降，被李淵喝令降者跪下，逐一甄別。

歷山飛見勢不妙，糾集餘黨，企圖破陣而走，李淵一聲令下，亂箭齊飛，將歷山飛射得形同一隻大型刺蝟，就此一命嗚呼。

除掉了心腹之患歷山飛，又得到數萬名勞動力，李淵正沾沾自喜時，忽見遠方旗幟飄拂，是長安城派出來的天子聖使。

聖旨下：太原留守李淵，征剿突厥不利，姑息養奸，致使邊關患重，著司值官員將其拿下，押往京師問罪。欽此，謝恩。

接到這個聖旨，李淵登時傻了眼。

9 異象天成

屋子裡雖然高燃明燭，但是窗戶卻都用被褥牢牢封住，一絲光線也透不到外邊。靜寂之中，門外忽然響起輕微的腳步聲，房門無聲無息打開……

捉拿李淵入京的聖旨到達之日，是大業十三年正月丙子日。

那一夜，晉陽城西北方向，黑暗中有什麼東西隱隱約約在蠕動，空氣凝滯駭人，似乎有什麼可怕的事情要發生。當地的居民驚心不定，一個個走到門前，提心吊膽地向西北方向張望。

就見西北方慢慢出來一個亮光，繼而越來越近，終於懸在晉陽城的上空，是一圈碩大的明麗光環。那光環明照天地，彷彿天上正有一團烈火熊熊燃燒，明麗的火花向四野飛濺，分外耀眼奪目。

所有人都看得清清楚楚，這個大光環從城西龍山的山頂上出現，並迅速地飛臨晉陽城的上空，而後直向東南飄揚而去。當光環消散後，就見有道紫色的氣柱，自山上童子寺處升起，如同一道雪亮的光柱，直沖高天，貫於北斗之上，撞得北斗七星立腳不穩，搖搖欲墜。

那一夜，整座晉陽城中的人都嚇得魂飛魄散，誰也不知道是怎麼一回事。

當那神秘的光環與光柱出現時，唐國公府上卻是一片死寂，不見一星燈火。

李淵正端坐在座位上，下首立著他的三個兒子：大郎李建成，三郎李元霸，以及四郎李元吉。屋子裡雖然高燃明燭，但是窗戶卻都用被褥牢牢封住，一絲光線也透不到外邊。靜寂之中，門外忽然響起輕微的腳步聲，就見房門無聲無息打開，二兒子李世民閃身進來，房門又迅速關上。

李世民走到李淵的面前，低聲稟告：「我已經詢問過幾個術士，今夜城裡出現的怪異天象……主天子之氣。」

李淵眉頭一皺，「胡說八道，這種話是我們李家人可以說的嗎？我們李氏一族，世代蒙受皇恩，忠貞不貳……術士們還說什麼了？」

李世民小聲道：「術士說，此夜之異，主西北的乾門有天子之氣，直接太原之城，非常旺盛。」

李淵道：「這……應在誰的身上？」

李世民拿兩隻眼睛看著父親，不吭聲。

李淵又琢磨了好半晌，才開口說道：「你們幾個給我聽好了，剛才說過的話，誰也不許外傳，事關重大，傳出去難免滅族之虞……現在咱們接著說正事。正事就是你爹我太能幹了，功高震主，皇帝很生氣，後果很嚴重，我的意思是……」

說到這裡，李淵停了下來，就聽李世民高聲叫道：「不可！父親，你不能隨聖使入京……」

李淵把眼睛一瞪，「胡說，食君之祿，忠君之事，君叫臣死，臣不敢不死，君叫臣入京，臣豈有不去的道理……如果不去的話，你有什麼藉口嗎？」

李世民急道：「這事還用什麼藉口？不去就是不去，當今主上昏庸無道，弒父姦母，殘害忠良，父親你若去了，必然是羊入虎口，有死無生，莫不如……」

李淵懷疑地問：「你說皇上弒父姦母，這事有證據嗎？」

李世民道：「這事還要什麼證據？若不是想弒父姦母，你說楊廣他當皇帝幹啥？」

李淵道：「你說得有點道理……」

李世民氣道：「正因為有道理，所以父親你萬不可去長安，太原是咱李家地盤，可長安是楊家的地盤，你去了後，能落了個好下場嗎？」

李淵搖頭，「你這個缺心眼的傻孩子啊，你也不看看咱們手下才幾個人，全部人馬不過幾千人，你說不去……不去行嗎？」

李世民道：「要不然的話，咱們乾脆搬遷，全家躲入芒山和腸山之中，就像當年的漢高祖，靜觀天下之變。」

李淵沉吟道：「……這倒是個可行的法子，可是……」

正在密計之時，門外突然響起幾聲敲門聲，李淵嚇了一跳，拿眼睛示意大兒子李建成，讓他過去看看是怎麼一回事。

李建成去了，和門外的人嘀咕一會兒，回來稟報道：「沒啥大事……就是皇上有新的聖旨來了，赦免父親無罪，不必去長安了……」

這個消息好！李淵一屁股跌坐在椅子上，頓感全身乏力，氣若遊絲，傳令眾人，「三軍起行，殺奔長安吧，去……去拯陛下於水火，救聖上於危難。」

清君側！

10 出師不利

在信中，李密以天下之主的口氣，從戰略高度上對李淵進行諄諄教導，要求李淵明大體、知大義、識大節，趁早捲甲以降。

大業十三年，李淵登台拜將，以大郎李建成爲隴西公，左領軍大都督，統左三軍。以二郎李世民爲敦煌公，右領軍大都督，統右三軍；以四郎李元吉爲太原郡守，留守太陽宮，文武之事並後勤全部交給他。只有老三李元霸最倒楣，李淵起兵之日，李元霸正在外地，結果被地方官捉到，一刀砍了。

接著，派人去給瓦崗寨的李密送信，約定同期並舉，共取天下。

然後，李淵在士兵引導下來到軍門前，手執白旗，發表熱情洋溢的談話，「……我唐國公李淵，才能平庸，七世受到皇寵，所以呢，今次要揮師東入長安，以清君側，保護皇上……總之，我李淵這人沒別的特點，就是對皇上赤膽忠心，誰若不信，吾必殺之……」說完了，三軍唱著慷慨激昂的歌曲，浩浩蕩蕩地出發。

行至靈石縣賈胡堡，天上下起暴雨，三軍只好先停下來，安營紮寨，等到暴雨止息，衆人探頭向外一看，不由得發出一聲驚呼。

只見軍隊的左方，是一片森嚴的旗幟，足有幾萬人，皆白衣白甲，殺氣騰騰。而軍隊的右側，也是一片激昂的鼓聲，營盤羅列，也不少於幾萬人，皆紅衣紅甲，壁壘分明。此二軍者，不知從何處來，竟爾將李淵的前進之路扼住。

看到這情形，李淵當時就嚇壞了，急忙派偵察兵出去打探消息。

不多時，探子回報，左側白衣白甲者，乃大隋虎牙郎將宋老生，率三萬兵馬；右側紅衣紅甲者，乃大隋左武候大將軍屈突通，率了三萬兵馬，此二人聽說李淵舉旗造反，聯手趕來鎮壓。

聽說來的是這兩個人，李淵放聲大笑，「我道是誰，原來是宋老生和屈突通，唉，這兩個傢伙啊，那是出了名的笨蛋，今天遇到了我李淵，他們死定了！」

等笑聲傳出，確信三軍將士都聽到之後，李淵這才壓低聲音，悄聲問：「大郎，二郎，你們兩個……如何破敵，有沒有個主意？」

李建成和李世民雙雙搖頭，「沒有主意……不知父親你有何妙計？」

李淵的老淚落下來了，「你們兩個廢物，你爹我要是有主意，還用得著問你們？那宋老生和屈突通，都是出了名的煞星，打起仗來兇悍無比，神出鬼沒，今天遇到他們兩個，咱們李家算完了。」

正說話之間，就聽營外有信使來到，原來是去瓦崗寨給李密送信的人回來了。李淵急忙接過信，打開一看，又迅速合上。

這封信，絕非李淵願意見到。

在信中，李密以天下之主的口氣，從戰略高度上對李淵進行諄諄教導，要求李淵明大體、知大義、識大節，趁早捲甲以降，爲瓦崗寨前驅，等日後取得天下，不失爲保身之計。否則瓦崗大兵所至，只恐玉石俱焚，悔之晚矣。

看了這封信，李淵連長身而起，大吼道：「來人，與吾寫封書信，給瓦崗寨李密，就說咱們……投降了。」

這麼快就投降了？李淵這廝，也未免太沒出息了吧？

11 白日妖魅

白鬍子老頭還待要說，一群親兵早已蜂擁而上，不由分說，抄胳膊架腿將他抬起來，扛到大營中。一進軍帳，就見李建成李世民兄弟二人正在交頭接耳。

被宋老生、屈突通阻擋，李淵被迫曲意求和於瓦崗寨李密。這出師不利的情形，讓李淵心裡有說不出來的憋屈，鬱悶之下，帶了親兵，騎著馬出來瞎溜達。

走上山坡時，就見前面來了一個形貌古怪的老人，白袍子、白帽子、白靴子、白眉毛、白鬍子……迎向李淵的馬頭，白色老人拜倒在地。

李淵這個人對百姓向來和善，性情又穩重，見白袍老人拜倒，就急忙道：「老人家起來吧，如此高壽，不知老人家是哪裡人氏啊？」

那白色的老頭笑道：「不好意思，實話跟你說了吧，我不是人……」

李淵樂了，「噢，你老原來不是人……那是什麼動物呢？」

白老頭正色道：「我是這座山上的山神。」

李淵失笑，「忽悠，你接著忽悠，信了你才怪！」

白色老頭：「你看你……我眞的是山神，騙你不是人。」

李淵道道：「那這事可就奇怪了，你既然是山神，爲何不在廟裡邊待著，青天白日跑出來搗什麼亂？」

白色老頭湊近一些，說道：「是這麼一回事……我的廟久無香火，已經廢棄了，我好傷心。所以呢，我想幫你一點忙，指點你一條繞到宋老生、屈突通背後的小路。條件是，你得花點銀子幫我把寺廟修一修，好多年沒有香火，實在是太不像話了。」

李淵搖頭，「你這個要求，我不能答應。」

白色老頭呆了一呆，「爲啥呢？」

李淵：「這還用問嗎？老頭，你別瞞我了，當我不知道嗎？屈突通兇悍，宋老生多智，你一定是那邊派過來的細作，誆我走什麼小路，然後你們預先埋伏在山上，打我一個措手不及，你想我有這麼缺心眼嗎？」

白色老頭急了，「我看你就是缺心眼，有這麼大年紀的細作嗎？我可是眞心實意要幫助你的。」

「少來，信了你才怪！」李淵冷喝一聲，掉頭打馬奔回。

白鬍子老頭還待要說，一群親兵早已蜂擁而上，不由分說，抄胳膊架腿將他抬起來，扛到大營中。

一進軍帳，就見李建成李世民兄弟二人正在交頭接耳，看到李淵進來，急忙站起來。

李淵把臉一沉，「你們兩個，背地裡嘀咕什麼呢？」

李世民道：「……沒嘀咕什麼，我是和大哥商量如何破敵……」

李淵哼了一聲，「破你個大頭，等你們想到辦法，老子的家業早就敗光了！現在你們兩個給我聽好，你們即刻回營埋鍋造飯，等到午夜三更，與我抄小路繞到宋老生、屈突通的後面去。屈突通倒罷了，宋老生那廝最是精靈，縱然你們挑戰，他也定然是閉門不出，所以你們到達後，先行散佈謠言，就說宋老生已經密結我們，欲同大舉，宋老生身邊少不了楊廣派來的探子，聽到這個消息必然急報長安。宋老生爲了洗清嫌疑，只能開門應戰，只要他敢開門，就死定了。」

李世民和李建成聽得目瞪口呆，好半晌才問出來一句，「可是父親大人，你說的那條小路……在哪裡？」

李淵冷哼一聲，「到時候你們就知道了，現在用不著問這麼多。」

12 江山是哭出來的

三萬人馬回頭一看，登時大怒，你這邊總共才二十個人，也敢抄後路，真是太不像話了。就聽三萬人齊聲吶喊，掉頭向門口方向殺去……

次日，天剛濛濛亮，李建成、李世民兄弟各統騎兵五百人，翻過山口，到達宋老生駐紮的霍邑城外。不多時，就見李淵帶著手下大將殷開山，統領了步兵兩千多人，也翻過山口。

李淵下令，「先不要急著安營紮寨，今晚我們就進城歇息，城裡的女群衆盼望我們好久好久了耶……大郎，二郎，你們各帶二十名騎兵，與我在城門附近埋伏，全部騎兵化整爲零，每組二十人左右，與我將霍邑城團團圍定。」

李建成和李世民面面相覷，這個當爹的，可眞不了得。城裡的宋老生，手下統有將士三萬之衆，李淵竟然讓他們兄弟倆率騎兵一千人圍城，一千人圍得住三萬人嗎？雖然心裡嘀咕，可兩人誰也不敢吭氣，都知道李淵既然這樣安排，必然有他的道理，就依言行事，兩人各領了二十名騎兵，在霍邑城南門附近來來回回遊蕩。

這邊李淵命令殷開山，將兩千名的步兵排成方隊，遠遠站著，對著霍邑城嗚嗷喊叫。

宋老生發現李淵的人馬在後方出現，大大吃了一驚。他也看到了成群的騎兵在城外跑來跑去，心裡就有點打鼓，他這邊雖然有三萬人衆，可清一色步兵，步兵跟人家騎兵怎麼個打法？讓人家騎兵拿馬一撞一個跟頭。可如果不出城，只怕不知哪個王八蛋就會立即放出一隻信鴿，飛往長安，說自己和李淵是一夥的……沒辦法，乾脆讓三萬步兵全部衝出去算了……

霍邑城的南門、東門同時打開，三萬部衆發出了驚天動地的吶喊之聲，向著李淵那兩千人衝了過去。只見李淵絲毫也不猶豫，掉頭就走，宋老生的人馬在後面緊追不放，正追之際，忽聽後面喊聲震天，原來是李建成帶領二十個騎兵，不由分說搶了南門，李世民帶了二十個騎兵，趁這機會搶了東門。

三萬人馬回頭一看，登時大怒，你這邊總共才二十個人，也敢抄後路，眞是太不像話了。就聽三萬人齊聲吶喊，掉頭向門口方向殺去，不想李淵也趁這機會大聲喊叫，尾隨其後追殺而來。

戰鼓還未擂響，兩軍已經開始衝鋒，李淵以不過三千人的兵力，成功地將對方三萬人馬團團圍困，這激起宋老生部將的凶性，只聽殺聲震天，無數雙腳踏起的塵埃遮蔽了天空，震動得城堞搖搖欲墜。

宋老生正指揮若定，忽見李淵跳起來，站在馬背上，手裡舉著一顆人頭，大聲喊叫道：「宋老生死了，宋老生的人頭在這裡……」李淵這一喊，他手下的兩千名士兵也同聲吶喊，「宋老生死了，大家殺啊！」

聽了這番喊叫，宋老生的鼻子差一點沒氣歪，趕緊跟旁邊的人解釋，「我沒死，我還活得好好的……」

可是，一個人的辯解聲，終究大不過兩千人的齊聲吼叫，三萬部衆以爲統帥眞的被殺，頓時亂成一團，向著四面八方哭喊著自顧逃命，被李淵砍得滿地人頭滾滾。

宋老生急了，殺出一條血路，終於衝到南門前，可是李建成率二十名騎兵堵在這裡，城裡的人不敢開門，怕把李建成放進去。宋老生無奈，只好掉頭往東門方向走，到了東門，又發現李世民率二十人堵在這裡，同樣無門可入。

宋老生急得向城樓上高喊，「我是宋老生，快點懸下根繩子！」

城樓上很快有繩子懸了下來，宋老生抓住繩子，壁虎一樣嗖嗖往上爬。眼看就要爬上去了，不想下面有個李淵的小兵，也揪住繩子追了上來，捉住宋老生的一隻腳，向上連揮幾刀，就聽噗哧一聲，宋老生的好大一顆人頭，已然脫頸而出。

當宋老生身死的時候，霍邑城下，縱橫數里，躺滿了密麻麻的屍體，一個挨一個，一個摞一個，那情景慘不忍睹。

殺宋老生的士兵跳下來，捧著人頭，飛跑到李淵面前邀功。

不曾想，李淵接過人頭，就用力往地下一摔，然後放聲嚎啕起來，一邊大哭，一邊罵道：「宋老生，你這個殺千刀的王八蛋，我李淵兩手清白一輩子，從來不傷害對手，可今天讓你給破了例，你爲什麼這麼難爲我？爲什麼？難道我李淵勤政爲民，愛護百姓有錯嗎？你就這麼看不過眼？非要逼著我殺人盈野、血流成河？宋老生啊，你爲什麼這麼逼我，爲什麼啊……」

就在李淵的捶胸頓足，放聲痛哭聲中，就聽霍邑城門發出了嘎吱的聲響，城門開了，霍邑請降。

李建成和李世民相互對視了一眼，都不由得打心眼裡欽服。

李淵，不愧是當爹的，眞有一套，兵不刃血，哭開城門，足夠這倆兒子學一輩子的。以哭服人，哭到你自開城門投降爲止，於是李淵兵不刃血，渡過黃河，抵達長安城下。此時隋煬帝楊廣正自巡幸江都，在揚州未歸，長安城裡主持軍務的，是楊廣的兒子代王楊侑。

這孩子剛剛九歲，見李淵大軍來到，緊閉城門，拒不出戰。李淵對將士們說：「我希望你們能夠明白我的心願，我是受天之命，來保衛皇上的，我不願意看到戰火突起，不願意看到有一個百姓因爲我死亡，倘若出了這樣的事，是殺是砍是剮是剁，我李淵隨你們處置。」

說完這句話，李淵就回到軍帳裡，把帳門牢牢關上，堅決不向外邊偷看一眼。外邊的軍士則在大郎李建成、二郎李世民的帶領下，將長安城附近的竹子、樹木統統砍光，用來製造攻城的器械。等到李淵終於走出軍帳的時候，三軍將士已經爭先恐後登城而入，攻下了長安城。

見此情形，李淵痛心不已，仰天長慟，「陷孤不義，皆卿爾等。」

唐軍邁著大步進入長安，代王楊侑躲藏在府中不敢露面。李淵率兵而入，跪在楊侑面前嚎啕大哭，哭罷，宣佈廢黜天子楊廣，擁立楊侑為皇帝。小楊侑也不傻，立即任命李淵為大丞相，主管一切軍務政務，加封唐王。

再接下來的事情，也就順理成章了。

大隋最後一任帝王楊侑，哭著懇求把天下讓給李淵。李淵斷然拒絕，「你把我當成啥人啦……」楊侑再懇求，李淵再拒絕，「少跟老子整這事……」楊侑跪在地上，磕頭如搗蒜地懇求。

李淵說：「請你不要再汙辱我的人格啦，我李淵豈是那種人……外邊的受禪台子搭好了沒有？搭好了那就趕緊吧！」

萬般無奈，不情不願，李淵從楊侑手裡接過天下。盛世大唐，於此徐徐拉開了帷幕。

第二章

太宗李世民：類人猿的騙局

事實上，李世民只是一個瘋子，而不是一個傻子，
這個嗜血狂魔以驚人的理性設計他的殘殺手段，
並以此為號召，將以尉遲敬德為首的殺人狂聚集在一起。

1 從古羅馬來的人

幼小的徐文遠慢慢長大，歷史從北周進入大隋帝國時代。徐文遠開班辦學，誠徵有志青年報名學習。第一天報名開班，就來了兩個怪人。

大唐帝國的首任皇帝李淵，還沒有辦理退休手續，第二任皇帝就著急忙慌地跑步衝刺，進入了歷史。

唐太宗李世民。

李世民，是名列中國帝王排行榜上第一名的好皇帝，但他實際上不過是浪得虛名，最厚道的評價，也不過是把屁股坐在隋煬帝楊廣的身上，屬於典型的坐享其成。楊廣栽樹，李世民乘涼——這麼個說法，有依據沒有？

依據這事暫時擱下，先來解釋一下上一章遺留下來的歷史問題：李淵何以如此輕易地奪取天下？隋唐時代的那些英雄好漢都跑到哪兒去了？怎麼不來長安鬧軋猛？

這個原因，要追溯到南北朝時。

南北朝時代，不要說大唐，連大隋也沒得有，倒是有個西魏帝國，還有一個南梁。當時南梁的皇帝是梁元帝，他有個妹妹安昌公主，自幼喜歡讀書，愛上了個叫徐徹的書呆子，嫁之，徐徹一步登天成了駙馬爺，和公主老婆你恩我愛，一邊讀書一邊生產，頃刻間就生下倆兒子。

正當夫婦二人幸福快樂時，討厭的西魏侵略軍打來了，不由分說滅亡南梁，將所有皇族統統押著上路。可憐的安昌公主赤裸雙腳，一手抱著一個孩子，哭哭啼啼地踏上絕望的旅程，走啊走，正走之間，西魏帝國莫名其妙又滅亡了——變成北周。北周又很快變成大隋，現在大隋又變大唐，國家的替換太快，正所謂你方唱罷我登場，城頭變換大王旗，讓人目不暇給。

西魏滅亡時，安昌公主剛剛走到偃師，一家人就在偃師住了下來，沒過多久衣食斷炊，怎麼辦呢？

公主拿眼睛一瞧，倆兒子都長大了，那就做事吧，「大寶，二寶，你們倆把家裡讀完了的書，扛一摞到門外去賣！」

倆兄弟扛了摞書到門口，大寶懂事，吆喝起來，「賣書嘍賣書嘍，看一看瞧一瞧，都是限量珍藏版的好書，有錢的助個錢場，沒錢的幫個人場，錯過這個村可就沒下個店嘍……」二寶卻閒事不管，天塌不理，一屁股坐在書堆裡，看起書來。

過往的行人看到這情形，說道：「喂，那個看書的小破孩……說你呢！你這麼愛看書，要不要我替你推薦一下，去天下最有學問的沈先生那裡求學？」

「沈先生？」就聽二寶奶聲奶氣地道：「你說的是沈重吧？不是我瞧不起他，沈重只懂一點皮毛，書中真正的道理，他根本不曉得，還是讓他歇歇吧。」

「啊！這孩子夠狂啊！」行人驚得呆了，到處跟人說這裡有個小狂孩，連天下最有學問的沈重先生都不放在眼裡。

消息很快傳到了沈重的耳朵裡，於是沈重就決定微服私訪，來瞧瞧這是誰家的破孩子，怎麼這麼沒教養呢？不給他點厲害，這小東西真不知道高低深淺。

沈重到訪，蹲下來跟二寶聊了一會兒後，臉色頓時凝重起來，問道：「敢問小兔崽子……不是，敢問小朋友高姓大名？」

二寶回答，「俺娘給俺起名叫徐文遠。」

沈重道：「徐小先生，按學問來說，我是應該拜你為師，可你胸中的學問，只有蓋世英雄才配當你的弟子，更何況我的年齡又偏大……這樣好了，你要是不嫌棄老朽的話，我們就算是同學吧，你費費心，多教我點，讓我以後也能夠在歷史上混出個小名氣……」

就這樣，幼小的徐文遠慢慢長大，歷史從北周進入大隋帝國時代。徐文遠開班辦學，誠徵有志青年報名學習。第一天開班，就來了兩個怪人。

頭一個目光如電、鬍子一大把，模樣長得要多嚇人就有多嚇人。

第二個卻比第一個更加駭人，金髮碧眼、眼窩深陷，鼻樑高凸、遍體黃毛，赫然竟是一位洋人。

看這兩個報名參加學習的怪學生，就連徐文遠都驚得呆了，失聲問道：「你們兩個，都是些啥玩意啊？」

第一個學生回答：「報告老師，我不是玩意兒，我的名字叫李密。」

第二個學生回答：「老師，我也不是玩意兒，我是古羅馬人，從絲綢古道上一路走到中國來的，一位具有國際共產主義精神的老太太收養了我，還替我取了個名字，叫王世充，現在我來你這裡學習，希望能夠在你們中國弄個皇帝幹幹，請老師教我。」

你他媽的竟然想當皇帝？當時徐文遠差點沒被氣哭了，心想這來的都是些什麼怪學生啊？清一色混世魔王。

他說對了，李密和王世充這隋唐交替時代的兩個關鍵人物，正是因為他們之間的相互競爭，才成就了李淵的不世帝王基業。

2

只愛小師妹

徐文遠門下的人，大師兄楊玄感和二師兄李密為啥要沒完沒了地奔著東都洛陽去？連取得天下的良好契機都丟下不理？

實際上，徐文遠至少有仨學生，除了李密和王世充之外，還有一個楊玄感。

楊玄感是國公楊素的兒子，畢業得比較早，雖然他爹楊素和隋煬帝楊廣是鐵哥們，還曾助楊廣登上帝位，但楊玄感不曉得在徐文遠這裡學到了些什麼，甫一畢業就拉旗造反，很快就被鎮壓下去。

大師兄楊玄感失敗了，但是二師兄李密，和三師弟王世充，卻譜寫出一部隋唐交替的恢宏樂章，若是仔細看這張樂譜，可以發現其中濃厚的「師妹情結」。

什麼叫師妹情結呢？

也就是說，革命導師徐文遠，家裡應該有個美貌靈秀的小女兒——應該有的，如果沒有，就不好解釋徐氏門下三兄弟一連串的奇怪表現。

首先奇怪的是楊玄感，他扯旗造反時，是在大業九年，還曾派人秘密聯絡二師弟李密，但是李密卻沒有參加這次活動。沒參加就沒參加吧，反正楊玄感造反之時，隋煬帝楊廣正在勞師遠征，在高麗親切慰問朝鮮人民，倘如果楊玄感率師猛入，直入長安，則黃袍加身，等閒事爾。

可是楊玄感沒有驅師直入長安，反而奔洛陽城衝了過去。

他去洛陽幹什麼？

天曉得，反正他這麼一耽誤，造反就失敗了。

好端端地造著反，大師兄楊玄感卻弄出這麼一樁怪事來，也就別埋怨他，畢竟他已經江湖除名。

現在輪到二師兄李密。

李密崛起於瓦崗寨，實現工農武裝割據，四鄉五野的江湖豪客晝夜奔行，都趕到瓦崗寨投遞簡歷，謀個一官半職。恰好這時候隋煬帝楊廣不樂意在長安居住，帶一幫女生浩浩蕩蕩地去了東都洛陽。

絕妙的好機會啊！揮師直入，奪取長安……可是，李密沒有這樣做，關鍵時刻，他做出和大師兄楊玄感同樣的選擇，率瓦崗寨的兄弟們風餐露宿，晝夜奔行，趕到洛陽去砍楊廣。

爲什麼啊？怎麼徐老師教出來的學生，都這麼缺心眼呢？

還有更缺心眼的呢！

當李密的瓦崗大軍浩蕩前行時，就見前面斜刺裡殺出一隊人馬攔住去路，仔細一瞧，這支人馬的領隊金髮碧眼、眼窩深陷、鼻樑凸起、遍體黃毛……赫然竟是李密的三師弟，古羅馬化石王世充是也。

二師兄李密放著長安不取，來打洛陽……有點明白了，原來是三師弟王世充在這裡。可王世充在這裡幹什麼？

甭管幹什麼了，反正這師兄弟倆一見面，就臉紅脖子粗地掐成一團。

史書上說，王世充雖然是個古羅馬人，但心眼明顯多於李密，又或者是早就琢磨著幹掉二師兄，所以戰事還沒有開打，王世充早就藏好了一個人，這個人模樣長得和李密有三分相似。

等到雙方軍隊如火如荼地戰成一團時，王世充吩咐將那個模樣像李密的人用繩子捆著，從戰場上施施然通過。

王世充這邊士兵看到這情形，齊聲歡呼，「逮住李密了，我靠，李密被抓住了耶！」瓦崗寨這邊的將士卻傻了眼，「我靠，大佬讓人家綁了去，這可怎麼辦啊？要不咱們快點跑吧……」

於是乎瓦崗寨的陣線全面崩潰，大批士兵掉頭，瘋了一樣地逃命。王世充則興奮得嗷嗷狂叫，在後面窮追不捨。

去查史書，就會發現這場師兄弟戰爭爆發於大業十三年，李淵就是趁這師兄弟倆殺得難分難解的當口，大搖大擺地進入長安。

這事可就奇怪了，徐文遠門下的人，大師兄楊玄感和二師兄李密爲啥要沒完沒了地奔著東都洛陽去？連取得天下的良好契機都丟下不理？還有還有，古羅馬來的小師弟王世充，爲啥要不依不饒地攔在路上，不讓李密去洛陽呢？那東都洛陽裡到底藏了什麼寶貝，讓這夥人前仆後繼，不屈不撓地朝洛陽趕路？

一種可能是：大師兄楊玄感也好，二師兄李密也罷，他們都不認爲攻入長安，黃袍加身有什麼實際意義——這種可能性比零還要低，可以說是完全不可能。

那麼就只剩下最後一種可能：東都洛陽裡，有什麼東西吸引徐氏門下的弟子們……

事實上，這樁神秘的物事不只是吸引了徐氏門下的弟子，同樣也吸引住隋煬帝楊廣，所以他才會撇下國都長安不理會，任由李淵趁虛而入，自顧紮在東都洛陽不肯離開。

那麼只剩下最後一個可能了。在地球上，比帝王基業更具魅惑性的東西，只有一種：絕色美人！

細想一想，一個人放著好端端的太平日子不過，非要提著腦殼鬧事當皇帝，圖的是什麼？在其爲所欲爲的慾望之下，核心的利益訴求，不過是女人。

再從社會生物學的角度上來說，人類不過是基因傳承的載體，人類的一切社會活動，最終的目的都是爲了找到最優秀的基因，和自己的基因配合，傳承下去。華文彩章，戰功赫赫，萬世清名，這一切都是基因的自我包裝，爲了向其他基因表明自己的優秀。總而言之，誠如聖人孔丘所言，男人這種動物，除了塡飽肚皮，唯一的人生目標就是女人，東西方萬古千秋的所有人類智慧，都是證明這樣一個丟人現眼的眞理，只有女人，才是讓男人創造歷史的唯一動力。

所以在此可以負責任地說，在徐文遠教出來的三個學生，楊玄感、李密及王世充之間，一定存在著一個女人。

那麼這個女生是誰呢？

會不會是徐文遠的媽媽，安昌公主呢？

這個……可能性不大，因爲到楊玄感三人來徐文遠這裡上學時，徐文遠都年紀不小，徐媽媽也是個老太太了，一個沒牙的老太太，不太可能把楊玄感三人迷得顚三倒四。

唯一的可能，就是徐文遠有一個女兒，並且這個美貌的女孩子被楊廣宣召入宮了，出於某種特殊原因，對洛陽有著一種異乎尋常的迷戀，所以楊廣才會帶著她離開長安，去洛陽居住。楊玄感攻打洛陽，就是想得到她，李密攻打洛陽的目的，也是如此。至於王世充，明擺著，這個在歷史上未曾留下記載的徐家妹子，肯定是不喜歡三師兄的醜怪模樣，所以王世充嫉恨於心，妳丫敢不愛我，那我就攔在妳和李密面前，讓你們甭想見到面……

那麼在隋煬帝楊廣的後宮裡，是否有一個姓徐的女孩子呢？

有！太有了！楊廣那廝在後宮中堆了超過六萬名美少女，覆蓋中國所有姓氏，怎麼可能沒有姓徐的人？

不過，這麼多姓徐的美少女，徐文遠的女兒，到底是哪一個呢？

她便是皇后蕭氏！

蕭氏……她不是姓蕭嗎？

隋帝國的皇后蕭氏，實際上並不姓蕭，她眞正的姓氏是徐，是徐文遠的女兒。

證據呢？

3 來歷不明的蕭皇后

這個漂亮到極點的小女孩，是從蕭巋的親戚張柯家抱回來的，至於她到底是個什麼來歷，就值得我們細細思考。可以確信的是，這小女孩絕非是西梁明帝蕭巋的女兒。

早年隋文帝楊堅開創大隋帝國的時候，天下比較混亂，國家數量衆多，其中有一個莫名其妙的西梁國，該國家實際上並非是主權國，但負責管理這塊地盤的蕭巋，堅定不移地認爲自己就是皇帝，所以史稱梁明帝。

再查一下梁明帝的家譜，他便是梟雄師徐文遠的母親安昌公主的哥哥。

當隋文帝楊堅開基創業的時候，梁明帝蕭巋首先發來賀電，讓楊堅大喜，於是派使者找蕭巋，「老蕭，你家有沒有模樣漂亮的女兒？如果有的話，就嫁給我的兒子吧……」

「女兒……」蕭巋回答說：「應該有吧……我找找看。」於是蕭巋回到後宮，翻箱倒櫃地找了一番，又出來向使者說：「……女兒是眞有一個，不過，現在她不在家，你等我把她叫來。」

當時使者說不出來的驚訝，「喂，蕭老闆，你搞什麼鬼？你如果有女兒的話，那就是公主啊，公主就應該居住在宮裡……誰見過公主滿大街亂竄的？別是你從大街上找來個小太妹，想騙我們吧？」

蕭巋急道：「不是的，你別多心，別亂講……我怎麼會找個小太妹騙你們呢？不會的。我敢保證，我給你們找來的，是十足眞金的公主。」

使者問：「既然如此，那你家公主怎麼不住在宮裡？」

「公主不住在宮裡，那是因爲……」蕭巋急促地答道：「事情是這個樣子的……嗯，什麼樣子的呢？對了，就是這個樣子的，我家公主啊，她她她……她是二月份生的，我們江南有個說法，說是二月份生下來的女孩子命苦，所以呢……所以我就把她養在親戚家。對，沒錯，就是這麼一回事。」

使者還不相信，「說得像眞的一樣，那你把公主叫來我瞧瞧。」

沒過多久，蕭巋眞的讓人從親戚家抱來一個小女孩，使者定睛一看，大叫一聲，向後便倒，口中兀自大叫道：「公主，公主，這小丫頭絕對是公主，別看這小女生年齡小，可是她的容貌，那是絕對的國色天香，漂亮得無以復加啊！」

《隋書．后妃列傳》證明這件事說：江南風俗，二月生子者不舉。後以二月生，由是季父岌收而養之。未幾，岌夫妻俱死，轉養舅張軻家。然軻貧窶，後躬親勞苦……

看看這本史書，瞪眼說瞎話，張軻家千窮萬窮，還能窮到一個公主嗎？明擺著，這孩子來歷不對頭。總之，這個漂亮到極點的小女孩，是從蕭巋的親戚張軻家抱回來的，至於她到底是個什麼來歷，就值得我們細細思考。

可以確信的是，這小女孩絕非是西梁明帝蕭巋的女兒，但以她那絕世的姿容，與神秘的身世而論，應當也有著皇家血統。

若然是西梁皇族所生，絕沒有理由將她送到宮外。除非，這女孩子是來自於已經滅亡的南梁帝國。

而當時的南梁帝國，梁元帝生了五個兒子，名字叫梁元良、梁方渚、梁方略、梁方智以及梁方炬，但偏偏就是沒有生下公主。也就是說，當時的南梁帝國，能有條件再生下女兒的，只剩下梁元帝的妹妹安昌公主了。

所以，西梁明帝隆重向隋文帝楊堅推薦的這個女孩，應該是書生徐文遠的妹妹——以後我們就稱之爲徐小妹好了。

徐小妹，在她十三歲的那一年，嫁給和她同齡的晉王楊廣，到得楊廣登基後，就是歷史上的蕭皇后。

史書上說，楊廣對蕭皇后的感情，那是沒得說，不管他走到哪裡，都要帶著蕭皇后。而且蕭皇后還是歷史上有名的賢后，經常勸諫夫君莫要亂來惡搞，要端正治理國家的態度。還曾寫過一篇《述志賦》勸夫，大意是：皇上老公仔細聽，做人不要發神經，閒來沒事多讀書，不要動輒就戰爭。品德修養很重要，不要欺負小女生……原文是「珠簾玉箔之奇，金屋瑤台之美，雖時俗之崇麗，蓋吾人之所鄙」一句。

史書上說，隋煬帝楊廣讀到這裡，就拒絕再讀下去。

為啥呢？

我們來看看蕭皇后寫的這篇怪文章，金屋瑤台……金屋？金屋是啥意思？查！查到了，是西漢武帝小時候，去親戚家串門，人家把當時最漂亮的小女生阿嬌抱過來，讓漢武帝看，「乖，小朋友，你喜不喜歡這小女生？」猜猜漢武帝是怎麼回答的？漢武帝說：「若得阿嬌，當以金屋藏之。」所謂金屋藏嬌這個成語就是這麼來的。

看明白了沒有？蕭皇后在這裡的意思是說，老公啊，老公，你能不能別打人家小女生的主意，讓我瞧不起你？

難怪隋煬帝楊廣看不下去。

可這事情不對頭啊，雖然隋煬帝楊廣是蕭皇后的老公，可人家是皇帝啊，那麼到底是哪個女生，如果隋煬帝佔有了的話，別人沒有什麼感覺，唯獨蕭皇后看著特不舒服呢？

除非，這個女生與蕭皇后本人存在著某種血緣上的聯繫。

到了這一步，事情已經昭然若揭，但我們還需要更充足的證據，來看看這個女孩子到底是誰。

4 跟著情人去流浪

歷史上所發生的怪事，足以跌破所有人的眼鏡，蕭皇后確實跟宇文化及關係匪淺，在老公隋煬帝楊廣死後，她居然真的跟了宇文化及，從此浪跡天涯。

當徐文遠門下的二師兄李密，和小師弟王世充在洛陽郊區大打出手的時候，來歷不明的蕭皇后正跟皇帝老公在江都行宮看月亮，卻突聽門外一陣喧嘩之聲，就見大臣宇文化及率領一群士兵走了進來。進來後就說：「報告陛下，有個小事跟你商量一下，你看看現在天下大亂，李淵那邊進了長安，洛陽這邊李密和王世充打得頭破血流。你好歹也是個皇帝，是不是需要承擔點社會責任？」

當時隋煬帝楊廣很是吃驚，說：「你看你這個人，腦子真是有點不清楚……他們那夥人愛打架，關我什麼事？」

宇文化及說：「可你至少也要負點領導責任吧？」

隋煬帝楊廣狐疑地問：「領導責任怎麼個負法？」

「簡單，」宇文化及抖開一條白綾，「就是把陛下的脖子伸進來，讓我用力這麼一勒……」

隋煬帝很是憤怒，「你說你這個人，淨做這些八竿子打不著的事兒，李密和王世充打架，是他們倆樂意打，你勒我幹什麼……」

可是他說啥也沒用了，亂兵一擁而上，不由分說，就將那條白綾勒到楊廣的脖子上，用力一使勁，楊廣就被活活勒死了。

目睹老公被亂兵活活勒死，蕭皇后很不高興，就責怪道：「宇文化及，你這人怎麼可以這樣胡來？居然把皇帝活活勒死，別忘了你好歹是個部級領導幹部，這麼個搞法，你自己說合適不合適？」

宇文化及說：「是我不對，下次我保證不了，妳也別生氣了……可我這樣做，不也是爲了妳嗎？」

宇文化及這麼個回答法，是有史料依據的。有的史書上說，皇后蕭后和宇文化及之間的關係比較親密——可是蕭皇后雖然是個職業女性，卻居於深宮，不需要朝九晚五地趕公車去公司上班，和宇文化及見面的機會少之又少，怎麼可能有著超乎尋常的曖昧關係呢？

但是歷史上所發生的怪事，足以跌破所有人的眼鏡，蕭皇后確實跟宇文化及關係匪淺，老公隋煬帝楊廣死後，居然眞的跟了宇文化及，從此流跡天涯，去滿世界流浪。

關於宇文化及與蕭皇后的浪漫愛情，《隋書．宇文化及傳》是這樣記載的：化及於是入居六宮，其自奉養，一如隋煬帝故事。也就是享受隋煬帝待遇，「享用」蕭皇后的委婉說法。

但是他們沒有浪跡多久，就不幸地遇到草莽英雄竇建德——怎麼沒有遭遇到瓦崗寨李密和王世充呢？

這是因爲，瓦崗寨和王世充拼得兩敗俱傷，李密還好，他畢竟是中國人，乾脆帶著隊伍投奔了李淵，可憐王世充他一個古羅馬人，在中國這塊土地上人生地不熟，亂走亂撞，不幸遭遇到了少林寺的十三棍僧，被和尙們逮起來，賣給李淵。大唐帝國還曾爲此事發表過公告：

王世充叨竊非據，敢逆天常，覬覦法境，肆行悖業。法師等並能深悟機變，早識妙因，克建嘉猷，同歸福地，擒彼凶孽，廓茲淨土……

這份發表於唐武德四年的戰報上說：王世充匪幫不幸和少林寺的禿頭們發生了衝突，禿頭和尙們不由分說，一頓暴打，硬生生將王世充打殘。

徐文遠的三個弟子，就這樣低調地退出歷史，我們的主角李世民，大踏步地走進了我們的視線。

他的到來，讓世界的格局趨於混亂，卻在客觀上替我們弄清楚了始終未能說明白的徐小妹謎案。

他是怎麼替我們清楚的呢？

先來看看李世民的個人求職簡歷：

- 姓名：李世民
- 曾用名：李二郎
- 出生：開皇十八年十二月二十二日，西元五九九年一月二十三日
- 籍貫：陝西武功
- 生肖：馬
- 卒年：唐貞觀二十三年，西元六四九年，享年五十二歲
- 死因：吞食金丹，肚皮爆裂而死
- 特長：騎射，書法
- 社會關係：

父親：李淵

母親：竇氏

妻子：長孫氏

兒子十四個，女兒二十一名。

零歲：出生。

四歲：有相士找來，說：「這孩子，長大了後了不得，龍鳳之姿啊！」

十八歲：聯絡各地豪強，追隨父親李淵，攻佔長安。

二十一歲：消滅劉武周僞政權。

二十二歲：爲了搶到驚世美艷的蕭皇后，兵出虎牢，消滅竇建德僞政權。

二十七歲：發動玄武門兵變，打掉哥哥李建成、弟弟李元吉反動集團，佔有了弟弟李元吉的妻子楊氏。

二十九歲：父親李淵哭喊著退休，於是李世民登基稱帝，是爲太宗。

三十三歲：四夷賓服，天下來朝，尊李世民爲天可汗。

四十歲：荊州都督武士彠之女武氏入宮，幸御之，封才人。

四十四歲：文成公主遠嫁吐蕃，抵達之後發現，原來吐蕃的松贊干布一次性地娶了她和西夏公主，讓倆女生在宮裡掐架，文成公主鬱悶，要求改變吐蕃人赤土塗面的不衛生習慣。

四十六歲：太子李承乾愛上自己的書僮，怒斬之。太子因而發狂，改立李治爲太子。

四十八歲：唐三藏從印度取經歸來。

五十一歲：民間謠云「女主武王代有天下」，發現左武衛將軍李君羨小名五娘，遂殺之。

五十一歲：卒。

看看李世民的個人經歷，他的人生恰好在草莽英雄竇建德這裡，和神秘的蕭皇后構成一個交集。

這個交集意味著什麼？

意味李世民的一生，是瘋狂追求女性的一生，是漁色獵艷的一生。爲了女人他什麼事都敢幹，爲了女人他敢殺掉親哥哥，爲了女人他敢宰了親弟弟，爲了女人他甚至差一點沒幹掉親爹，爲了女人他還……還獲得了萬世名君的不朽榮光。

玩女人也能混出他萬世英名，不朽榮光，李世民是怎麼幹成的這事呢？

還是先從李世民大戰竇建德開始說起吧。

5 女人創造歷史

李世民之所以來砍竇建德，目的也是為了搶到蕭皇后，可是他來晚一步，不禁意興蕭然，正在這時，竇建德又偷偷告訴他一個好消息……

話說那神秘的蕭皇后正跟逆臣宇文化及流浪之際，前方突然出現一票人馬，搖旗吶喊曰：「宇文化及，交出美女蕭皇后，饒爾不死……」

來的這支武裝力量，正是民間豪強竇建德的私人武裝。其人乃當時一等一的英雄好漢，生活儉樸，作風樸素，不貪財，重情義，只是聽說哪裡有美女，就會急如星火地率部眾趕去求愛。此時聽說宇文化及帶了絕色美人蕭皇后正在流浪，急忙趕來套近乎。

宇文化及被輕易搗滅，竇建德牽了蕭皇后的纖纖素手，問道：「皇后娘娘啊，我聽說妳和宇文化及有一腿，是真的假的？是怎麼開始的？你們倆誰先主動的？第一次是在什麼時候？又是怎麼個情形……」

史書上說，竇建德這位兄弟，是位眞英雄、鐵好漢，吃飯從來不沾肉，女色更是從不碰。蕭皇后遇到了他，美麗的愛情流浪就劃上了一個完美的句號。

話說大家正在這裡劃句號，就聽手下人飛奔來報告，「報告首長，不得了了，大唐秦王李世民，帶著他的黑社會來砍你了！」

「爲啥啊？」竇建德非常惱火，「我好端端的，沒招誰沒惹誰，他李世民憑啥砍我啊？」

史書上說，李世民之所以來砍竇建德，是古羅馬人王世充惹的禍，說是王世充在被少林寺十三棍僧逮到之前，曾向竇建德求救。這不過是一個拙劣的藉口而已，當時諸方豪強都在相互通信中，連李淵都對瓦崗寨的李密寫信稱臣，王世充與竇建德之間有書信往來，是再也正常不過的事情。李世民竟然用這個藉口動兵，可見他連藉口都懶得找了。

實際上，李世民找竇老大的麻煩，表面上的原因是爭奪天下，深層次的因由，則是爲了搶奪美女蕭皇后——最後李世民還是成功的將這個女生搶到了手，這個細節我們會在後面細說。

爲了將蕭皇后搶到手，李世民和弟弟李元吉聯手，砍竇建德於成皋。雙方於板渚至牛口擺下大陣，北靠大河，西臨汜水，南達鵲山，連綿二十餘里。

「殺呀！」竇建德手下的小兄弟氣勢洶洶地衝了上來。

李世民帳下的精兵猛將蠢蠢欲動，要打竇建德一個烏臉青。可是李世民卻傳令，「把免戰牌掛出去，關好營門，大家先別出戰，就蹲在大營裡喝酒。」

「爲啥呀？」衆將問。

「不爲啥。」李世民回答：「反正咱們現在不和他們打……」

於是唐軍緊守在營柵之內，外邊的竇軍瘋了一樣地往裡砍，可是柵門堅固，說什麼也撞不開門。眨眼工夫竇兵就撞擊唐營四個小時，終於撞得累了，於是卸下衣甲，坐下來歇口氣，喝杯茶，吃工作餐。

不料就在這時，李世民一聲狂吼，「砍！給老子狠狠地砍！」霎時間，久已蓄勢待發的唐兵猶如地裂山崩，轟的一聲衝出大營，不由分說，輪起刀子，對準正坐在草地上喝茶的竇軍狂砍。

可憐竇軍已經攻擊唐兵大營長達四個小時，早已是筋疲力盡，誰料得到唐軍如此蠻不講理，連杯茶都不讓人家喝……說話間，竇軍已有三千名善良的士兵倒伏於血泊之中，餘衆狂奔三十里，僥倖逃脫了唐兵的追殺。只是，大佬竇建德運氣不大好，被唐兵砍傷俘虜。

李世民親自提審竇建德，「說吧，老竇，蕭皇后在哪裡？」

竇建德笑道：「老李，早知道你就爲這事來的。可惜你來晚了一步，那美絕人寰的蕭皇后，哈哈哈，此時她已經出國旅遊去了……」

出國旅遊？

沒錯！原來，竇建德之所以搶奪蕭皇后，是受了隋煬帝楊廣的妹妹委託。楊廣的妹妹嫁到了突厥，號義成公主，聽說國事動盪，就委託竇建德把嫂子蕭皇后接去。咦，她怎麼不讓竇建德去保護哥哥楊廣？再說，楊廣的女朋友多達六萬人，義成公主怎麼偏偏對蕭皇后高看一眼？

實際情況是，這個蕭皇后不對勁——她並非是老蕭皇后，而是老蕭皇后的侄女兒，徐文遠的女兒小蕭皇后。但是老蕭皇后是如何變成小蕭皇后，這裡邊到底有什麼貓膩，這個細節義成公主卻是懵懂無知。

李世民之所以來砍竇建德，目的也是爲了搶到蕭皇后，可是他來晚一步，不禁意興索然，正在這時，竇建德又偷偷告訴他一個好消息，雖然小蕭皇后出國了，可是楊廣還有一個妹妹，也是絕色美人，此時正流落長安城中。害怕李唐新政府嚴打，正假冒一個大富商的女兒……

可等李世民急如星火，著急忙慌地衝進長安城時，恰好聽到鼓樂喧天。他的弟弟李元吉正在大辦喜事。

娶妻楊氏。

原來楊廣那絕色的妹妹，是被他娶走了。

如一隻受傷的野狼，李世民發出了絕望而憤怒的嗥叫。

6 宮裡殺出黑社會

第一種解釋認為，這件事真的不能怪善良的李世民，真的不是唐太宗的錯——人家都當了皇帝，還能有錯嗎？錯就錯在大哥李建成和老三李元吉上。

史書上嚴正聲明說，大唐太宗李世民，和他的兄弟媳婦楊氏之間「未及以亂」。

啥意思呢？

意思是說，李世民是個正經人，沒有和自己的親弟弟李元吉的媳婦楊氏上過床，真的沒有……好端端的，突然聲明這事幹啥？

因爲李世民眞的和楊氏上過……這事太齷齪，還是陽光點說吧。陽光點就是，當李世民討平竇建德，回師之後，驚見隋煬帝楊廣的妹妹已經被弟弟李元吉娶走，李世民不依不饒，大吵大鬧，一口咬定哥哥李建成、弟弟李元吉和父親的寵妃張氏有一手。之所以敢這麼瞎咧咧，是因爲他覬覦兄弟媳婦楊氏的事情被李元吉發現，李元吉很是憤怒，所以李世民這邊也豁出去了。

吵鬧之際，太子李建成和齊王李元吉心裡鬱悶，不知道該拿家裡老二怎麼辦，兩人一邊商量一邊去上朝，剛剛行至玄武門，突聽一聲吼叫，就見老二李世民率領家將尉遲敬德手持兇器，氣勢洶洶地殺了過來。

李建成和李元吉呆了一呆，眼見老二李世民滿臉殺氣，不像是在開玩笑，兩人驚心之下，掉頭便走。

「殺啊！」李世民一馬當先，後面跟著黑面煞神般的尉遲敬德。

太子李建成嚇得呆了，在前面拼命跑，不提防腳下一絆，吧唧一聲，摔了個大馬趴，還等爬起來，就聽尉遲敬德一聲瘋吼，「砍啊，不砍白不砍，砍了也白砍……」噗哧一刀，可憐的太子李建成，已經莫名其妙身首異處。

老三李元吉到底年輕，反應機敏，眼見二哥真的翻臉，不由分說調轉馬頭，策馬狂逃。二哥李世民隨後狂追，一邊追還一邊喊：「老三，你別跑，你聽我跟你解釋，二哥我也沒別的意思，只要你把你媳婦讓給我……砰，哎喲喲我的娘親……」

原來李世民只顧兩眼血紅地盯著三弟，卻沒有注意到路邊斜伸過來一根樹杈，馬速又太快，腦殼正好撞在樹杈上，痛叫一聲，栽下馬去。

老三李元吉調馬返回，用弓弦一下子勒住二哥的脖子，怒罵道：「操你娘，有你這麼當哥哥的嗎？跟大哥爭皇位，搶弟弟的媳婦，還學了黑社會拿刀子砍人，你說你爹媽是怎麼教育你呢……」怒罵聲中，就見李世民一張臉由白轉紅，由紅轉紫，由紫轉黑，眼看就要一命嗚呼。

危急時刻，就聽一聲怪叫，「天馬流星錘！」

砰的一聲，原來是李世民的大馬仔尉遲敬德一頭撞了過來，將李元吉撞得形如斷線風箏飛上半空，未等他的身體落下，尉遲敬德輪起大片刀，刷刷刷一通亂砍，只聽李元吉發出幾聲微弱的慘嘶，已然沒了性命。

眨眼工夫，祥和的皇宮之中，已經瀰漫著濃重的血腥之氣，淪為黑社會砍人的修羅場。這件事，就是歷史上赫赫有名的玄武門兵變，大唐太宗李世民殺哥宰弟，逼迫生父退位，強行把自己的屁股擠到龍椅上。

然則，好端端的，李世民為什麼要學黑社會，在皇宮裡掄起大片刀，狂砍他的親哥哥和親弟弟呢？

有關這個解釋，目前有三種解釋：

第一種解釋認為，這件事真的不能怪善良的李世民，真的不是唐太宗的錯——人家都當了皇帝，還能有錯嗎？錯就錯在大哥李建成和老三李元吉上，他們倆太不像話，不早點挪地方，把皇位讓給人家李世民，看看把人家李世民給逼成什麼樣了？欺負人哪有這樣欺負的？

另一種解釋認爲，大哥李建成和老三李元吉，他們雖然不像話，但這事李世民也有不對的地方。大家要爭要搶的可是千秋萬代的帝王寶座啊，爭搶的時候大家情緒難免激動，發生點肢體衝突，也屬正常，總之一句話，李世民爲了皇帝寶座，殺了哥哥，宰了弟弟，這也沒什麼不妥當的。

第三種解釋，最是不得人心。該解釋認爲，李世民不是個好東西，爲了皇帝寶座，他喪盡天良、滅絕人倫，殺了哥哥，宰了弟弟……聽起來這個解釋跟上面兩種沒啥本質不同，但實際上差別卻大了。

前面兩種解釋，對李世民都持肯定態度，認爲李世民沒啥錯，最多不過是表現得有點激動。可這個解釋卻直截了當地對李世民提出指控，所以這個解釋，一出場就遭到廣大人民群眾的杯葛：人家李世民都貞觀之治了，殺幾個閒人還不行嗎？你憑什麼指責人家？有本事你也來一個貞觀之治。

誰是誰非我們暫且莫論，可是這三種解釋，都迴避了一個關鍵性問題。

被冊立爲太子的，是家裡的長子李建成，老三李元吉是沒份的。所以這李元吉，有一千個一萬個理由，應該和李世民站在一起，共同對付大哥李建成才對，怎麼李元吉會站到大哥的陣營中去？

爲什麼呢？

到底爲什麼呢？

當李世民強行將李元吉的妻子楊氏抱到自己的秦王府中時，你馬上就知道玄武門兵變的眞相。

眞相就是，李世民瞄上了弟弟的老婆。

李世民是眞心愛著李元吉的老婆，不止一次，他心血來潮掐指一算，就要冊立楊氏爲皇后，都被群臣連哭帶喊，強烈阻止。你非要搶弟弟的老婆，甚至不惜爲此殺了親弟弟，都隨你，不隨你還能怎麼辦？人你已經殺了，女人你也搶回來了，可你再明目張膽地立了弟弟的老婆做皇后，豈不是向天下人大聲疾呼：諸位，告訴你們一個天大的好消息，我，大唐太宗李世民，搶了弟弟的老婆啦！

這麼個搞法，實在是有點太缺心眼了。

但這，才是眞正的李世民，一個漁色狂艷的英雄，一個滿腦子裝著女人的沒品男人，所謂貞觀之治，也只不過是一個從未曾存在過的假相。

7 貞觀之治的騙局

帝王的歷史價值，不過是窮兵黷武，想出最精妙的法子，砍光過於膨脹的人口而已。單只從這個意義上來說，李世民他還算是稱職的。

貞觀之治，是令中國人永世懷想的一個偉大時代。

在這個時代裡，人民安居樂業、歌舞昇平，皇帝溫良慈善，百官恪盡職守，米缸裡裝的是吃不完的小米，田地裡生長著綠油油的疏菜，男人雄渾大氣，女性柔美端莊……總之，這樣一個近乎於傳說中的美好時代，是由唐太宗李世民先生一手創造出來的，所以他在中國皇帝排行榜上，理直氣壯地佔據首位。

但這一切，卻只不過是一個拙劣的騙局。

首先，壓根就沒有什麼貞觀之治——貞觀是有的，那只不過是李世民時代的年號，但「之治」這怪東西真的沒有。

之所以人們認為有，一來是李世民自己的刻意宣傳，二來，人們真的希望能有這樣一個偉大的時代，有個偉大的帝王，由他老人家勤勤懇懇地替大家創造出一個坐享其成的舒服時代，願望也符合人類的懶惰天性。

其次，就算眞有什麼「貞觀之治」，那也跟李世民沒關係。

任何一個美好的時代，都是由民眾自己創造，只要當時的領導人少跟老百姓添亂，別今天弄出個指示，明天搞出個精神，後天又琢磨段演講，強迫老百姓放下鋤頭學習……總之，只要當領導的別太缺德，放手讓老百姓建設自己家園，用不了多久就會搞出來個「之治」來。

歷史上，舉凡領導人陷入政治鬥爭，手忙腳亂之際顧不上禍害老百姓時，都會有一個「之治」時代到來。

所以從理論上來說，縱然是眞的有什麼貞觀之治，也跟李世民本人沒有任何關係。

到了李世民的下任，唐高宗李治時，忽然有一天，李治心血來潮，問戶部尚書高履行，「老高啊，去年咱們國家，增加了多少人口啊？」

高履行回答說：「去年的人口增長，同往年一樣的，還是十五萬戶。」

李治問：「你的意思是說，自打貞觀年以來，咱們國家每年的人口增長，都是十五萬戶嗎？」

高履行道：「然也。」

李治又問：「那咱們國家，現在有多少人口了？」

高履行道：「三百八十萬戶。」

李治掐指一算，「嗯，現在有三百八十萬戶，貞觀之治一共是二十四年，每年人口增長十五萬戶，二十四年的增長人口數目就是三百六十萬戶……我操，老高，不對啊，這個意思就是說，貞觀之治剛剛開始時，人口總數不過只二十萬戶……不會吧？」

高履行道：「反正也差不了多少。」

李治有點醒過神來了，「我靠，啥貞觀之治啊，純粹是忽悠人，所謂貞觀之治，不過就是讓人民群衆狂生孩子罷了……對了，大隋開皇年間，有多少人口啊？」

高履行回答：「當時的戶口總數，是八百七十萬戶。」

李治大驚，「老高，你啥意思？你莫非說……說隋唐改朝稱代，把全中國人幾乎殺光光了嗎？」

高履行道：「陛下，你別冤我，這話是你自己說的……」

李治尋思半天，又問道：「老高……那隋開皇時，生產的糧食有多少？」

高履行道：「當時的糧食，足夠八百七十萬戶吃五十年的。」

李治大驚，「當時有這麼高的生產力嗎？」

高履行道：「怎麼就沒有？糧食都生產出來了，你還有什麼疑問？」

李治道：「這個這個……我明白了，我爹的貞觀之治，就是帶著不足十分之一的人口，狂吃人家足夠五十年吃的糧食……明白了，貞觀之治，就是你拿刀子把人砍光光，然後慢慢吃人家產出來的糧食，這個就叫『之治』了……」

關於這段對話，在《資治通鑑》中寫得明明白白，即使我們把這段話打上八成的折扣，也只能得出這樣的結論：隋唐之戰，看似波瀾不驚，實則是恐怖到了極點，天底下的老百姓，幾乎要被殺絕殺淨，餘下來的人口，尚不足大隋開皇年間的十分之一。大隋時代抓革命，促生產，生產出足夠全天下人食用五十年之久的糧食，構成了李世民貞觀之治的經濟基礎。

退一萬步說，就算是大唐貞觀年間的人口並沒有少到如此恐怖的程度，也不可能達到隋開皇年間的百分之五十。這也就意味著，隋帝國時代已經爲他們準備好足足一百年的糧食，大唐帝國不過是一隻趴在米缸上的特大號老鼠，等把這些糧食全都吃光光，帝國也就稀哩嘩啦地分崩離析。

總而言之，史家通過這段記載，偷偷告訴我們這樣一個秘密，貞觀之治與李世民沒任何關係，任何人哪怕讓隋煬帝回來，也會在如此稀少的人口基礎之上，坐享「之治」的福利。

這段話的另一個意思是說：人民的福祉與帝王的基業沒絲毫關係，而是和人口的數量成反比，人口越多，資源越是緊缺，就越沒法子「之治」，透過戰爭的手段將人口削減到一個理性數字後，「之治」才自然而然到來。

所以，帝王的歷史價值，不過是窮兵黷武，想出最精妙的法子，砍光過於膨脹的人口而已。

單只從這個意義上來說，李世民他還算是稱職的。

然而，話又說回來，既然貞觀之治這裡壓根不需要李世民，那麼李世民他又忙和個什麼勁呢？

這個答案，伴隨著徐小妹的身世之謎，在貞觀四年脫穎而出。

8 交美女不殺

貞觀四年，興奮不已的李世民宴請從突厥部落歸來的前隋蕭皇后。蕭皇后一出場，立即驚艷四座，滿朝文武都看得直了眼睛。

西元六三〇年，唐貞觀四年，李世民已經開始老了。

雖然人老，但是他的心，卻比任何時候更要年輕。

雄健的大唐鐵騎，浩如煙塵一般衝破邊隘，殺入突厥人的勢力範圍，可憐的突厥兄弟嚎啕大哭著，在荒漠上倉促逃命，身後傳來的，是唐兵那震天價的吼叫聲。

「交出美女來，交美女不殺……」

突厥危殆，於是現任突厥最高領導人義成公主——也就是隋煬帝楊廣的親妹妹，立即主持召開救國軍事會議。

會議上，義成公主問道：「你們說，那個李世民，他腦子是不是進水了呢？中原江山，花花世界，數不清的美女啊。他卻跑咱們這荒漠孤原上來找美女，這不是開玩笑嗎？荒漠上的女生們，風吹著，日曬著，艱苦勞作著，強烈的紫外線把女生臉上的毛細血管都曬裂了，拿手一摸就血糊糊的……你說那李世民怎麼偏偏喜歡這種情調的女生呢？品味是不是太差了點呢？」

突厥大頭領猜測道：「公主啊，我琢磨著……這李世民的的確確有些不對頭，他是不是……他會不會……嗯，總之，公主妳說我猜得有沒有道理？」

義成公主納悶道：「你話都沒說清楚，讓我猜什麼猜？」

大頭領吭哧癟肚地道：「公主，我的意思是說……那李世民他……他他他……他會不會愛上妳了？所以才悍然出兵？」

義成公主大驚，「不會吧，我都是個老太太了……」

突厥大頭領道：「……是，公主妳已經是快五十歲了，這個年紀……可誰都知道，李世民這人口味比較重……」

義成公主叱道：「別瞎說，他口味再重，也他娘的重不到這個程度，快去打聽打聽，李世民興師動衆，到底是想要哪個女生……」

突厥大頭領道：「事情明擺著，咱們這裡只有妳和蕭皇后兩個，如果李世民不是想要妳，那就是想要蕭皇后。」

義成公主搖頭，「蕭皇后的年歲不比我小，要說李世民興師動衆，就爲搶一個老太太……這事打死我也不信。」

大頭領道：「要不，咱們把蕭皇后叫來，一塊合計合計？」

蕭皇后叫來了，義成公主定睛一看，頓時尖叫起來，「小丫頭，妳是誰？我找蕭皇后商量正事，妳跑來湊什麼熱鬧？」

那個小女生回答道：「義成公主，我就是蕭皇后啊！」

「胡說！」義成公主急了，「蕭皇后的年齡跟我差不多大，妳騙誰啊？」

就聽那蕭皇后回答道：「實話告訴妳吧，義成公主，我實際上是老蕭皇后的侄女兒，比蕭皇后整整小十三歲，我的父親是書呆子徐文遠，我的大師兄是大隋帝國第一個起兵造反的楊玄感，我二師兄是瓦崗寨的李密，我三師兄是古羅馬旅遊者王世充。因爲我被妳弟弟楊廣逮到，弄進宮裡，所以大師兄、二師兄分別起兵，追到洛陽城想找回我，才讓李世民他爹李淵趁虛而入，搶先一步進了長安，做了皇帝。還有，最壞最壞的就是我三師兄王世充，因爲我不愛他，他就故意擋在我二師兄前往洛陽的路上……」

義成公主聽糊塗了，「這都什麼亂七八糟的，聽不懂！算了，我也不聽妳這丫頭片子胡言亂語，妳馬上收拾一下，去見李世民吧，爲了妳，那老傢伙殺人盈野，都快要瘋掉了……還有，妳見到李世民那怪老頭，千萬別說剛才那些莫名其妙的怪話，就算妳是蕭皇后，身世也已經夠複雜的了，再加上妳那三個怪師兄……這可是爲了妳好，不信等見到李世民就知道了……」

史載，貞觀四年，興奮不已的李世民於長安都城設下盛大的酒宴，宴請從突厥部落歸來的前隋蕭皇后。

蕭皇后一出場，立即驚艷四座，滿朝文武都看得直了眼睛。

這是快五十歲的老太太嗎？騙人！眼前這個美絕人寰的女子，看年齡最多不過是二十歲出頭，正是女性的生命之花行將綻放的大好季節啊！

衆臣兩眼直直地望著蕭皇后，就聽李世民說出了一句肺腑之言，「朕欲封蕭皇后爲本朝皇后，諸位愛卿以爲然否？」

「然……否！」只聽群臣們一古腦地哀叫起來，「陛下不可，萬萬不可啊！」

「爲什麼不可？」李世民卻也是鐵了心，「前幾次，朕欲納楊妃爲皇后，就是你們這些怪老頭拼死攔住不讓。這一次，怎麼也該輪到我做主了吧？不行，朕今天說什麼也要納蕭皇后爲皇后，你們誰也甭想勸住我！」

「陛下不可，萬萬不可！」群臣大哭大鬧，大吵大叫，抵死不依，朝堂之上亂成一團——這就是大唐帝國貞觀之治的眞相。

由於人口銳減，隋帝國時代留下來足夠吃上一百年的糧食，李世民則挖空心思的尋芳獵艷，沒有心思搞什麼最高指示，發佈什麼怪異的精神，非逼著老百姓學習進而以此禍害百姓，所以老百姓也趁機躲進自家的小屋子裡，拼老命生兒育女，直到人口再次突破資源的極限，才迎來帝國的落日。

9 李世民的病理分析

事實上，李世民只是一個瘋子，而不是一個傻子，這個嗜血狂魔以驚人的理性設計他的殘殺手段，並以此為號召，將以尉遲敬德為首的殺人狂聚集在一起。

客觀評價李世民的歷史功績，他最多不過是花花腸子怪皇帝，由於大量的眞實史料已經爲李世民本人篡改，導致我們對那個特定時代觀察的失眞。我們在史書上所看到的，多是李世民英明神武，縱橫沙場，擊敗了一個又一個草莽英雄的戰事，根本找不到唐軍大規模屠殺百姓的記載。

然而，大隋帝國時代超過兩千萬的人口，確實消失於歷史的煙塵之中。

史載，李世民曾經找過房玄齡，強烈要求看一下史官記載的史實。房玄齡開始還不答應，但李世民大吵大鬧，威脅外帶恐嚇，最終迫使房玄齡屈服。

李世民看過史料之後，指示房玄齡道：「要眞實、客觀，準確地記載歷史，以警醒後人……」然而最終，我們看到的卻是虛假、主觀及不準確的歷史記載，如果這段歷史的記載是眞實的，至少我們能夠找到總數超過一千萬的人口的死因。

顯然，李世民銷毀了這些資料。

銷毀了也沒有關係，一旦我們知道了李世民的性格爲人，也就能將這段歷史復原。眞實的李世民，是這樣一個人，個性帶有明顯的癲狂傾向，好色如命，嗜血如狂。他能夠爲搶奪親弟弟的妻子而殺戮滿門，也幹得出爲了搶奪前朝的皇后，不惜大動干戈的事情。是什麼樣的喪盡天良，才能幹得出來這些令人髮指的獸行？

李世民，實際上是一個明顯的精神分裂症患者，他的全部思維爲下半身操縱，不懂得什麼是愛，也不懂得什麼叫珍惜，所行所爲，完全顚覆人類理性的正常性認知。正是因爲他的舉動完全出乎常理，所以才會輕而易舉地在玄武門殺害了親哥哥和親弟弟。用正常人的思維來考慮問題，正常人是不會在自己家裡突然拎起刀子來砍人的，正常人更不會把自己的獸慾延伸到弟弟的妻子身上。

這些違逆人倫的獸行，對李世民而言，卻是輕而易舉的選擇，因爲他對自己的家人，壓根就沒有什麼感情。一個對親人都沒有感情的人，卻想像他英明神武爲天下人著想，這只能證明我們這個民族腦子進水了，寧可相信絕不可能的事情，也不肯稍微正常一點。

一個民族，絕不能把希望寄託於一個嗜血如狂、好色如命的男人身上，如果我們一定要肯定貞觀之治與李世民之間的聯繫，那麼我們只能說，正是這個殺人狂，以他那嗜血的殘殺，削減中國一半以上的人口，讓餘下來的人得到更爲充足的資源。

僅此而已。

事實上，李世民只是一個瘋子，而不是一個傻子，這個嗜血狂魔以驚人的理性設計殘殺手段，並以此爲號召，將以尉遲敬德爲首的殺人狂聚集在一起。

史書上，多次記載李世民的親弟弟李元吉對尉遲敬德的友善，不止一次地送禮物給尉遲敬德，而李元吉得到的回報，卻是尉遲敬德夥同主子李世民於玄武門大打出手——正是因爲李元吉善待他，所以他要在李世民面前表現得更爲兇殘，這種摒除了人性至善的邪惡，也是李世民殺人團的最明顯特徵。

要證明李世民心性不正常，還有著更爲充足的遺傳學上證據。

李世民登基而後，立了長子李承乾爲太子。然而李承乾卻患有明顯的心智障礙。他愛上了自己的書僮，這並不能證明他心智不正常，最多是口味非同一般。但是他卻嗜血如狂，經常帶著兩夥人互相廝殺，不打得鮮血淋漓，就不能夠盡興。這種對於鮮血的渴望與衝動，正表明了李世民血統的不正常。

僅僅是李承乾一個人患有精神病，只是一個孤證。要命的是，李世民的幾個兒子，居然沒有一個正常的，個個表現出極爲怪異的返祖現象，有的是和李承乾一樣性取向出現麻煩——這是最輕的，還有的表現出對殺戮過於濃厚的興趣。

比李世民的兒子更要命的，是他的女兒高陽公主。

高陽公主被許配給名臣房玄齡的兒子，可這位公主卻是位女權主義者，撇下老公不理會，勇敢地衝出門追求婚外戀。你婚外戀就婚外戀吧，畢竟是大唐時代，講究人性開放，可是這位公主精心挑選的婚外戀情人，卻讓世人跌破眼鏡，是自東土大唐赴西天取經的和尚。就算挑唐僧做婚外戀情人，這也不算變態，畢竟唐僧也是名士高僧，可是高陽公主的戀人，卻是唐僧的徒弟。猜猜這幸福的傢伙是誰？

孫悟空？豬八戒？沙和尚？

都不是，和高陽公主於歷史上綻出一朵美麗的婚外戀情花朵的，是唐僧的徒弟辯機和尚。事發之後，辯機和尚被處腰斬，行刑之時，辯機看到刀刃上有一隻螞蟻，便小心翼翼地用手將螞蟻拈了下來，然後坦然受死，而那隻螞蟻……唉！甭管那螞蟻的事了，從李世民的兒子女兒們的表現來看，李世民的精神頑疾，實際上是一種典型的大腦返祖現象。

什麼叫大腦返祖現象呢？

我們知道，人類的嬰兒，從母親腹中生出來時，光潔溜淨，但李淵的妻子竇氏生下來的時候，卻長出一身毛髮，這種現象，就叫返祖。是指人的基因出現了麻煩，導致一個上古猿類的誕生。

有些人，雖然生下來身體沒有多餘的毛髮，很文明很現代，但大腦卻與太古時代的猿類沒什麼兩樣。儘管這種人在表面上看起來，與正常人沒什麼區別，能吃能喝，會說會走，但因爲腦袋仍然是類人猿的思維，所以這類人的舉止表現具有著如下特徵：

第一，嗜血如狂，好色如命。

第二，生性冷漠，無視血親。

第三，不懂得愛，也不懂得感恩。

看看這三個特點，它們在李世民身上體現得近乎絲絲入扣，這種返祖現象，簡直就是爲李世民量身訂作。

所以，李世民說到底，只是一個返祖的類人猿，徒具人的外表，卻缺少人的感情與感恩的情懷。然而，恰恰是因爲他這個特點，才會出乎哥哥李建成及弟弟李元吉的意料之外，讓他殺哥宰弟，竊居皇位。

正因爲李世民不過是一個大腦嚴重返祖的類人猿，所以他打下來的江山，在兒子李治手中，終於出現紕漏。

第三章

高宗李治：如何征服男人

高宗李治對武媚娘表現出一份異乎尋常的迷戀。

武媚娘知道李治需要的是什麼，所以她贏了。

可李治需要的到底是什麼？

1 愛上深海魚類

李世民搞的這個大唐帝國明顯有點靠不住，皇帝一死，帝國繼承人的身家性命，就全懸於文官的一念之間，若是文官系統出了問題，則帝國堪虞。

史書上記載，唐太宗李世民晚年的時候，有一天正坐在龍椅上享受悠然人生，突然間淚流滿面，大放號啕，一股腦跳起來，衝到牆壁前，拿自己的腦殼撞將過去。

當時以長孫無忌、褚遂良為首的等老臣子嚇得呆了，急忙上前攔住，「陛下，別撞了，歇一歇吧，萬一你把這牆壁撞出個窟窿來，又是一筆不小的建築工程費用開支。」

只聽李世民嚎啕大哭道：「我靠，哥兒幾個，你說哥們兒我怎就這麼倒楣呢？我費了牛勁殺哥宰弟，還差點幹掉自己老爹，才搶了個皇帝來幹，可你們看，我家裡的那幾個兒子，都他娘的全有家族遺傳性精神疾病，瘋的瘋、傻的傻，要不玩同性戀愛上自己的書僮，要不就是嗜血如命，老是琢磨著殺人放火。還有我那女兒高陽，把她嫁給房玄齡的兒子房遺愛，她卻大搞性開放，公然紅杏出牆跟唐三藏的徒弟辯機大搞婚外戀……哥兒幾個，老百姓都傳說唐三藏的徒弟沒一個好玩意兒，不是猴子就是豬，要不就是深海魚類，叫什麼沙和尙的，哥們兒，我家的孩子怎麼都這麼變態呢？竟然愛上了深海魚類！這可咋整啊……」

咋整？你家裡的事，愛咋整就咋整唄！

群臣心裡這樣想，口中還是勸道：「陛下，休要擔驚，少要害怕，待小臣提一支軍馬……軍馬就算了，家家都有一本難念的經啊，你還是認命了吧。」

唐太宗李世民大哭道：「我靠，敢情不是你們家的事，你們說得輕鬆，可知道儲君這種動物，關係到國家的未來啊！可你看這群孩子們……哇——這可咋整啊？」

長孫無忌是李世民的大舅子，見狀就說道：「好了好了，皇帝你別哭了，你說咋整就咋整，行不行？」

李世民止住哭聲，偷眼看著長孫無忌道：「我想等百年之後，把天下傳給晉王李治，不知大舅哥以爲然否？」

長孫無忌道：「可以，如果有人敢反對，我必殺之！」這句話白紙黑字寫在史書上，李世民立儲君，居然先要徵求長孫無忌的意見，這表明以長孫無忌爲首的朝臣勢力相當龐大，得不到長孫無忌的許可，縱然是唐太宗李世民，說話也不管個屁用。

史書上說，李世民見長孫無忌同意，大喜，就立即叫兒子李治上殿，讓他上前叩謝長孫無忌。李世民之所以要讓繼位的兒子向長孫無忌叩謝，那是因爲李世民自己是殺兄宰弟登上皇位，深知權力於人性的誘惑太大，稍有不慎，說不定哪個兒子學了他，喀嚓一刀衝當爹的腦殼砍過來，所以處心積慮，絕不允許皇子們形成各自的政治勢力。

由於李治毫無政治勢力而言，李世民活著時他是皇太子，老爹一死，他狗屁也不是，以長孫無忌爲首的文官集團若是看他不順眼，廢就一個字，不跟你客氣。

所以呢，李世民搞的這個大唐帝國明顯有點靠不住，皇帝一死，帝國繼承人的身家性命，就全懸於文官的一念之間，若是文官系統出了問題，則帝國堪虞。

但不管怎麼說，李世民哭天搶地，以頭撞牆，總算是打動長孫無忌，答應輔佐李治，李世民這才了卻一樁心事。

但是話又說回來，縱然長孫無忌瞧李治不順眼，那也沒法子。因爲帝國的世襲繼承制度已經深入人心，於百官民衆而言，是不相信什麼狗屁能力的，能力始終是對平庸公衆的羞辱，所以民衆選擇以投胎的精準率，抑制有能力的人對自己的挑釁。

如此，帝國的第三任皇帝，唐高宗李治走入歷史，帶給人的印象，也正如人們對他的期望，一個軟弱無能的帝王。

然而，這種外表的軟弱無能，只不過是一副假相。

2

高宗李治的個人簡歷

正是這個返祖現象嚴重的男人，舉重若輕地擊碎文官系統對皇權的挑戰，奠定大周帝國的根基……大周帝國？不是大唐帝國嗎？

我們先來看看大唐帝國第三任皇帝李治的個人檔案：

- 姓名：李治
- 出生：貞觀二年六月十三，西元六二八年
- 籍貫：陝西長安東宮麗正殿
- 生肖：鼠
- 卒年：弘道元年，西元六八三年，享年五十六歲
- 死因：被老婆欺負死
- 特長：以柔克剛

・社會關係：
父親：李世民
母親：長孫皇后
妻子：王皇后及武則天
兒子八人及女兒三名。

零歲：出生。
四歲：封爲晉王。
六歲：遙授并州都督。
十六歲：冊立爲太子。
二十二歲：登基爲帝。
二十四歲：大食國來朝，伊斯蘭教傳入中國。
二十七歲：李治密赴感業寺，與父親的二奶武媚娘幽會，王皇后得知，接武媚娘入宮，蓄髮還俗。
二十八歲：武媚娘打斷王皇后手足，浸泡於酒缸之中，數日乃死。
同年，立武媚娘爲皇后。
三十二歲：打掉以托孤之臣長孫無忌、褚遂良爲首的反皇后集團，人民群衆深受鼓舞。武媚娘實現政治改革，集體領導，由她和李治共同治理天下。

三十三歲：李治患病，武媚娘獨斷乾綱。

三十六歲：唐將劉仁軌於白江口大戰倭寇，焚其舟四百艘，江水盡赤，從此日本對大唐甘願臣伏。

三十七歲：集體領導制度化，武媚娘垂簾聽政，與李治合稱「二聖」。

四十七歲：李治稱「天皇」，武媚娘稱「天后」。

四十八歲：打掉以武媚娘大兒子李弘為首的反老媽集團，殺李弘，撥正航向。

五十二歲：粉碎以武媚娘二兒子李賢為首的反老媽集團，廢李賢為平民。

五十六歲：卒，朝廷再次實現以武媚娘為核心的一元化領導。

這個簡歷，乍一看好像沒什麼毛病，但仔細一看，卻讓所有人大吃一驚。唐高宗李治這廝，承襲了父親李世民的混亂血統，竟然是一個完全用下半身來思考的男人。

也正是這個返祖現象嚴重的男人，舉重若輕地擊碎文官系統對皇權的挑戰，奠定大周帝國的根基……大周帝國？不是大唐帝國嗎？沒錯，大唐帝國被女皇武則天幹掉了，以後的天下，就是大周帝國時代的無限輝煌！

3 偷情的最高境界

愛武則天也沒什麼不對，武則天也是一個女人，也需要男生的愛。可問題是，當李治和武則天相戀時，武則天的身份是李治的「媽媽」。

先前分析過，李世民這一家子都有點精神不正常。

拿李世民來說，未當皇帝之前，已經封爲秦王，什麼樣好人家的女子，不是由他予取予求？可是他老兄偏不，放著正常人家的女孩子不愛，非要熱烈地追求親弟弟的妻子。這是因爲正常的情慾於他而言，構不成任何形式的刺激，一句話，他看到正常人家的女孩子，硬是沒感覺，越是不應該追求的女子，才越讓他血脈僨張。

這是種典型的家族遺傳性疾病，證據就是他的大兒子李承乾的性取向也出現偏差。說到這個李承乾，是中國式教育失敗的典型，爲了教導這兒子，李世民廣延名師，凡是能夠找得到的飽學鴻儒都找來，天底下再也找不到比皇帝老倌家教育資源更充足的了。

可這麼多飽學鴻儒教導半天，李承乾卻衝破了封建家庭的桎梏，勇敢地和自己同種性別的書僮相愛了！

同性戀並不稀奇，我們不應該歧視同性戀者，但接下來，李世民的女兒高陽公主，放著自己的老公不愛，也勇敢地和唐僧唐三藏的徒弟相愛……這好像也沒什麼，聖僧和公主的熾熱戀情更容易打動天下凡夫俗子的心。

但「兒子同性戀」和「女兒愛和尙」這兩樁事放在一起，明擺著李世民一家子性取向千眞萬確有問題。

等到唐高宗李治出場時，這個結論更是板上釘釘，不容置疑。

李世民之所以選擇兒子李治做接班人，是因爲李治的性取向沒有發現什麼異常，既沒有愛上自己的書僮，也沒有勇敢去愛尼姑。所以李世民就琢磨著，大概……或許……可能……也許，這個孩子的神智應該是正常的吧？就讓他來接班做皇帝，如何？

然而李世民萬萬沒有想到，唐高宗李治在錯誤的性取向上，走得比大哥李承乾、姐姐高陽公主更遠。

他愛上了武則天！

愛武則天也沒什麼不對，武則天也是一個女人，也需要男生的愛。可問題是，當李治和武則天相戀時，武則天的身份是李治的「媽媽」。這女孩子十三歲入宮，和老頭李世民做了夫妻，李世民幸御後封其為才人，史稱「武才人」。

儘管武才人年少貌美，但我們已經分析過，李世民在她面前感覺不到什麼刺激。實際上正如義成公主所說，李世民口味超重，品味超差，真正能夠刺激他的慾望的，只有兩個人，一個是弟弟李元吉的妻子楊氏，另一個是前朝隋煬帝楊廣的妻子蕭皇后。雖然楊氏已經被他抱入宮中，但他心中仍然對蕭皇后念念不忘，不惜勞師遠征，大動干戈，也要想辦法把蕭皇后弄到手。

然而，武才人雖然對李世民不構成刺激，但卻對李世民的兒子李治形成一種過於充足的刺激。

李治找機會入宮，見到了武才人。

於是事情就發生了。

事情發生是正常的，不發生反倒奇怪。通常史家多以年齡來解釋這件跨越歷史與人倫的異戀，畢竟李世民年紀太老，而武才人和高宗李治都只不過是十幾歲的少年男女，碰在一起豈有不出事的道理？

但是史家顯然忽略了這樣一個問題：高宗李治，在遇到武才人時，身份是晉王，雖然沒有形成自己的政治勢力，但以他的身份地位來說，身邊不會缺少女的。更何況，他不過十三歲時，老爹李世民怕這孩子孤獨寂寞，早把李治的小表妹王氏嫁給他。史書上說，王氏美麗嫻良，母儀天下，在丈夫李治登基之後出任帝國皇后一職。

總之一句話，高宗李治身邊絕不缺女人。話又說回來，就算李治偷偷入宮搞父親的女人，宮裡那麼多嬪妃宮娥，何以李治只和武才人發生姦情，卻沒有和別的宮女也來上一段深宮情孽呢？

這個原因眞細究起來有點彆扭。

實際情況是，武才人是宮中唯一洞悉李氏家族遺傳性精神疾病的人。換句話說，武才人雖然年齡不大，卻是宮中唯一發現李世民家族性取向存有偏差的人，至於她又是如何知道這等齷齪細節的，最大的可能是李世民在床上時告訴她的，那李世民又爲什麼要跟她說這些？

古人云，閨房之樂，有甚於畫眉者。私房密室，是人們最易袒裎內心私隱的地方，心裡那點壞念頭不在這個地方說，難道還要拿到朝堂上交給群臣討論不成？

事實上，李世民應該不止對一個宮人說過這齷齪念頭，特別是在幸御的時候，必然會說點下流話增加情趣。

但別的宮人聽聽也就算了，或者是壓根不知道李世民這老頭在嘀咕些什麼，只有武才人聽到了，並且記在心裡。

她是一個思考型的智慧女性，藉此構成機會。

4

閨房中的原始人

當唐高宗李治看到這首詩時，只覺得身體猛地一熱，昔日偷情的快感迅速攫住全部思維，刺激，太他媽的刺激了……於是他絲毫不猶豫，一腳踹開龍椅，直奔感業寺而去。

武才人出身於商人之家，父親和李淵的關係比較鐵，史書上說唐高祖李淵死後，武才人的父親悲痛不已，竟哭瞎了自己的眼睛。這事擺明了瞎扯，兩家交情再好，也不至於為對方哭瞎自己眼睛，再說他和李淵都是大老爺，斷不至於搞得這樣曖昧。

眞正的情形，應該是武才人的父親患病瞎眼後死掉，此後武才人跟著母親投奔同父異母的哥哥家，偏偏這哥哥一家拿小丫頭不當回事，想盡法子虐待她，這也導致未來的悲劇。

再後來，李世民到處打聽什麼地方有美女，一聽說武氏貌美，便立即把這小姑娘弄到宮裡禍害。

這一年，武媚娘不過十三歲，李世民卻是個行將五十的老頭了。

先前已經說過，怪老頭李世民在蹂躪小女孩武媚娘時，必然會說些齷齪的情話，以刺激自己的慾望。怪老頭的慾望是否刺激起來，這事不得而知，但他透露出來的資訊，卻已讓小姑娘武媚娘浮想聯翩。

原來姓李的這家人，腦子都不正常……武媚娘在心裡想，這事會是眞的嗎？是不是應該求證一下？

可是怎麼求證呢？

正不知道如何求證法，晉王李治找藉口進宮來了。別的宮人對李治畢恭畢敬，武媚娘卻是好奇到不行，心想，如果李世民那怪老頭說的是眞的，那麼，這個小帥哥肯定也不對勁。你說他閒著沒事，不在自己王府裡和自己的老婆親熱，卻找藉口鑽進禁宮裡來幹什麼？分明是……

於是，武媚娘故意衝李治一招手，「帥哥，嘻嘻，過來過來，姐姐帶你玩個好玩的遊戲吧……」

霎時間就見李治兩眼一亮。這小王八蛋鑽進禁宮裡，目的就是爲了這個，可他只有賊心無有賊膽，如果不是武媚娘窺破他的心事，就只能在心裡悶騷了。

事情發生之後，李世民吩咐兒子李治接班，就撒手西歸了。實際上，李世民是吃長生不老丹藥吃得太多，吞食大劑量的鉛汞，搞到小腸堅硬如金鐵，用鐵錘一敲，叮咚有聲，這樣子的肚皮太硬了，非死不可。

李世民死了，大舅哥長孫無忌說話算數，於是吩咐道：「大家把曾經和李世民老頭上過床的女生，登記一下，這些女生都送到尼姑庵裡去吧。現在兒子李治要進宮了，不搞個迴避制度，弄不好兒子再幸御了老爹幸御過的女人，那咱們國家的樂子可就大了……」

於是武媚娘被按倒在地，強行剃光了頭髮，送到了感業寺，給她一個蒲團坐下，再拿個木魚槌遞到她手上，下崗女工武媚娘的再就業安置工程，就算是完成了。

拿木魚槌在手，武媚娘心裡既憋火又悶氣，這他娘的叫什麼事啊？自己才剛剛二十六歲，正值青春年少，花季正盛，竟然被強塞到尼姑庵裡敲木魚，未免也太不人道了吧？

不如，作首詩吧？武媚娘想，於是手拿木魚槌，賦詩一首：

看朱成碧思紛紛，憔悴支離為憶君。

不信比來常下淚，開箱驗取石榴裙。

這首詩，乃中國藝術寶庫中的一朵奇葩。那麼這首詩到底奇葩在何處呢？

此後不久，天才大詩人李白橫空出世，一生賦詩萬來首，傳萬世而不朽者更超過一千多首——歷史上除了李白之外，絕不存在第二個人，能有一千多首詩傳承後世的。

然而，這位才華橫溢的大詩人李白，看到武則天的這首詩時，猶如當頭一棍，居然踉蹌後退數十步，面皮青紫，氣若遊絲。好長時間才見兩行淚水滾下李白的臉頰，淒聲哭道：「這首詩，寫得太妙了，我這輩子是趕不上人家了！」

這首詩到底妙在何處呢？這只有當事人李治才明白。別人看這首詩，看到的無非不過是一個成熟女人的感歎，思念情人啊，早也想，晚也想，想到心底淒惶，就這樣於日落之時默默垂淚，染得裙色駁離……別人看到的，只是這麼一幕哀婉動人、催人落淚的場景。

然而，這首詩對新繼位的高宗李治而言，卻是意有所指。仔細看「看朱成碧」這四個字，是指女孩子與情人私房中最隱密的歡情，描述的情人性體徵絲絲入扣，而且這首詩中還隱含兩人歡娛之時的惶恐：太他娘的危險了，隨時都有可能被老頭李世民衝進來，將他們逮個正著。和老爹的女人胡來，那種刺激肯定超越世俗想像，總之變態到極點，所以刺激也達到巔峰。

把最隱密、最齷齪的私情，用美麗委婉又直觀的表達方式說出來，當事人看到的是浸透地獄之火的不倫歡娛，別人看到的卻是一幅美麗的圖畫，這就叫藝術。

所以，當唐高宗李治看到這首詩時，只覺得身體猛地一熱，昔日偷情的快感迅速攫住全部思維，刺激，太他媽的刺激了……於是他絲毫不猶豫，一腳踹開龍椅，直奔感業寺而去。

史書上則說，陛下親臨感業寺，親切慰問寺中女尼，鼓勵她們為建設繁榮美好的大唐鼓足幹勁，努力敲好木魚……

5 不瞭解男人的女人

普通女人不瞭解丈夫，也捅不出大婁子來，最多不過是一個家庭陷入失敗的人生。可是王氏不同，她是皇后，卻不瞭解自己的丈夫，這就意味著她行將到來的悲劇。

當唐高宗李治被不倫情慾感召，馬不停蹄地飛奔感業寺時，宮中神秘的特工部隊也隨後尾隨，對李治和武媚娘之間的孽情進行內查外調，並很快得出結論：皇帝李治和他父親的女人武媚娘之間，有貓膩。

這份報告書很快交到李治表妹，同時兼任大唐帝國皇后的王氏案几上。接到這份報告，王氏喜形於色，「耶！老公，我抓到你的把柄了！」

抓到把柄之後呢？離婚？不不不，離婚是現代平等社會才會發生的事，要知道大唐帝國可是一夫多妻制的男性社會，皇帝也就只李治這麼一個，和他離了婚，上哪兒找第二個皇帝？

不離婚的話，要不趁機大鬧一場，讓老公給自己買個大鑽戒……這主意也不成，王氏此時已經是皇后，舉凡天底下帶點顏色的石頭全是她的，不缺什麼大鑽戒。她現在缺的，是繫住丈夫一顆心的法子。

說到拴住丈夫的心，這可是千秋以來永恆的女性人生課題。尤其是在大唐帝國時代，李治的後宮之中，美貌的嬪妃不計其數，個個都兩眼噴火地盯著李治。

皇后說到底也不過是後宮中的一個管家婆，歷史使命是帶著丈夫無計其數的女人們，齊心協力奔向小康。

正巧現在宮裡有個蕭淑妃，近一段時間以來成功攻佔皇帝李治的身體，還對王皇后不太感冒，怕只怕再過些日子，等到哪天蕭淑妃撒個嬌，說服皇帝李治，廢了王氏另立蕭淑妃，也是隨時都有可能發生的事。

王氏心裡想，蕭淑妃妳也別得意，看看咱們老公，他對正常的女人壓根就不感興趣，他感興趣的，是庵裡的禿頭尼姑！

如果把那小尼姑接到宮裡，既可以贏得丈夫的感激，又能夠以她爲武器擊敗蕭淑妃，此事兩全其美，何樂而不爲呢？

這麼一想，王氏立即傳令，派人去尼姑庵，把那個禿頭尼姑接入宮來。

於是武媚娘丟了木魚，脫了袈裟，再次回到皇宮。

細究皇后王氏的這番做法，也算是苦心孤詣，而且技術考量上也沒有什麼差錯，可是王氏錯就錯在太不瞭解自己丈夫。這也不能怪她，這世上，有幾個女人眞的瞭解自己的丈夫呢？

每個男人的習性與特長各不相同，然而男人一旦成了家，女人就會抑制不住內心的衝動，強迫丈夫做自己想要的事，這些事一旦與男人的優勢背道而馳，這個男人就算是徹底完蛋了。

然而老子說，知人者智，自知者明——瞭解別人，是一種智慧，瞭解自己，就稱爲聰明。這世上擁有智慧的人總是少數，所以成功的男人，就更是稀少。

普通女人不瞭解丈夫，也捅不出大婁子來，最多不過是一個家庭陷入失敗的人生，不妨礙這個世界分毫。可是王氏不同，她是皇后，卻不瞭解自己的丈夫，意味著這個女人行將到來的悲劇。

6 男人更需要征服

當機立斷，於皇宮中逮住當時還是太子的李治，大肆操練一把。鞭子，鐵錘及匕首，這就是武媚娘用來征服李治的最有效工具。

那麼高宗李治，又是一個什麼樣的男人呢？

他承襲李世民那變異的血統，對人性與人類正常的情感有隔膜，興奮點著眼於挑戰人類血統禁忌上，明媒正娶的妻子王氏挑動不起他的興趣，只有顛倒人倫血統的不倫，才能夠讓他身心興奮。

王氏不知道這一點倒也罷了，偏偏武媚娘對此事洞若觀火。

未來的歷史已經註定。

武媚娘入了宮，情勢立即倒轉。蕭淑妃甚至連口氣都沒有喘上來，就已經出局，緊接著是驚詫萬分的王皇后。

在這場床榻爭逐戰中，王皇后明顯居於劣勢，因為高宗李治對武媚娘表現出異乎尋常的迷戀。

武媚娘知道李治需要的是什麼，所以她贏了。

可李治需要的到底是什麼？

是被征服！他實際上是一個期待著被女人征服的男人，無論是在床榻上，還是下了床之後，都期待著有人來征服自己。

他明明是個男人，怎麼會期待著被女人征服？

實際上，在李治的靈魂深處，是誰征服他並不重要，他需要的只是一個征服者，一個能代他承擔責任、替他思考下決定的人。

讓我們設身處地為李治想想，他早晨還沒有睜開眼睛，太監就在身邊嗷嗷怪叫「皇帝，起床了，該上早朝了」，昏頭脹腦爬起來，洗臉刷牙上廁所，迷迷糊糊走到龍椅前，還沒等坐穩，就得聽大臣們依次上前上奏，「啓奏陛下，兩河發大水，鬧洪災，淹死饑民無數，該咋整啊？」另一個大臣則說：「陛下，兩湖大旱，鬧旱災，旱死饑民無數，該咋整啊……」還有更生猛的，「陛下啊，咱們發給兩河的賑災糧，都被皇親汙了，咋整啊？」

這還沒鬧清楚該咋整，那邊又來壞消息，「陛下啊，發給兩湖的賑災糧，都讓國戚搬走了，現在老百姓正在大鬧群體事件，殺人放火……還有還有，皇上，邊關也在告急，軍糧都讓各級領導貪汙了，關外的突厥鐵騎已經衝進來了……」

總而言之，皇帝這差使實際上並不好幹。

事實上，人類歷史上適合做皇帝的人根本不存在。李世民一介變態大色狼，居然能夠混到帝王排行榜上頭一名，如果不是他先把天下人殺盡殺光然後又篡改歷史的話，肯定也是昏君一個。

中國歷史上，昏君車載斗量，明君屈指可數，原因就在於皇帝眞的不好幹，許多不稱職的人就是被這種壓力硬生生搞到精神崩潰，索性什麼也不管。中國人都有一個皇帝夢，但沒有誰想到皇帝壓力如此之大，如果想到了這點，就不會再做皇帝夢了。

渴望當上皇帝，卻又無力承擔由此而帶來的人生責任，這就是唐高宗李治眞實的心理寫照。

能夠承擔自己人生責任的人，心理人格是堅固的，猶如一座輝煌的燈塔，替他指引人生的前程。而無力承擔自己人生責任的人，心理人格如同一根細軟的藤條，必須要依附在他人身上，才能夠站得穩。

生活中有許多依賴性特別強的人，一切事情都要依賴別人，就是因爲他們的人格不健全，但人格的健全，是相對的。有些人在小事上能夠獨立，逢到大事就六神無主。

高宗李治的人格就是這樣，他能夠解決自己人生中的諸多課題，甚至擊敗了所有兄弟，成功登上皇位，但他的心理人格卻只不過是一根略粗一些的藤條罷了，居家過日子或馬馬虎虎，但擔當治理天下的重任，絕對不成。

所以他需要被征服，需要尋找一個引領他步出人生迷途的導師。

這個導師，正是武媚娘。

如何征服一個男人？

對此，武媚娘曾經在宮中發表過一番眞知灼見。

曾有一次，老頭李世民牽來一匹烈性子的馬入宮，問宮女們：「丫頭們，妳們誰有辦法征服這匹烈馬？」

從這個問題上，可知李世民這人是何等無聊，居然想到要拿馴馬這種純爺們問題來考女生。他很清楚這些女孩子大門不出二門不邁，一輩子被囚在皇宮中，從未曾受過馴服烈馬的培訓，可是居然拿這個問題來問，究竟想幹什麼？

實際上，李世民是在問：你們有誰知道，男人更需要征服？

當時眾宮女早被那烈馬嚇得面色如土，不敢吭聲，只有武媚娘衝了出來，大叫：「陛下，你把這活交給我吧，你看我的，這馬敢不聽話，我掐不死牠才怪！」

李世民問：「妳要如何馴服這匹烈馬？」

武媚娘回答：「我要一根鞭子，一柄鐵錘，再來一根鐵錐。這馬要是敢不聽話，我就拿鞭子抽牠。還不聽話，就拿鐵錘敲牠的腦殼，要是再敢不聽話，哼哼，那就別怪本姑娘心狠手辣了，看我一鐵錐直刺牠的心臟……」

有關這段記載，我們有九成把握可以確定這是武媚娘事後的瞎掰。因爲如果她當時眞要是說出這番話來，只怕李世民會立即撲過來，請求把他當成烈馬馴一馴，可據史料記載，武媚娘在宮中始終只幹到才人，未再晉升。

由此我們可以斷定，這應該是武媚娘當時心裡嘀咕，但由於她還沒把握住李世民這老頭的性格，不敢把話說出口。

可是很快地，她就摸清李家人性格的走向趨勢，於是當機立斷，在皇宮中逮住當時還是太子的李治，大肆操練一把。

鞭子、鐵錘及匕首，這就是武媚娘用來征服李治的最有效工具，可想而知，當時兩人的激情正熾，那種被女性征服的愉悅快感，從李治的兩腿之間直竄到後腦勺，事後定然感動得淚如雨下，泣不成聲。

這種刺激，是皇后王氏那種端莊女性無法想像的，也是蕭淑妃陌生的。這兩個女人是等男人來征服的女人，打死也絕想不到，她們的男人比她們更渴望被征服。

7 李治的怨毒之心

可以確信，即使是皇帝李治，也承受不了這種心靈刺激，於是果斷地昏厥了，等他醒過來時，發現女兒已經被人活活掐死。

在這有必要先說明一下，有關鞭子、鐵錘及鐵錐，只是男女性愛關係過程中的一個曖昧隱喻，這三樣東西到底象徵什麼，由於本書只是一個歷史文體，不是性愛動作規範教程解析，就不再詳細解說。

我們只要知道，李治內心深處那不可告人、無可言述的最大渴望，是在武媚娘身上獲得滿足，這種性關係的臣服進而延伸成個性上的順從，自此，武媚娘便成了李治的保護人。

但這種性倒錯所引發的內心焦慮，帶來李治身體狀況的異常反應。

史書上說，李治患上了偏頭痛，經常無故昏厥的怪毛病——這種無故昏厥，在醫學上也有個說法，叫做心理防禦機制的建立，是臆症的一種。

那麼什麼叫臆症呢？臆症就是……打住，打住，咱們這是歷史文本，不是醫學文獻，簡單說吧，這種昏厥完全是爲了保護李治那脆弱的心靈不要再受到過多刺激，否則對他的健康很不利，到底有哪些刺激呢？

比如說，武媚娘替他生了個女兒。

生個女兒好啊，這有什麼好刺激的呢？

可再想一想，武媚娘是李治的什麼人啊？單只從使用權上來說，她是李治的父親李世民使用過的，從五倫關係上來說，她應該算是李治的媽。所以她生下來的女兒，應該是李治的妹妹，可這孩子分明又是李治的親生女兒，所以李治又是他本人的父親……這未免太亂了吧？

即使是皇帝李治，也承受不了這種心靈刺激，於是果斷地昏厥了，等他醒過來時，發現女兒已經被人活活掐死。

「是誰幹的？」李治瞪圓了兩隻眼睛問武媚娘。

史書上說，武媚娘說是剛才王皇后來過，親切探望新生小嬰兒，看過之後就走了……言外之意，是王皇后掐死了這個孩子。

但實際上，這個孩子應該是李治在「昏厥」過程中自己親手掐死的，因爲這個孩子帶給他太大的心理壓力，稱呼上的、血統上的，還有就是社會輿論有可能的種種反應，他是在失憶狀態下掐死的孩子，等醒過來後，早把自己掐死孩子的事情忘了。

那武媚娘呢？她當然不能將皇帝的這種怪病張揚開來。她很清楚，不管什麼樣的男人落在自己手裡，不搞到人格分裂、精神異常，就太不正常了，所以乾脆將這口黑鍋扣到王皇后身上。

於是王皇后被廢黜，打入冷宮。還有，那個倒楣的蕭淑妃，她也跟王皇后一塊關進了冷宮裡。

廢黜王皇后，實際上是李治針對於掌握權力的文官系統的一次奪權行動。以長孫無忌為首的文官們理所當然要抵制這次行動，但由於李治師出有名，長孫無忌也無話可說。

饒是這幫老臣子成了精般的奸猾，卻絕不想孩子會是李治親手掐死的；即使是後世的史官，也只暗示說這個孩子是武媚娘掐死的，卻絕沒有想到李治的身上。

於是李治在變態的道路上，越走越遠。

有一天，李治途經冷宮，突然想起關在裡邊的王皇后，隔著門叫道：「皇后，妳在不在？在就吱一聲啊……」

史官說，這是李治心軟慈悲，不忍心見王皇后落得如此下場，才出聲相喚。可是武媚娘太瞭解李治了，知道李治這種表現，不過是臆病再次發作，實際上，是在暗示她快宰了屋子裡的兩個女人，因為她們可能知道他的病情，知道扼死孩子的兇手正是他。

他要殺人滅口。

對此武媚娘毫無意見，她將王皇后斫去手足，浸泡在酒缸中，讓這個可憐的女人慢慢死去。在這個過程中，李治表示了最大程度的沉默。

沉默表明了李治對此事的態度，沒有他本人許可，武媚娘絕不敢以如此酷毒的手段殺害王皇后。而李治之所以對他的結髮妻子下如此毒手，分明是此前的夫妻生活中結下極深的怨懟。最大的可能是此間私房中的夫妻調笑，王氏曾漫不經心地傷害李治的自尊卻渾然不覺。

以王氏看來，她和李治是表兄妹，打小一塊玩大，相互之間調笑的過頭話說了也不知有多少，誰又會把這些放在心裡呢？

然而有些話——特別是涉及到私床密事的話題，男人卻會永遠記在心裡，一旦認為自己遭受到傷害，怨毒之火便熊熊燒灼。

一如李治所做的那樣。

8 高速衝向死亡

可缺心眼的李治哪知道這些道理？他如同武媚娘胯下的一匹老瘦馬，瘋了般地往前衝，衝啊！衝啊！一口氣衝到人生的終點，眼睛一閉，死了。

打掉王皇后和蕭淑妃反武媚娘集團後，李治的下一個工作重點，就是打掉以長孫無忌爲首的文官集團。

這文官集團非打掉不可，太反動了——實際上是太超前了。這文官體系根深葉茂，已經近似帝國議會，沒有議會的許可，皇帝裁決就不會發生效用。

早在李世民央求立李治爲太子的時候，長孫無忌也說過「誰敢反對，吾必殺之」的話，當著李世民的面，居然敢這樣說話，便是因爲文官系統已經嚴重削弱皇權。

無論是理論上還是實踐上，唯有一個被削弱牽扯、受到制衡的皇權才更爲合理，更容易長治久安。可李治不想要什麼長治久安，長治久安有個屁用？再長治久安，也比不上爲所欲爲的誘惑。

再者，中國人之所以造出皇權制度，目的並非是想實現國家的和諧發展、長治久安，而是要滿足人性內心那種無可抑止的私欲。

既然李治的皇權有限，不能夠爲所欲爲，構成了人類最大的心理壓力，有壓力就要解決。

解決掉礙手礙腳的文官集團，自己想幹什麼就幹什麼，哪來那麼多情緒？

可是，要如何做，才能夠解決掉文官集團？

李治對此懵懂，幸好他找到主心骨武媚娘。於是武媚娘垂簾聽政，以李治後備役的身份，向文官系統發起了猛烈進攻。

說「進攻」，其實也沒啥攻的，無非是李治撇開民生政務不理，堅定不移地要立武媚娘爲后。

文官集團則拼命反對，反對的理由也是現成的。那武媚娘是太宗李世民使用過的，現在李治又在使用，用你就用吧，可有必要非要把武媚娘立爲皇后嗎？這等於在向全天下老百姓發出熱烈呼籲：諸位父老鄉親，告訴你們一個好消息，兄弟李治我目前正和我爹共同使用同一個女人耶……

這種事哪怕只是想一想，就讓人起一身的雞毛疙瘩。

所以文官集團堅決反對，大臣褚遂良更在朝堂上大吵大鬧，抵死不依。這時候，坐在簾子後面的武媚娘高聲叫道：「何不撲殺此獠？」

這句話，與武媚娘的性格相符合，但同時也透露出來一個資訊：經過多日來垂簾聽政，多日來的朝堂爭執，武媚娘已經弄清楚帝國政治的眞相。政治無非就是雙方大吵大鬧，大吼大叫，是非對錯毫無意義。有意義的，是誰的嗓門更高，誰的支持者更多——最重要的是支持者數量，這也意味著權力。

所謂權力，不過是看跟在你屁股後面的人數而已，追隨者越多，權力就越大，自然而然形成一股龐大勢力，對別人形成強大的心理壓力。

文官系統之所以能夠成功削弱皇權，原因就在於人多勢衆，不管誰是誰非，這麼多人齊心合力嚷叫起來，就得承認對方的合法性。

權力還有一個特性，所有的權力終將分裂。

因爲權力是依靠追隨者數量建立起來的，人數衆多就意味著泥沙俱下、魚龍混雜，意味著權力組織內部的鬥爭與攻訐極爲激烈。權力的穩固性與內部的衝突成正比，越是強大的權力，組織內部的鬥爭就越是慘烈。

最強大的權力是獨裁，舉凡獨裁帝國，莫不是殺得人頭滾滾，血流成河。最弱小的權力不過是人際交往，在人際交往關係中，你不能夠對身邊的人頤指氣使、吆五喝六，別人同樣不能這樣對待你，所以親人朋友之間，殺戮行爲不像皇家權力那樣頻仍。

權力是一種高危險生態現象，控制程度越弱，民衆的生存狀態越和諧，舉凡一心追求權力的人，必然會爲權力所反噬。

可缺心眼的李治哪知道這些道理？他如同武媚娘胯下的一匹老瘦馬，被武媚娘用鞭子抽著，用錘子敲著，用鐵錐刺著，只能閉上眼睛，瘋了般地往前衝，衝啊！衝啊！一口氣衝到人生的終點，眼睛一閉，死了。

他死得實在太是時候了，之前他已和武媚娘聯手除去朝中文官集團勢力，當年托孤的老臣或是被趕走，或是被殺，留下來的是一個充滿無盡想像的權力眞空狀態，這些全留給武媚娘。

如果我們細究高宗李治的死因，就會很容易發現，李治實際上是活活急死的。他發現了權力眞空的存在，本以爲自己會就此挺胸抬頭步入權力巔峰，卻發現並不像自己想的一樣，心裡一急，臆病習慣性發作，又昏了過去。

只不過，這一次他昏過去之後，卻再也沒醒過來，這件事再次出乎他的意料之外。

第四章

女皇武則天：心靈深處的黑暗陰獄

武則天殺人，並非是僅限於李氏皇族，
更非凡堅持李氏天下的就一定要殺。
武則天殺人的理由只有一個：她只殺壞人。
那什麼叫壞人呢？就是不讓她開心的人。

1 男人生來要反抗

李治越想自己越是不值，我這究竟是怎麼了？明明我才是皇帝，怎麼被老婆吃得死死的？她讓我幹什麼我就幹什麼，倘若再這麼發展下去，那豈不是……

當高宗李治如一匹脫韁野馬，在武媚娘驅策之下，瘋狂衝向權力巔峰時，朝中文官都感受到一陣刺骨森寒。

大臣上官儀察覺事情不大對頭，便偷偷上奏提醒李治，「陛下，你缺心眼嗎？拼老命削除文官系統，這對你有什麼好處？你以爲清除了文官的桎梏，權力就會自然而然落到你手上嗎？沒那好事！陛下，你丫睜大你的牛眼睛看清楚了，你身邊那個姓武的小娘們多凶啊！我跟你說啊，就憑你那任人蹂躪的軟麵團性格，等到你將文官徹底清理，坐享其成的鐵定是你身邊那個狠娘們兒！啥玩意？你不相信？不信咱們走著瞧……」

基本上來說，上官儀上書，皺皺巴巴說一大堆，大概就是這麼個意思。

當時李治看了這封奏章，頓時落下淚來。

這封奏章，字字句句，都說到了李治的心坎裡。他可是當事人啊，最能體驗到那種說不盡的酸楚滋味，再也沒人比他看得更明白，打武媚娘垂簾聽政以來，朝中群臣就產生分裂，一部分人仍然站在文官集團陣營，還有一些心眼活絡的大臣，立即投奔皇后武媚娘的陣營。

敢情這是皇后武媚娘與文官集團之間的奪權鬥爭，沒他李治什麼事兒！

怎麼會說沒李治什麼事兒呢？武媚娘奪回來的權力，豈不是歸了李治嗎？沒那好事！夫權力者，究其本質，是一種心理影響作用，武媚娘在朝堂上大吵大鬧，帶來的是她影響力越來越大，影響作用越來越深遠，早已進一步擠壓李治的政治存活空間。

隨著文官系統被擊潰，李治的個人影響作用也越來越微弱，事實上已經形同出局，現在朝臣只聽武媚娘的吆喝，根本就沒人拿李治當個屁！

也只有上官儀看他李治好傻好天真，才偷偷上奏提醒他。

李治越看這封上奏，就越覺得有道理。正所謂前門拒狼，後門進虎，相比文官集團，好像武媚娘對自己的威脅更大。說到底，文官集團也只是弄權搞點私利，尚未形成氣候問鼎皇權。可武媚娘就不一樣了，她是自己的老婆，也是未來皇帝的親媽，有資格騎在未來皇帝的脖子上拉屎撒尿，倘若哪一天真鬧騰起來，誰還能管得住她？

所以李治和上官儀偷偷商量，乾脆讓武媚娘辭職去皇后職位。這麼多年以來自己像匹倒楣的老馬，任她鞭抽錘打，宮中那麼多女生也都閒著，只她一個人享受李治，生了好幾個兒子，讓她退休，橫豎將來也是她生的兒子繼承皇位，不會虧待了她。

這麼一想，李治就和上官儀擬定了讓武媚娘退休的詔書，然後回臥室休息——武媚娘正等在臥房中呢！

這麼長時間以來，武媚娘與朝中文官鬥智鬥勇，影響力越來越大，權力已經自然而然地形成了。此時朝中後宮，多的是急著向她效忠的人，李治和上官儀秘密商量讓她退休的事，早有急於表現的員工密報。

武媚娘一見李治，一把揪住，大吼大叫起來，「李治，你個缺心眼的東西！怎麼回事？和上官儀商量好了，逼我退休是不是？你腦子進水了嗎？難道你真的不明白，這是人家上官儀設下的圈套，前腳你逼我退休，後腳文官們就會捲土重來，在朝堂上朝你大吼大叫，你有本事對抗他們嗎？就不怕讓他們把你吃了？你個沒良心的東西，老娘我對你這麼好，你卻夥同外人來算計自己的老婆，你說世上還有你這麼蠢的男人嗎？」砰砰砰，嗷嗷嗷，一頓暴打，直打得李治淚流滿面，慘叫連連。

家庭暴力啊，就是這麼野蠻。

長期以來，李治已經形成了對武媚娘的絕對服從性人格，一見到武媚娘就兩腿顫抖，此番再遭暴打，他的表現真像個缺心眼的傻孩子，只知道推卸責任，一味搪塞，「這又不怪我，這都上官儀那老頭搞的，跟我沒關係……」

「眞的不是你的主意？」武媚娘喝問道。

「眞的不是……」李治躲躲閃閃，不敢正視武媚娘的目光。

「既然不是你的主意，那好，你給我傳旨！」武媚娘下命令道：「給我宰了上官儀那老不死的！」

李治用顫抖的手寫下聖旨，宰殺上官儀，連累全族獲罪，兒媳婦鄭氏帶著女兒上官婉兒一併進內庭做女奴。

李治越想自己越是不値，我這究竟是怎麼了？明明我才是皇帝，怎麼被老婆吃得死死的？她讓我幹什麼我就幹什麼，倘若再這麼發展下去，那豈不是……心裡一急，李治習慣性的昏厥病症又發作，兩眼一黑，就什麼也不知道了。

我們已經知道，李治這次昏厥後，並沒有按慣例地醒過來。合理推斷，這次堅持昏厥狀態不再甦醒，應該是李治本人的意願，而非外力所爲，做爲一個男人，他活得實在是太沒意思了。他是一個失敗的男人，活著也不過是行屍走肉，選擇死亡，不過是他終於做對了一件事情而已。

李治突然退場，文官集團又被擊碎，皇子們沒有絲毫政治勢力，大唐帝國的政權再次出現眞空狀態。這種眞空，凸顯出武媚娘的影響與作用，大唐帝國大踏步地走向死亡，大周帝國則呼嘯著自遠方疾駛而來。

2 武媚娘的個人簡歷

武媚娘在李治還在世期間，一口氣喀嚓掉自己的兩個兒子，這時李治竟形同泥偶，沒有絲毫的個人意志展現出來，禁宮之中，到底發生了什麼事？

我們先來看一下大唐第四任皇帝，也是大周帝國唯一一任皇帝武則天的個人檔案：

- 姓名：武媚娘
- 出生：武德七年正月二十三，西元六二四年二月十七日
- 籍貫：山西文水人
- 生肖：猴
- 卒年：神龍元年，西元七〇五年，享年八十二歲
- 死因：老死
- 特長：欺負男生

・社會關係：

父親：武士彠

母親：隋朝宰相楊達之女楊氏

丈夫：前夫李世民，後夫李治

兒子四個，一個女兒

負一歲：關隴木材商武士彠妻死，由李淵任媒婆，桂陽公主出面，將桂陽公主四十歲的小姑子嫁給武士彠，是日懷胎。

零歲：出生

十二歲：因唐高祖李淵之死，父親於荊州都督任上嘔血而死。

十三歲：受武元慶、武元爽、武惟良及武懷運欺負，終日以淚洗面。

十四歲：長孫皇后死，李世民承諾絕不續弦後，立即宣召美女武媚娘入宮，幸御之。

二十歲：十六歲的晉王李治入宮，恰遇武媚娘，四目交接，無限情意，從此兩人便於宮中擇隱蔽處幽會，具體細節無人得知，但想來一定很爽。

二十五歲：史官奏說女主昌，李世民欲大殺武姓女子，聞說左武衛將軍李君羨小名五娘子，遂殺之。

二十六歲：丈夫李世民死，所有被李世民幸御過的宮人，悉數送入感業寺，落髮爲尼，青燈黃卷敲木魚。

二十七歲：高宗李治前往感業寺，親切探望尼姑武媚娘，憶往昔偷情歲月稠，偷人壯志不言愁。兩人的激情歲月感動了皇后王氏，於是王氏將武媚娘接入宮中，授予正二品昭儀，將丈夫與二奶的偷情合法化、制度化。

二十八歲：武媚娘生一女，神秘死亡，皇后王氏被懷疑爲兇手，未經審訊即打入冷宮，武媚娘將其斫去手足，浸泡於酒缸之中，數日乃死。

二十九歲：皇后王氏生的兒子李忠冊立爲皇太子。

三十歲：生長子李弘，封代王。

三十三歲：立長子李弘爲皇太子，原皇太子李忠被廢黜。

三十七歲：丈夫李治患病，不能治理國政，國家政權盡入武媚娘之手。同年，宦官王伏勝揭發皇后武媚娘勾引道士郭行眞，眉來眼去不說，還暗下蠱咒要害死李治。李治大怒，立書撤銷武媚娘皇后手書，武媚娘聞聲趕到，聲厲色疾，訓斥李治，李治羞愧，推說此事盡爲上官儀所爲，下旨殺上官儀全家，其孫女上官婉兒入宮爲奴。

五十一歲：李治稱「天皇」，武媚娘稱「天后」，確定了集體領導的制度化。

五十二歲：武媚娘秘密打掉以兒子李弘爲首的反老媽集團，毒殺親子。李治聞之心驚，苦求遜位，讓位於武媚娘，因群臣阻攔，未果，改立次子李賢爲皇太子。

五十七歲：因爲李賢懷疑自己不是武媚娘親生，更有人證實說他親媽乃武媚娘寡居的大姐韓國夫人，多方查證被武媚娘發現，武媚娘怒而打掉以二兒子李賢爲首的反老媽集團，廢爲庶人，改立三兒子李哲爲太子。

六十歲：丈夫李治死，從此朝廷重回一元化領導。

同年，三兒子李哲繼位爲中宗，出任皇太后一職。

六十一歲：皇帝李哲欲命韋皇后之父爲侍中，授其乳母爲五品官，群臣諫之。李哲怒，曰：「老子要把天下給韋家，你們他媽的管得著嗎？」武媚娘遂集百官，廢李哲爲廬陵王。改立四兒子李旦爲帝，是爲睿宗，使其居於別殿，不許參與政事。

同年，眉州刺史徐敬業及長安主簿駱賓王蒙蔽少部分不明眞相的群衆，悍然發動反朝廷叛亂，被左玉鈐衛大將軍李孝逸擊斬之。接著打掉以韓王李元嘉、魯王李靈夔爲首的反皇太后集團，也打掉以內史裴炎、左武衛大將軍程務挺爲首的反皇太后集團

六十二歲：武媚娘發現她的眞愛，與藥品零售商馮小寶陷入情網，宣入宮中幸御，落其髮，改名懷義，出任白馬寺主持

六十三歲：掀起轟轟烈烈的群衆運動，號招廣大人民群衆積極行動，踴躍揭發並檢舉走資派，武媚娘高瞻遠矚地指出，走資派都姓「李」……一時間，大獄興起，酷吏迭出，李世民的兒子孫子被撕得七零八碎、慘不忍睹。

六十四歲：打掉了以李孝逸爲首的反皇太后集團。

六十五歲：屠殺諸李，李氏子孫幾殺殆盡。

六十六歲：打掉汝南王李煒、鄱陽公李湮、紀王李慎、東王李續、嗣鄭王李敬等皇族總計二十個反皇太后集團。

六十七歲：廢睿宗李旦，滅亡大唐帝國，國號周，盡殺李氏皇族。

六十八歲：打掉了以酷吏周興、索元禮為首的反女皇集團，大快人心。

七十歲：加封自己為「金輪聖神皇帝」，殺皇嗣李旦之妻劉妃、竇妃，盡殺李氏支持者凡數千人。

七十一歲：加封自己為「越古金輪聖神皇帝」。

七十二歲：加封自己為「慈氏越古金輪聖神皇帝」，情人馮小寶因為心情不好，放火燒毀明堂，武媚娘命人撲殺之。

七十四歲：再次陷入情網，愛上美少年張易之、張昌宗兄弟，宣二人入宮。

七十五歲：召盧陵王李哲返回洛陽，命皇嗣李旦遜位，立李哲為太子，改名李顯。

七十六歲：擔心死後李氏會報復武氏，遂命太子李顯、相王李旦、太平公主及定王武攸暨於明堂告天地，相親相愛，絕不相仇，誓罷，刻於鐵券，以為憑證。

七十八歲：孫子邵王李重潤、孫女永泰郡主及孫女婿武延基，三人嘀咕說：「奶奶都七十八歲了，還愛玩張易之那個小男生，小男生真的這麼好玩嗎……」張易之聞之，入內告武媚娘，武媚娘命孫子孫女孫女婿統統自殺。

八十二歲：武媚娘正在臥息，有平章事張柬之、崔玄暐聯合司刑少卿袁恕己、中台右丞敬暉率羽林軍赴東宮迎太子李顯，自玄武門斬關而入，殺張易之、張昌宗於廊下，入長生殿，強迫武媚娘遷到上陽宮。是年，卒。

從這份簡歷上來看，李治應該是眞心愛著武媚娘，如果不愛她，豈會一口氣讓她連生出四個兒子？如果再加上公主們，那麼我們可以說，這些年來，武媚娘處於不斷的妊娠期中，懷孕，生娃，再懷孕，再生娃，再懷孕，再生娃，再懷孕，再生娃，把生下來的娃殺掉，再殺一個娃……如此麻煩而漫長的繁衍週期，李治居然未能逮到機會和別的宮女亂來，這固然是因武媚娘具有著天生的帝王性格，但也是李治的個人選擇的結果。

讓我們驚訝的是，武媚娘在李治還在世期間，一口氣咯嚓掉自己的兩個兒子，這時李治竟形同泥偶，沒有絲毫的個人意志展現，禁宮之中，到底發生了什麼事？武媚娘的個性有何特別之處？她究竟是用何種手段，將丈夫李治整治得大氣不敢出的？

要知道，李治雖然性格窩囊懦弱，終究不是一般平民百姓，他畢竟才是正宗合法的帝國皇帝，雖然在武媚娘的淫威之下忍氣吞聲，可一旦哪天突然醒過神，發起威，一聲怒吼之下，就會情勢倒轉，太阿倒持，武媚娘手中的權力就會在頃刻之間瓦解。

然而，這種理應最合情理的事竟然沒有發生，很顯然的，禁宮之內一定發生了什麼事，才阻止事態的徹底性扭轉。到底發生了什麼事呢？

3 武則天的情慾技巧解析

在武媚娘的精心調教之下，李治那扭曲的人格得以淋漓盡致地體現，他在別人面前是高高在上生殺予奪的皇帝，而在武媚娘面前，則是低聲下氣軟骨頭的奴才。

李治，實際上沒有任何可能會對武媚娘從一而終，但他還是令人震驚地做到了。其實，從一而終並不稀奇，之所以說李治的表現令人震驚，是因爲他的行爲顚覆社會生物學的基本法則。

社會生物學的法則告訴我們，人是基因的載體，是爲了基因自我承傳而弄出來的蛋白質保護殼。基因的意志就是人類的本能，人之所以存活於這個世界上，就基因而言，唯一的價値就是快點想法子把基因傳承下去，至於想什麼法子，交由人類自己決定。

人類一生中有兩個重要課題，一是吃飽，二是愛情，這兩個主題構成了人類生存的全部意義。但實際上，這兩件事唯一的目的，就是爲了滿足基因的要求。

對於李治而言，吃飽這事不用發愁，愛情這事……他雖然有了武媚娘，可是生物學的基本法則卻仍然蠱惑著他。

尤其皇宮中埋伏著數量衆多的美少女，個個虎視眈眈，是個龐大的誘惑，加上武媚娘一再懷孕生子，每一次的週期都近十個月，李治身爲男人，身爲皇帝，他有一千個理由、一萬個理由在其他宮女那裡偷吃幾口。

然而這事最終沒有發生，這豈不是顚覆了生物學的基本法則？

莫非李治那廝身患隱疾，沒辦法偷吃了？

可也不對，武媚娘一而再、再而三地懷孕，就證明李治男性功能極爲正常，不需要看醫生。那是武媚娘太溫柔，才讓李治感動得涕淚直下，感動到顚覆原始的生物本能呢？恰恰相反，武媚娘非但不溫柔，還凶戾異常，冷酷無情。

早在李治死的十年前，武媚娘忽發奇想，弄了杯毒酒給自己生的大兒子李弘送去。李弘傻兮兮地喝下，死了。

饒是這李弘有天大的英武，也想不到老媽會弄個毒酒害死自己，儘管在中國皇權史上並非個案，但落到當事人身上，還是萬難接受。

事發之後，李治依然不聞不問，間接導致武媚娘親生的第二個兒子李賢心中產生嚴重懷疑，懷疑武媚娘不是自己親娘——誰見過親娘灌自己兒子毒酒喝的？

事實上，李賢這時候已經明顯感覺到不對頭了。他和我們一樣，認爲如果武媚娘勤於生孩子，斷難看住李治，所以這些孩子多半是宮裡的女孩子們生下來，然後被武媚娘抱來的……

李賢立即展開調查，調查時發現，實際上李治並非對武媚娘從一而終，有「證據」表明，李治和武媚娘的姐姐，嗯，那個了，所以生下李賢。正當李賢要飛奔到武媚娘的姐姐面前，跪下來叫一聲「娘親」時，他私自搞武媚娘黑材料的事件被發現了。武媚娘也毫不猶豫，將這個兒子趕出皇宮，取消工資獎金津貼等各項福利待遇，貶爲庶民，然後也秘密弄死。

二兒子李賢被廢爲庶人三年後，李治不服不忿地死去，此漫長的經歷中，這個男人究竟遭到何等可怕的變故？

答案是鞭子、錘子與錐子這些私密工具，造就高宗李治的奴性人格。

奴性人格與暴君人格是同一種人格的兩個極端，舉凡擁有暴君人格的人，必然也是奴性人格，而奴性人格的人，肯定也會有暴君人格的表現。

實際上，奴性人格或是暴君型人格，無非是看待這個世界的視角不一樣，在這種人的心目中，人不是平等的，而是分爲等級的。因爲這種等級視差的存在，於他們而言，人與人的關係，必然只有兩種，要嘛我凌駕於你之上，要不你凌駕於我之上，不是做主子，就是做奴才。做主子的時候頤指氣使，耀武揚威；做奴才時低聲下氣，奴顏媚骨曲意承歡——後面這種人性的表現，正鮮明地體現在李治身上。

在武媚娘的精心調教之下，李治那扭曲的人格得以淋漓盡致地體現出來，他在別人面前是高高在上生殺予奪的皇帝，而在武媚娘面前，則是低聲下氣軟骨頭的奴才。

武媚娘的人格表現，則是最典型的暴君型人格，她在李治面前是這樣，在此後的帝王生涯之中，也是這樣。

李治像是落在武媚娘手中的麵團，由任這個女人揉搓蹂躪，最終讓他於歡娛的瀕死體驗中，陰錯陽差地產生了人格崩潰與重建。由於此次事件發生在「龍床」上，史官不得耳聞，無法親筆註記，才導致後人對歷史的解讀產生了巨大惶惑。

可以想見，鞭子、鐵錘及鐵錐等諸多娛樂工具的行使帶給李治渴望與恐懼的同時，也不止一次讓這個男人進入瀕死狀態的快樂。

李治在這個過程中享受到的愉悅感是無與倫比的，並因此而形成了「性臣服」的心理情結。實際上，性的臣服原本就是奴性人格的養成過程，李治當時之所以會感覺到「愉悅」並陷入瀕死狀態，僅僅是因爲他的舊有人格已經崩潰。

當新的人格構建起來後，李治不無絕望地發現，在這全新的人格之中，他屈居二位，武媚娘以其淩迫的暴力娛樂手段，已經騎在他的脖子之上。一旦武媚娘通過這種隱密的手段，將自己的專橫塑造進李治的新人格之中，歷史就已經註定了。

4 恐怖的犯罪團隊

武媚娘原本是她父親的繼室所生，這已經讓她對正常的社會制度規範產生誤解，爾後五個哥哥的所作所為，更帶給她徹底錯誤卻偏偏和皇權思維貼了譜的兩性關係研判。

武媚娘改造李治的手段，實際上並非是她自己的獨創。事實上，這種導致了歷史發生重大改變的人格養成，最早發生在她自己的身上。

十三歲那年，武媚娘的父親死，武媚娘被母親帶著投奔到親戚家裡。武媚娘在這裡遇到了至少四個「哥哥」，年齡都比她大上幾歲，都已經過了十四歲，形成了自己的固有人格。

這四個哥哥的名字分別叫武元慶、武元爽、武惟良及武懷運，其中武元慶及武元爽是武媚娘同父異母的親哥哥，武惟良及武懷運則是武媚娘父親哥哥的兒子，總之血濃於水。那麼這四個帥哥哥是如何寵愛小妹妹武媚娘的？這事不好細說，但武媚娘是如何回報他們的，史書上倒是已詳細地記載下來。

先是武元慶，他被流放龍州，憂慮而死，實際上是活活嚇死的。

接著是武元爽，他被流放振州，史書上沒有說他最後是被嚇死的，但也沒有說不是嚇死，這樣一來，我們心裡也有了個底。

接著是武惟良及武懷運這兩個倒楣蛋，史書上說，武媚娘一箭雙雕，由於李治看上武媚娘的姐姐韓國夫人的女兒魏國夫人，於是武媚娘就在肉醬裡下了毒藥，讓魏國夫人吃下去，結果魏國夫人死之。

武媚娘將兇手定義爲堂哥武惟良及武懷運。於是這倆哥哥被處死，他們的姓氏，從此改爲「蝮」氏——意思是說這些哥哥們，心腸比之於蝮蛇還要毒。

事情還沒完，武媚娘父親的哥哥家裡，生下的其實是三個兒子，除了被武媚娘殺死的武惟良及武懷運之外，還有一個大哥武懷亮。

武懷亮早就死了，可是死了也不行！武媚娘將武懷亮的妻子善氏擄入宮中爲奴，每天用荊棘刺狂抽這死了丈夫的寡女人，把善氏的背全都抽爛，露出白骨，沒多久，善氏就在莫大痛苦中哀號死去。

客觀評價，武媚娘是典型的中國式政客，冷酷無情、心狠手辣，不管是兒子還是孫子，只要惹她不高興，就一個字——殺，絕不講什麼親情溫柔。但她應該不是生下來就是這樣，這種酷厲寡毒，視親人爲死仇的陰毒個性，必然形成自某個至關緊要的契機。

一定是因爲有人以錯誤的方式對待幼年時代的武媚娘，並將這種錯誤的人倫觀念輸入到她大腦之中，這人會是哪一個呢？

十四歲是人類人格形成的關鍵時期，每個人都在這時候形成自己的人生價值觀。所謂人生價值觀，就是對社會人生價值觀念的形成，從此能夠判別是非對錯，並依據不同事情的重要程度，安排好先後次序。

在十三歲那一年，武媚娘遇到她的五個哥哥，武元慶、武元爽、武懷亮、武惟良和武懷運。五個大帥哥帶一個小妹妹，她應該是備受寵愛，但史書上卻說，這五個大帥哥對武媚娘的母親「不敬」，導致小表妹武媚娘的激烈報復。

他們到底是怎麼個「不敬」法呢？

還有，就算五個哥哥眞對武媚娘的生母不敬了，他們又是如何對待這個小妹妹的？要知道，武媚娘隔年就進了皇宮，而之所以被老頭李世民弄到宮裡去，是因爲她的美貌之名遍佈天下。

才不過十三歲的小丫頭，艷色就天下皆知，史書可眞敢瞎吹，男人的天性會疼愛美貌的小妹妹，這五個大帥哥，對小妹妹至少也會和顏悅色吧？可是武元慶、武元爽這兩個哥哥竟然是在武媚娘得勢之後活活嚇死，武惟良和武懷運被殺，改爲蝮姓；武懷亮雖然以迅雷不及掩耳之勢死掉了，他的妻子卻被武媚娘拷問而死。由此我們知道，這五個大帥哥，對美貌小妹妹的態度，絕非什麼疼愛的感情。

單從武元慶及武元爽嚇死這件事情來看，他們一定知道這個小妹妹心中積著深仇大恨，也明白她的報復手段絕不會輕，所以才會活活嚇死。活人被嚇死，可知他們何等害怕武媚娘的報復。

到底發生了什麼事，讓武媚娘如此仇恨她的哥哥們？

五個哥哥對武媚娘的態度與方式，構成武媚娘對這個世界的最基本解讀。

武媚娘的帝王之路伴隨著一路的殺戮血腥，最早的皇后王氏是被斫去手足，浸泡於酒缸之中，朝臣們的酷毒死法就不要說了，就連在殺自己的親生兒子還有孫子、孫女時，也冷靜而殘酷，完全顛覆女人天性中的溫柔與善良。

所有的這一切，正是她的五個帥哥哥教給她的——他們以對待她的方式，幫助她建立起一種冷厲酷毒的性格。

武媚娘入宮之後不久，就對老頭李世民提出她的鞭錘錐一體化的馴馬方案。這個方案不會是忽發奇想，應該是早在十三至十四歲那一年就已被鑄造在人格中。

所以我們知道，武媚娘十三歲時，曾經遭受一個可怕的過程，遭受到暴力威脅，在心靈深處產生巨大的恐懼，也曾不止一次被置於死亡狀態之下，雖然沒有死，但死亡的印痕卻牢牢鑄在心靈之中。

在這過程中，慢慢的，她的心態由屈辱扭曲成喜悅，也習慣強加於身上的一切。她的人格在這個過程中形成，這種人格是金字塔式的，由低而高，界定這個世界中的芸芸眾生。如果不是處於最底層，就是在最高處，除了「奴役」與「被奴役」，再也無法接受第三種觀念。

現在我們知道，遭到五個大帥哥「不敬」的，並非武媚娘的母親，應該是武媚娘本人。我們可以試著還原那段恐怖的歷史，在黑暗的小屋子裡，十三歲的武媚娘因爲極度驚駭，死死地把拳頭塞入嘴裡，不敢喊叫出聲，因爲她面對的是五個身強力壯的男人，這五個哥哥組成一支快樂的虐待小分隊，每天變著法子摧殘這個漂亮的小表妹。

這段歷史，武媚娘沒有跟任何人說起，因爲接下來很快就被李世民宣召入宮，只要能夠逃離這可怕的命運，她什麼事都肯做，所以她絕不會把這些事說出去，擔心這會引起李世民的厭惡與反感，從此失去機會。

事實上，武媚娘確曾失去機會，李世民對她很快失去性趣，因爲這經驗豐富的老頭發現，這個小女孩竟然有著豐富的「經驗」，儘管李世民更喜歡「熟女」，但年齡這麼小就「熟」了，還是讓他吃不消。

武媚娘被李世民丟到了一邊，她十四歲入宮，到二十六歲李世民死去爲止，始終是一個「才人」，與最初入宮時沒有任何改變，這實際上也表明了李世民的態度。

歷史上有「髒唐臭漢」之說。所謂髒唐，是指唐朝時代的性關係超級紊亂，現下有高宗李治繼承父親的女人，後面還有唐明皇強搶兒子的老婆，再往後，還有一個憲宗李純更狠，悍然娶了姑姑當皇后，結果搞到皇家血統一片混亂，更弄得大家見面招呼都不好打……

總而言之，唐代的皇帝選妃子，沒那麼多講究，不像後世非處女不可。正是因爲這個原因，所以武媚娘本是「熟女」之事，也就沒被追究。

說沒有追究也不對，李世民考校宮人馴馬之術，武媚娘提出鞭錘錐一攬子解決方案的時候，以李世民那已經老到成精的人生經驗與智慧，馬上就知道武媚娘入宮之前所遭遇到的事。可是他懶得管這閒事，管這事幹什麼？說到底，武媚娘現在已經是他的女人了，倘若把事情嚷嚷開，豈不是讓人嘲笑嗎？

倘若李世民追究一下，揪出潛伏在武家中的犯罪團夥，事情反倒好辦了。可是李世民的態度是丟下武媚娘不管，自顧勇敢地去追求前隋的蕭皇后。

李世民這壞老頭無知啊，他不懂得女性心理學，不知道武媚娘遭遇到的事情，導致她對兩性關係錯誤的解讀。

要知道，武媚娘原本是她父親的繼室所生，這已經讓她對正常的社會制度規範產生誤解，爾後五個哥哥的所作所爲，更帶給她徹底錯誤卻偏偏和皇權思維貼了譜的兩性關係研判。

武媚娘是這樣解讀這個世界的：

第一，人類社會只有一種關係，兩性關係。其餘所有，不過是兩性關係的附屬或衍生而已。

第二，兩性關係是崇高的，神聖而不可侵犯。

第三，情人之外，皆是死仇。

這三個觀點都有其正確性，只是太過片面。

如果我們仔細審視一下武媚娘的生平，就會發現，所謂大周帝國，不過是這份解讀的具體呈現，她對兩性關係的解讀，無巧不巧正中皇權思維的命門，促使她成爲了權力最需要的女人。

5 身邊的「壞」男人

慘痛的過去告訴武媚娘，最貼近她的親人，不只是最容易傷害她，還是必然會以蛇蠍手段傷害她的人，尤其是她生下來的兒子。

我們曾經分析過，武媚娘不幸落入到了五個人面獸心的哥哥手中，他們肆無忌憚地摧毀著這個未成年少女。這夥壞蛋選擇的時機，恰是武媚娘的人格形成時期，這導致了大唐帝國未來的悲劇。

武媚娘對五個哥哥恨之入骨，然而奴性人格的養成，又使得她漸而迷戀這種喪盡人倫的曖昧關係，一旦得勢，立即毫不猶豫地追殺四位哥哥。由於心靈深處深陷於這種黑色的過去，所以她不只仇恨四個還活著的哥哥，同時又對已死去的長兄武懷亮懷有一種既渴望又痛恨的複雜情感。

正是基於這種複雜情感，她才將武懷亮的妻子擄入宮中，以帶刺的荊條擊抽背部，令那女人受盡萬般痛楚而死去。

武媚娘的這個做法，一如她斫去皇后王氏的手足，浸泡於酒缸中一樣，都因爲她不能容忍別人和她爭奪男人，所有的男人都是她的，早在她十三歲時，五個哥哥就在施虐的快感之中，將這個觀念灌輸給她。

她深信，在這個世界上，除了兩性關係之外，絕不可能再存在其他類型的人倫關係。這個觀念也是她的哥哥灌輸的，如果她的生命之中曾經存在過親情，那麼不可能不在人格中留下絲毫影響。

這種特殊經歷，導致武媚娘與其他宮人迥然不同的心路歷程。別的宮人入得宮來，無不是琢磨著能找個機會貼近老頭李世民，替他生下兒子，倘或兒子被立爲太子，那麼自己這輩子也就夠了。

武媚娘卻全然不是這個心思，她不反對老頭李世民對她毛手毛腳，事實上，也不反對「任何人」對她毛手毛腳。可偌大的皇宮裡空空蕩蕩，除了老頭李世民之外，居然再也找不到任何男人，這讓武媚娘有說不出的鬱悶。

終於有一天，她在皇宮中遇到了李世民的兒子李治，當時想也沒想，立即撲了過去。男人入得宮來，不可能有別的目的，鐵定是來找她的。此前，她所有的經歷證明了這一點，現在，李治又用他的實際行動，證明了這個眞理。

再接下來，就是以自己嫻熟到了令人目眩神迷的性技巧迅速征服李治的過程，整整十二年才逮住這麼一個男生，她不可能不使盡全身的技巧。

此後李世民死，她被送往感業寺，但是李治很快又來找她了，這又證明了她的觀念正確無誤：她就是這個世界中的中心，所有的男人都會圍繞著她轉動。

皇后王氏召她入宮，這讓她憤怒而驚訝，她無法理解，自已的男人身邊怎麼可以有別的女人？當初五個大哥哥帶她一併玩性遊戲時，整個世界上只有她一個女生，她希望一切都恢復到「正常」狀態。

五位大帥哥到底教了她些什麼？

武則天的姪子武三思曾經說過：「我不知道什麼叫好人，也不知道什麼叫壞人。但是，舉凡符合我的心思，對我好的人，就是好人。舉凡讓我看了討厭，不符合我的心思的人，肯定是壞人。」這是大衆對好壞善惡的解讀，也是皇權專制得以在中國延續三千年之久的思想基礎。

理性思維判別一個人的基礎，是依據這個人所做的事。一個人在維護公益、仗義執言時，是一個好人，但當他爲了私利詆辱公義時，就是一個壞人。

理性的思維，是對事不對人，而基於本我的皇權思維，則是對人不對事。後者依據自我觀感，強行爲別人貼上好人壞人的標籤，並堅定不移地認爲，好人做的事都是好的，如果一個好人殺人，那也是被逼上梁山；壞人做的事都是壞的，如果一個壞人樂善好施，那是假仁假義，收買人心。

武媚娘在五個哥哥的訓導之下，形成了她的獨特皇權思維，這種思維的最大特點就是「神性人格裁決」，一切從自我觀感出發，先爲人打上壞人的標籤，再以殘暴的手段傷害對方，並在施暴的過程中體會到無比的愉悅與快感。

斫去皇后王氏的手足，浸泡於酒缸之中，將大嫂善氏的脊背用荊條抽到見骨，讓她於極度痛苦中死去……在做這些事情時，武媚娘心裡懷有一種很神聖的情感。既然她已經先行將對方界定爲惡人，那麼，無論用什麼樣殘虐的手段對待惡人，都合理。

殺長子李弘，廢次子李賢，卻是武媚娘承襲五個哥哥灌輸的行爲思想。武媚娘於親情是隔膜的，早在十三歲那年，親情對她而言，不過是意味著最容易的摧殘與傷害，五個哥哥若非是因爲與她存在著血緣關係，又怎麼會那麼容易地傷害到她？

慘痛的過去告訴她，最貼近她的親人，不只是最容易傷害她，還是必然會以蛇蠍手段傷害她的人，尤其是她生下來的兒子。這些依靠她而來到世界上的男人，從他們還沒有來到這個世界上時，就已經開始惡毒地傷害她。

五個哥哥那令人髮指的獸行告訴她，這世界上沒有父女，沒有兄妹，沒有母子，只有男人和女人，血親關係只不過是彼此傷害的關係而已。這種觀念一旦形成，就再也難以扭轉。

當武媚娘一口氣生下了李弘、李賢、李哲還有李旦四個兒子後，心情並不像普通村婦那樣沉浸於多子多福的快樂當中，她以憂慮的目光看著這四個男人，這四個傢伙，會不會是武元慶、武元爽、武惟良及武懷遠轉世呢？

她從未將兒子視為兒子，而是視為隨時都有可能傷害她的男人，而她的的主觀人格中，男人，不過是壞人的另一個稱呼。

壞人來啦！

武媚娘是這樣認為的，所有的壞人都在傷害她，但是皇宮森嚴，這些壞人無法靠近一步，於是繞了個彎，兜了個圈子，經由她的肚皮，堂而皇之地登堂入室了！

壞人果然是壞人，竟然用了這麼壞的法子找到她。

怎麼辦呢？

殺！

於是長子李弘，被她用了一劑大補毒藥搞死；二兒子李賢，原本也可以用這個法子，但李賢壞得有點徹底，竟然懷疑自己的生母不是武媚娘！你奶奶的，自己十月懷胎，含辛茹苦，多麼不容易啊，到最後卻被這王八蛋一筆抹煞，居然全都不認帳了。這種男人心腸是何等之壞，殺了他，就太便宜他了，廢為庶人，讓他端個破碗沿街要飯去吧！

即使是皇帝李治，也無法阻止這些事件，畢竟武媚娘師出有名，李治所能做的，最多不過是鬱悶而死。

李治死了，三兒子李哲立為皇帝，不想這老兄甫一登基，就大吵大鬧，要將自己的皇位讓給老婆韋氏。這個韋氏也真敢瞎琢磨，在朝中絲毫政治勢力也沒有，誰會支持妳接收皇位？

三兒子的不成器，讓武媚娘深切體會到「男人」這種東西的軟弱，所有的男人全和丈夫李治一個德性，都是用下半身思考，一旦被女人抓到命根子，就徹底沒咒念。

怎麼辦呢？要不換老四李旦當皇帝吧……可這王八蛋同樣也靠不住，前面三個都靠不住了，還能再相信老四嗎？

眞的沒辦法，只好自己繼續垂簾聽政了。

武媚娘被自己的慈悲與善良深深打動。

「爲了國家，爲了百姓，爲了民族的未來，我付出了多少犧牲啊！」武媚娘歎息道。

在這聲悠長的歎息聲中，千古一帝武則天橫空出世了。

6 叛逆的不羈風情

當徐敬業和駱賓王聯手叛逆，揚言為李氏出一口氣的時候，隸屬李氏皇族集團的李孝逸第一個看不下去。老子都還沒說話呢！哪輪得到你？

老段子評書《說唐》中，有個前知五百年，後知五百年的徐茂功。

這個徐茂功原名叫徐世勣，最早是在瓦崗寨出任參謀，軍師徐茂功是也，到了高宗李治時代，文官團隊糾結起來，堅決反對武媚娘出任帝國皇后。當時大家拉徐茂功入夥，可是徐軍師能掐會算啊，才不肯跟他們攪這渾水，於是裝聾作啞，成功跟上形勢。

徐茂功有個孫子叫徐敬業，這孩子打小叛逆，父親往東指，他就直奔西，父親讓他打狗，他鐵定去攆雞，總之，處處跟當爹的扭著勁來。

徐茂功掐指一算，曰：「不得了了，這可不得了了，夫朝廷者也，顛三倒四發佈講話精神的怪地方，舉凡朝廷發佈的新政策、新精神，不明眞相的群衆，不管是非好歹，都必須熱烈歡呼，強烈支持，要敢不支持，說朝廷發神經，朝廷肯定要宰你全家。可現在我這個孫子如此叛逆，專門和各級領導頂牛，要是惹火領導，後果可不堪設想啊！」

當時徐茂功就想了，這個孫子處處跟領導抬槓，遲早會弄出來個群體事件，遊行靜坐示威什麼的。朝廷最討厭群體事件了，到時肯定會修理你的全家，爲了家族的未來，只能防患於未然，在這孩子還沒弄出群體事件前，先把他弄死算了。

於是徐茂功招呼孫子，「孫子啊，跟爺爺去打獵吧，爺爺聊發少年狂，左牽黃，右擎蒼，帶著孫子上平岡。」等進了小樹林，他忽悠孫子，「樹林裡有隻松鼠，尾巴這麼大，孫子快去抓吧！」

徐敬業興奮地縱馬衝進樹林，去逮那大尾巴小松鼠。徐茂功卻悄悄退出來，在樹林外邊放了一把火。

烈焰熊熊，火光沖天，徐茂功縱馬大笑，「孫子啊，你是不是以爲你是祖國的花骨朵，是祖國的未來？狗屁！在一個獨裁專制的國度中，奉行的必然是老人政治，年輕一輩的變革力量，勢必會投擲於烈火之中。烈火中永生吧！」

徐茂功以爲孫子鐵定被活活烤熟，卻萬萬沒想到，那徐敬業應變能力非常，一發現森林中火起，知道逃是逃不掉的了，立刻果斷地跳下馬來，不由分說，照馬腦袋上就是一刀。可憐那匹老馬，當場被徐敬業打成了腦震盪，他又一刀，結果了這匹馬的性命，然後剖開馬肚子，掏出內臟，低身鑽了進去。

烈火忽啦啦地席捲過來，將這匹馬烤得噴香熟透，可躲藏在馬腹中的徐敬業，卻讓自己成了夾生飯。他沒有被燒到，而是等火勢過去後，平平安安走了出來。

這孩子有點本事。

大抵有點本事的人，都有點不服氣別人，尤其是這種本事界定於臨機應變的場合中。比如說徐敬業，他能夠火場逃生，就愈發認為自己了不起。這時候他就會想，我這麼大的本事，是不是應該幹點啥呢？

幹啥最能顯露出自己的本事呢？閉門讀書，退隱山林？刻苦鑽研科學技術？還是去和女生談一場轟轟烈烈的戀愛？

不不不，這些花活，徐敬業都不喜歡，因為這些事需要付諸的是大辛苦，雖然得到大智慧，但小聰明卻派不上用場。自古以來，小聰明能夠用上的只有一個地方：成就帝王基業。

說來說去，還是要搞群體事件。

於是徐敬業與初唐四傑的大才子駱賓王風雲際會，兩人在一塊大快朵頤，狂喝純糧釀造的優質白酒，一邊喝一邊商量，「造反吧，起兵吧，放著咱們倆這麼大的本事，再加上武媚娘居然坐了金殿！滿世界那麼多有本事的男人還混不出頭呢，她一個小娘們兒竟然喝三吆四、人五人六、七手八腳地高高在上，這不是胡來嗎？」

於是徐敬業、駱賓王起兵了，他們的口號是討武興李，就是堅決聲討武氏的篡權陰謀，堅決擁護以李氏皇族爲核心的朝廷領導。

李家人聽了這個消息，應該是很高興的——缺心眼的人例外。

什麼叫缺心眼呢？就是心眼不夠用，明明是在幫助他，他卻在後面突然給你一腳，把你踹趴下，他也沒咒念了。

這個缺心眼的人，名叫李孝逸，別看他心眼不夠用，但來頭極大，此人乃李淵的弟弟李神通的兒子，打起架來是一把好手。

實際上，李孝逸和徐敬業一樣，都處在叛逆的少年情懷之中。許多人有一種誤解，以爲叛逆這種事，是年輕人跟老一輩叫板，你叫我往東，我偏要往西，你叫我攆狗狗，我偏要打雞。然而這種觀點是老年人的自大，在少年人的心中，壓根不曾有老輩人的存在，黃土沒了半截腰的糟老頭子，也値得年輕人叛你的逆？別自作多情了！

年輕人的叛逆，是跟同齡人的叫板。同齡的年輕人才是彼此認同的群體，每個年輕人都在絞盡腦汁顯擺自己，特立獨行也好，奇裝異服也罷，都是展示自己比別人更酷的途徑。最終的目的，小則是以自己叛逆的風情，贏得異性的青睞，大者……還是爲了贏取異性的青睞，只不過，這種對於異性的爭寵，更多是通過奪取權力而體現出來。

總而言之，歷史就是這樣，當徐敬業和駱賓王聯手叛逆，揚言爲李氏出一口氣的時候，隸屬李氏皇族集團的李孝逸第一個看不下去。老子都還沒說話呢！哪輪得到你？

氣憤之下，李孝逸針對徐敬業的叛逆展開叛逆，帶上兵馬浩浩蕩蕩去砍徐敬業，兩夥人於江面上相遇，頓時狂砍起來。駱賓王是個才子詩人，不諳砍人技術，被砍得落水而死，而徐敬業兵馬太少，抗不住李孝逸的狂砍，只好棄船上岸，沿啓東島江邊一路策馬狂逃。

李孝逸興奮莫名地追了上來，抓住徐敬業，質問道：「服不服？不服信不信老子砍了你！」

徐敬業的回答應該是不服，不過，他已經先被李孝逸砍了。

李孝逸興沖沖地帶著人馬回去報功，「報告，誰叛逆也沒有我叛逆，天底下屬我最叛逆！」

武則天笑答：「你個小屁孩子也敢說叛逆，你再叛逆，也沒有老娘更叛逆，老娘這就把你們姓李的宰光光！」

李孝逸被解除兵權，流放，於懊悔中死去。人家徐敬業是爲了他出頭，他卻爲了顯擺自己，不辭辛苦地去砍人家，這閒著沒事亂叛逆幹什麼呢？

年輕人的叛逆，大抵不過如此，不是砍了好心幫自己的人，就是被自己要幫的人砍了。這也是權力的社會平衡，高坐於權力金字塔之上的，總是極少數極少數的人，這極少數的人之所以能夠坐享權力，說到底，是因爲社會成員的自然博弈，也就是叛逆、再叛逆這兩者力量相互抵消的緣故。

7 壞蛋是怎樣煉成的

索元禮會先以酷刑招待，等被告簽字後，忽然之間朝廷派來使者詢問案情，被告大聲呼冤，使者詳細過問刑訊經過，等問明白後，使者突然哈哈大笑……

可以確信，缺心眼的李孝逸，提供了武則天一個解決問題的思路：既然可以利用李氏皇族的力量，清除反叛者的勢力，那麼同樣的，她也可以利用另一種反對力量，掃平李氏皇族的殘餘。

利用朝官之間的矛盾，讓他們陷入到彼此的博弈之中，以此翦除對手，這在武則天協助李治打掉文官系統的掣肘時，就已經運用得極爲嫻熟。

現在，武則天需要的是酷吏！

武則天時代的酷吏，是中國歷史上一道怪異的風景。

大周皇朝取李唐天下而代之時，酷吏堪稱風起雲湧，代表人物有索元禮、周興、來俊臣等人。

其中最猛的是索元禮，此人主掌大理寺時，在門外張榜，上曰：「被造之人，皆稱冤枉，處斬之後，咸息無言。」

意思是說，被擄入牢獄中的李氏皇族都說自己冤枉，要上訪啊，要搞群體事件啊，要遊行啊，要靜坐示威啊，要絕食抗議啊……可喀嚓一刀切下去，把你的腦殼切掉，就再也聽不到有什麼不同意見了。

索元禮為李氏皇族及其擁護者制定超好玩的遊戲規則，倘若你不幸落入他的手中，如果敢不招，鐵定是拷問而死。如果恐懼用刑而招認，就在招認之後拷打而死。

如果有人被拷問死了，可還是不招，怎麼辦？

這可不關索元禮的事，你愛招不招，要招，你自己寫供狀。你不招，他也早就替你寫好自白書，甚至不需要你的簽字。

有些案子比較重大，武則天對審訊過程表示極為關注，於是索元禮會先以酷刑招待，等被告簽字後，忽然之間朝廷派來使者詢問案情，被告大聲呼冤，使者詳細過問刑訊經過，等問明白後，使者突然哈哈大笑，原來是索元禮的手下假冒的。翻供之人當場遭到更加慘烈的暴打。

打著打著，朝廷的使者又來了，被告這時候又翻供，卻不料這個使者還是假的，於是被告再次遭到刑訊報復。此後被告就形成了對使者的恐懼心理，一聽說朝廷來了使者，只管拼了命招認。即使眞是朝廷派來使者，聽到的也是被告拼命認罪，所以索元禮這邊的破案率始終居高不下。

基本上來說，沒人能夠逃得過酷吏們的羅網，但梁國公狄仁傑是個例外。

他被人匿名舉報，進了大牢，進去之後立即招供，按索元禮的老規矩，招供之後，照樣也來個拷問，不先打個半死，雙方沒有共同對話基礎。

狄仁傑被打了個半死不活，正在哎喲喲拼命叫娘親，忽報武則天派了使者來了，所有人都認爲狄仁傑鐵定會翻供。不料狄仁傑見到使者後大哭大鬧，拼命承認自己反朝廷、反人民的累累罪行。原來，他早就知道這個使者是假的，所以堅決認罪。

讓他這麼一惡搞，反教索元禮不知該如何是好。

正當索元禮爲是否應該再次用刑拿不定主意時，武則天派使者來了，接罪犯狄仁傑入宮，見到他後問：「老狄呀，你明明沒有造反，爲什麼要瞎招認呢？」

狄仁傑回答：「沒法子啊，因爲我想活著見到陛下，只好閉著眼睛瞎招了。」

總之，這就是狄仁傑的招數，既然落到酷吏手中，那就閉著眼睛瞎招一氣。招認的罪行越嚴重越好，罪行越嚴重，武則天就越重視，這一重視，大抵要親自過目一下，這一過目，生機就來了。

狄仁傑是古往今來難得的智者，以瞎招對酷刑，才僥倖逃得性命，可李氏皇族卻沒那麼好運。李氏皇族的命運，招了也是個死，不招也是個死，甭管招不招。

武則天大肆惡搞一番，基本上把李氏皇族殺光光，殺到了只剩下她自己生下的兩個兒子，李哲和李旦。

兩個兒子嚇壞了，大半夜不敢睡覺，生怕老媽派人來摘自己的腦袋。

史家多認爲，武則天翦除李氏皇族，是爲了自己登基做皇帝掃清障礙。沒錯，李氏皇族被趕盡殺絕之後，武則天也眞的登基稱帝，而且還舉重若輕地建立起屬於自己的大周帝國，但話又說回來，武則天翦除李氏皇族的原因，眞是爲了要讓自己登基嗎？

要知道，皇權體制的社會遊戲法則，完全否定人的能力，這種社會體制取決於極低的或然率，完全以人的社會位置決定成敗。一個再無能、再平庸的人，只要他登上皇位，就可以利用朝臣與民衆的相互牽扯，從此牢牢把握住權力。

這種社會體制的平衡，完全繫於民衆的自覺性，一旦皇權所屬的社會行政與經濟單位都認可現行制度，饒是有天大的本事，也沒有能力改朝換代，所以中國人說的「時勢造英雄」這句話意思是說，一旦現行皇權分崩離析，屆時所有的妖魔鬼怪都會鑽出來，一個個粉墨登場冒充偉大領袖，忽悠老百姓承認他，誰得到的百姓認可最多，或者說誰最凶，殺人殺得最是麻利，那麼他就會藉著暴力而獲得政權的合法性。

正因爲專制權力是由民衆的默認而建立起來的，所以古往今來，推翻現行政權最省心、成本最低的法子，就是宮廷政變。

宮廷政變也是要流血，嘩嘩地流一場權貴的血，暴力革命的代價則是所有的民衆流血，比如說大唐帝國取隋而代之，雖然史書上已經被粉飾得波瀾不驚，但細看當時的百姓人口，才會知道當時的百姓幾乎都被殺光，全部殺光光，這就是暴力革命所需要的付出。暴力革命的代價太慘烈，所以後人謳歌武則天的宮廷政變。

實際上，武則天之所以重用酷吏清除李氏皇族，並非爲了登基稱帝。她最後的登基只是一個順理成章的結果。這樣說也有著充足的史實依據。

頭一樁，是中宗李顯（也就是三兒子李哲）的兒子，也就是女皇武則天的孫子李重潤，與孫女兒永泰郡主，還有永泰郡主的老公，這三個人坐在一塊嘀咕，討論武則天的兩個男寵張宗昌與張易之，「哪個帥哥更帥啊，哪個靚仔更好玩……」

結果，這件事被張易之知道了，就去哭告武則天，「啓奏陛下，你孫子、孫女們要玩我啊！」

武則天毫不客氣，立即命令孫子、孫女和孫女婿統統自殺，替小情人討回公道。承泰公主被迫灌下毒藥時，肚子裡還懷有孩子。從這件事情上來看，武則天殺人並非只有李氏皇族，自己的孫子孫女，該殺也絕不手軟。

第二樁事，是睿宗李旦的兒子，也就是未來的唐明皇李隆基，當他七歲時，在朝堂之上當著武則天的面，衝著武三思大吼，「這是我們老李家的天下，你他媽的給老子滾開！」武則天卻沒有因此而怪罪李隆基，更沒有殺他。

由此可見，武則天殺人，並非是僅限於李氏皇族，更非是凡堅持李氏天下的就一定要殺。武則天殺人的理由只有一個：她只殺壞人。

那麼什麼叫壞人呢？

前面已經說過，就是不讓她開心的人，不管你姓不姓李，也甭管你是打誰的娘胎裡鑽出來的，只要你不礙她的事兒，任武則天想怎麼玩就怎麼玩，想玩誰就玩誰，那麼她就不跟你計較，寬宏地認爲你是個好人。

反之，如果你妨礙了她老人家開心，那麼管你做過多少件好事，也不管多少人都認爲你是個好人，反正她就認準你是個壞人，非殺不可。

由此我們可以得出結論：武則天這個女人，理性的成份少一些，感性的成份多一些，又或者說，她的原始思維更強一些。

原始思維，也就是思維程度和水準都不是太高……且慢，如果說武則天腦子不太靈光，那人家怎麼就做了女皇？別人腦子靈光，怎麼就沒當上女皇？

這件事，大概要歸因於現代皇權的原始遊戲法則。

8

武則天是頭野牛王

野牛王雖然脖粗角硬，卻不可能打敗獅子和蒼狼，牠最大的本事無非就是跑得比其他野牛更快，一遇到危險就撒開四蹄，一溜煙地逃得沒影……

女皇武則天，在中國歷史上的評價很高，她被譽爲「傑出的政治改革家」及「傑出的女皇帝」等一系列榮譽稱號。一個人，特別是一個女人，能夠在歷史獲得如此高的評價，很不容易。但你千萬不要問歷史學家，武則天到底爲中國人民貢獻了啥東西，才獲得如此高的評價呢？

這個問題倘若問出來，歷史學家會非常鬱悶，概因中國歷史上，包括武則天在內的所有帝王們，他們爲中國文明進程的貢獻，基本上來說清一色負值，也有極個別不是負值或是雖然是負值但負分不是太大的，差不多都已經進階爲優秀帝王。

拿武則天的首任丈夫李世民來說，這老兄殺哥宰弟，漁色獵艷，一點正經也沒有。

只是因爲他快人一步地將全中國老百姓殺掉一大半，剩下來的少部份人口處於休養生息的狀態中，所以成爲千古一帝，在帝王排行榜上名列榜首。

榜首居然是李世民，而武則天還沒有擠到榜首去，只落得個「傑出」評價，可知這女人比李世民還要敢玩，只不過玩的成果不是太大，才只混成了傑出女人。

事實上，中國人對歷屆帝王的評價，寬容到不像話的程度。中國人承認帝王所享受的生殺予奪特權，單單不肯賦予他們絲毫社會責任；對於普通民衆，則是苛益求苛，歸根究底，是因爲政治文明始終停留在原生湯狀態之中，未能隨著生物學的進化而進化。

在某種意義上來說，權力是處於進化初級階段的野生物種的群體屬性，比如說一群猴子中會有猴王，一群野豬中也有野豬王，甚至連野牛群中，都有一頭野牛王。

單拿野牛群中的野牛王來說，這個野牛王的存在，只不過是野牛群以數量贏得生存空間的策略。野牛王雖然脖粗角硬，卻不可能打敗獅子和蒼狼，牠最大的本事無非就是跑得比其他野牛更快，一遇到危險就撒開四蹄，一溜煙地逃得沒影，其餘的牛群順從從衆效應的低端生物學法則，跟在野牛王屁股後面瘋狂逃命，跑得慢的或落了單的，就淪爲獅子口中美食。可見，野牛王的社會價值，只在牠逃生的時候速度更快而已。

正因野牛王逃命速度比較快，其他野牛鐵下心來跟著野牛到處亂跑，走啊走，走啊走，忽然有一天，野牛王走到了懸崖的盡頭，一時失足，就聽嗖轟嗷的一聲慘叫，野牛王不留神跌下懸崖摔死了。野牛王摔死了，大家快點掉頭吧……沒那好事，野牛的智慧超低，眼見野牛王下了懸崖，其餘野牛也就一個跟著一個，全從懸崖上跳下來，摔得懸崖下面到處是鮮肥牛肉，讓其他動物幸福吃上若干時日。

中國的皇權專制一如這群野牛，最早被一隻野牛王秦始皇把大家帶到這麼個絕路上來，秦始皇自己撲愣愣地栽下懸崖，民眾你快點掉頭啊，可是沒人掉頭，大家興高采烈地玩起了楚漢相爭，殺得百姓血流成河，奔著極權的懸崖往下跳。

再往後是大三國時代，而大三國最激昂的序曲，就是極端權力的爭逐戰，大家繼續跳懸崖，跳到西晉建立，好不容易來了夥少數民族兄弟，玩了個五胡亂華，就是亂這個皇權體制，誰知亂到最後，經歷了南北朝漫長的爭逐之戰，最後由一夥鮮卑武士相續建立起北周、大隋及大唐。李世民一家原本是鮮卑人氏，他們打破腦殼要當中國民眾的野牛王，再度將中國人領上皇權的懸崖。

此後，中國人還要在皇權體制裡耽擱千年之久，放眼中國歷史，皇權專制一如那高聳的懸崖，中國人一代又一代，前仆後繼、繼往開來地不屈不撓奔向極權懸崖，堅定不移地跳個不停，眞是何苦來哉？

再從中國的傳統體制上來說，是一個典型的農業國，一戶農家守著自己的屋子，一畝地、兩頭牛，老婆孩子熱坑頭，此生足矣。大一統的皇權專制，與小農經濟何關？農民無非不過是在發生鄰里糾紛時，需要找到宗族族長討個說法，農家對權力的全部需要，也只有這麼多。

說到底，中國人數千年的政治法則，始終停留在類人猿時代，但當人類進化到文明階段時，基本上已經不再需要這種極端權力。

進化太落後的動物，理所當然需要落後的政治權力。比如說野牛群，牛群之所以需要野牛王，只是因爲牠逃命速度最快，所以野牛群就追隨牠，希望能夠多多將後代傳承下去，提高新一代小野牛的逃命速度。

人類既然已經進化到萬物之靈的文明階段，不管是獅子或野牛，一旦逮到就放火上烤熟吃掉，所以需要比野牛野豬更高級的政治體制。然而奇怪的是，比野牛王更低級的專制集權，卻始終纏繞著中國人，揮之不去。

說這麼多大道理，只是想說明一件最簡單的事情：老百姓並不需要武則天，因爲中國人面對的是一種極端落後的政治體制，無論誰當皇帝，都不會改變中國人的命運。

既然皇帝與中國人的福祉毫無關係，那麼理所當然，對中國古之帝王的評價體系，也就與百姓無涉，這些道理，雖然簡單到了令人髮指的程度，但中國老百姓並不曉得，倘若曉得，皇權專制也不可能延續了數千年。

但中國的皇帝們，無論是李世民還是武則天，卻都曉得這個道理，正因爲曉得，所以李世民才殺哥宰弟、漁色獵艷……而武則天呢，她一邊利用酷吏的力量剷除妨礙自己的人，另一邊，也恣意享受女人的生命尊榮，絲毫不跟人玩什麼含蓄矜持。

9 一句頂一萬句

細究張易之的人生哲學，有個充分的特點，叫「反智」，什麼叫反智呢？就是與社會人生自然的規律背道而馳，違反智慧與文明。

相較於男人，女人更重感情。

這是因爲女性天生感性，本能上對男性懷有一種原始的迷戀與依賴，總之，女人的生命之花只爲她喜歡的男人開放，即使在武則天身上也沒有例外。

比如說，藥品零售商馮小寶，在京城擺攤時，被城管掀翻攤子追打，他悲憤之下走上上訪之路，不想他的案子卻引起當時已經六十二歲的武則天的「關注」。

武則天說：「我們要關心群衆疾苦，要把人民群衆的呼聲放在心上……」宣召馮小寶入宮，並幸御之。

這一幸御可不得了，從此她對這個藥品販子愛得顛三倒四、死去活來。

武則天將情人馮小寶的滿頭頭髮剃光光，把他送到白馬寺，賜法名懷義，讓他出任了白馬寺CEO。那洛陽白馬寺，乃佛陀西來於中國設置的第一家辦事處，武則天竟然讓她的情人去當頭頭，每天馮小寶都對佛祖祈禱，「我在佛前求了五百年，只求武則天老太太愛我的心永不變……」想來佛祖當時鐵定非常鬱悶。

佛祖鬱悶，馮小寶也很無聊，他想，都當上國家最高領導人的情婦……不不不，是情夫了，怎麼樣也得幫助我的心上老太太治理治理這個國家吧？

可是我們前面已經說過，一個落後的農業國家，沒啥需要治理的，懷義和尚左找右找，終於找到一樁差事：引兵出關，征戰沙場，給邊關外的少數民族兄弟們添添堵。

眼見得情郎……不不不，是情僧，眼看情僧願意幫助自己排憂解困，武則天大喜，遂讓他統率大周兵馬，浩浩蕩蕩地出關去砍少數民族兄弟。可是少數民族兄弟也不傻，聞知傑出的女皇派了她的情人來打架，大家早就坐上大篷車，沿歐亞大陸一徑西行，奔歐洲拓荒去了。

可憐馮小寶帶著數十萬大軍，在荒郊野嶺轉啊轉，轉得頭暈眼花，卻一個人影也看不到，很是悲憤，「我要砍的人，他已經飛走了，砍我的人，他還沒有來到……」

沒有來到怎麼辦？只能回家。

回來之後，懷義和尚越琢磨越是鬱悶，於是他想，幹點啥呢？要不乾脆我把武則天老太太剁了吧。

可武老太太都已經老得成了精，豈是那麼剁掉的？結果，懷義和尚還未等動手，就已經掛掉了。武則天老太太的愛情就是這樣麻辣，你愛她，啥事都好說，你不愛她，那她就剁了你。

情僧懷義掛掉，武則天的寶貝女兒太平公主，向母親隆重推薦兩個小帥哥，張昌宗、張易之兄弟。

說起張氏兄弟來，那眞是帥呆了。

張氏兄弟不只是容貌俊雅飄逸，就連武則天最喜歡玩的關鍵性部位，都是精緻絕美，宛如白玉一樣，實乃舉世罕匹的工藝品。武則天老太太超喜歡這兩件美絕人寰的藝術品，自此國家的政治權力落入兩個小帥哥手中。甚至連朝廷的官職任命，都是由這哥倆兒說了算——幸好誰說了算都不關老百姓的事，要不然照武則天這麼個惡搞法，怎麼還弄出個傑出的評價呢？

但朝官們卻看不下去了，有人偷偷在張易之家門上寫下：「張小帥哥，你丫仗著自己的臉蛋漂亮，唬弄各級領導，你也不想一想，一兩絲能紡幾兩線？你還能得意多久？」

聽說有人在自家門上寫反動標語，張易之大哭著奔了出來，提筆在後面寫了一句：「只要一天就足夠了。」意思是說，像他這樣人生，能夠與國家最高領導人共同學習，共同進步，還能夠隨時隨地指點各級領導的具體工作，這樣威風的日子哪怕只是過上一天，也勝過做一輩子的不明眞相群衆。

寫完這句話，張易之諄諄告誡各級領導，「做人啊，要像我這個樣子的，你不需要什麼能力，能力頂個屁用？也不需要什麼本事，本事能當飯吃嗎？只要能得到國家領導人的充分信任……總之一句話，你沒得勢之前呢，不管有多少人來幫助你，全是白扯，而當你得勢時，甭管有多少人想把你從高位上揪下去，照樣不頂用，頂用的，只有領導的一句話。領導是天才，是超天才，一句頂一萬句……」

細究張易之的人生哲學，有個充分的特點，叫「反智」，什麼叫反智呢？就是與社會人生自然的規律背道而馳，違反智慧與文明。

正如我們所知，人類與其他動物的區別，就在於人類有思想、有智慧，開創了自己的文明，而其他動物還在荒野之中亂竄，飽一頓餓一頓，不是撐死就是餓死，還老是被人逮到，幸運的關籠子裡送動物園任人圍觀，不幸的直接下鍋煎炒烹炸。人類之所以如此野蠻地欺負各種動物，原因就在於人類有智慧，而其他動物沒有。

然而張易之以他自己的人生閱歷，告訴我們皇權專制的最基本法則：違反人類的智慧規律。

按理性與智慧的規律而言，人類既然以智慧戰勝了其他物種，那麼理所應當的，也需要以智慧協調人類社會的政治生活。然而皇權專制卻是超級原始的，與智慧的規律法則扭著勁來，在武則天時代，饒你有天大的智慧，也得接受張昌宗、張易之這兩個帥哥的領導。

話又說回來，雖然張氏兄弟反智，可是他們自己也知道這樣的日子長不了，所以才會有舒服的日子一天就夠了這種說法。實際上，這兩帥哥的麻煩，就在於他們明知自己沒有能力，卻渴望獲得超過能力之外的東西。

人一旦希望獲得超過自己能力之外的東西，就只能求助於能力之外的因素，這就是中國人最經常說的「運氣」。運氣，說明白了就是偶然，當人將自己對運氣的寄望超過對自己能力的憑藉時，這個人就會有麻煩了。

有本古書叫《朝野僉載》，上面有說：唐長安四年十月，陰雨雪，一百餘日不見星。

就是說，正當張昌宗、張易之兄弟要風得風，要雨得雨的時候，老天爺突然做怪，黑沉沉陰森森，竟然一百多天無星無月。要出啥子怪事了嗎？

沒啥怪事，只不過是名臣狄仁傑入朝，要和張昌宗、張易之兄弟豪賭一場。

10 偵探界的鼻祖

狄仁傑斷案傳奇，現在還在海內外流傳，在他縱橫偵探界，呼風喚雨時，大偵探諸如福爾摩斯、白羅等人的主人連祖宗的祖宗的祖宗的受精卵都還沒有成形呢！

說起狄仁傑這個人，在歷史上鼎鼎有名，是個讓人捉摸不透的怪人物，於武則天年間參加高考。

當時武則天剛剛登基做了女皇，尋思玩點新花樣，什麼花樣最好玩呢？有了，以前考舉，只有文科，沒有理科……不是，沒有武科，於是別出心裁，首次推出武科大會考。放眼大周帝國境內，除了讀書人可以參加考試之外，那些自恃拳頭硬胳膊粗喜歡打架的江湖兄弟，也都可以來湊熱鬧。

一時間，江湖上風起雲湧，三山五嶽的江湖好漢，武林中各大門派，各自派最優秀的門人出戰，要決戰於京城之間，一舉奪得頭名武狀元，從此一統江湖，仙福永享。

決賽開始，各大門派於皇宮門前搭起涼棚，武林前輩親臨指點自己的門下高手，女弟子啦啦隊手舞彩球，於比賽場地前踢腿劈叉，盡顯婀娜體態。選手終於出場了，衆武林豪客正在捉對撕殺，打得難分難解之際，台下突然躍出一人，赫赫然竟是一白衣書生，只見他衝到台上指東打西，拳掌齊出，打得各門派高士哭爹喊媽，爭避不迭。

這廝是誰？怎麼武功如此高強，江湖上卻從未聽聞過此人的名號？

衆人正在納悶，卻見那贏得了比賽的武狀元，已經急忙操起書本，沿皇城根一路狂奔。大家吶喊著跟在他的後面搏命狠追，想要看看這廝又在搞什麼古怪，卻眼見這廝直衝到文科考場前，衆人只覺眼前一花，那人已然進了考場，操起筆墨答起試卷來。

原來這廝竟然同時報考了文武科兩門，夠狂的啊，可他行不行啊？未幾，文科考場分佈考試結果，就見考官們湧上前去，與那位同時參加文武科考試的考生熱烈握手，「恭喜你，狄仁傑同學，你同時考中了文武科雙狀元，果然不愧是我大周帝國的青年才俊啊，希望你繼續努力學習，爲女皇貢獻出自己的青春和智慧……對了，你他媽的能不能少報一門啊，你一個人就把文武科狀元全端回家去，讓別人還怎麼混？」

原來這位考生叫狄仁傑，一人堵了文武兩科的路，這還不算完，當時武則天在金殿上召見他，親切地問他：「小狄，你文武雙全，本事超大，本女皇喜歡死你了。說吧，你是想去軍隊帶兵打仗，還是入朝爲官，隨你挑！」

年輕的狄仁傑回答說：「陛下，這些活都不好玩，臣不樂意幹。」

武則天大詫，「我靠，有沒有搞錯，你文武雙全是不假，可如果你不做文官，也不當武將，還想幹什麼？」

年輕的狄仁傑笑道：「陛下，臣想去監察御史台，做一名優秀的私家偵探，與犯罪分子鬥智鬥勇。」

當時武則天就暈了，「狄仁傑，你昏了頭不成，偵探這種純腦力勞動，你能玩得了嗎？」

事實上玩得了。狄仁傑斷案傳奇，現在還在海內外流傳，荷蘭有個叫高羅佩的老兄弟，專程來中國調研狄仁傑的偵探事蹟；現在還有許多人打破頭，搶著拍狄仁傑的破案故事。在狄仁傑縱橫偵探界，呼風喚雨時，大偵探諸如福爾摩斯、白羅等人的主人連祖宗的祖宗的祖宗的受精卵都還沒有成形呢！

總之，狄仁傑這個人有著神話一般的超凡能力，文才方面是大唐以來第一位能臣；武的方面，也曾神機妙算，調兵遣將，輕鬆拿下西域的龜茲、疏勒、于闐及碎葉等四郡，擴大中國版圖。此外，他還是偵探界的大鼻祖，也曾經自酷吏手中安然脫身。在中國歷史上，不，在世界歷史，人類歷史上，你絕不會再找到一個比他更好玩的人。

這就是大周時代的宰相，狄仁傑。此時，正值大周帝國出現無星無月的怪異天象，朝野之中暗潮湧動，各級領導幹部都對兩位帥哥張昌宗張易之表示出極大不滿，於是狄仁傑著官服入宮，要與張氏兄弟豪賭一場。

11 宮中豪賭大脫衣

狄仁傑神色凜威，戟指張氏兄弟，大吼一聲，「扒光他們的衣服！」就聽轟的一聲巨響，無數宮女撲將上來，將張氏兄弟按倒在地，強行扒下他們身上的金縷衣。

狄仁傑入宮之時，看到的是一幕和諧、溫暖，充滿了歡快的色彩與調子，讓人民群眾深受鼓舞的畫面。年邁的武則天坐在軟榻上，兩腳下一邊坐一個唇紅齒白的美少年：張昌宗和張易之兄弟。張昌宗的身上，披著一件散射七彩霓光的金縷衣，兄弟二人手中各抓了一只特大號的骰子。

見狄仁傑進來，武則天大喜，「勸君莫惜金縷衣，勸君惜玩少年仔。少年堪玩直須玩，莫待老了空折枝。日落狐狸眠塚上，夜歸兒女笑燈前，逮住帥哥直須玩，一滴何曾到九泉……咗！兀那狄仁傑，你幹嘛在新一代領導班子面前如此傲慢？要知道，雖然你狄仁傑有點小本事，但張氏兄弟也有他們自己的長處——至少他們的長處你比不了。」

狄仁傑笑道：「陛下，妳是在說張氏兄弟的長處嗎？不好意思，老臣絕對比這倆小朋友更長，陛下不信，盡可試一試！」

武則天老臉飛紅，「狄仁傑，瞧瞧你說的話，太黃太暴力了，句句不離下三路，哪像個德高望重的老同志？別忘了你要時時刻刻注意自己的言行，要以身作則，爲人民群衆起到表率作用。我說的張氏兄弟的長處，是他們的賭博技巧，不是床上功夫……」

狄仁傑擠眼道：「陛下，床上功夫可是妳自己說的啊，老臣沒有說……」

武則天笑道：「老狄啊，你個老不死的，雖然你嘴上沒有說床上功夫，但你全身上下都在說，你不能老用全身說這種話啊，長此以往，會敗壞領導們的工作作風……承認吧，你賭博肯定賭不過張氏兄弟，這總沒錯吧？」

狄仁傑笑道：「陛下啊，老臣這輩子啊，本事眞的不多，不過就四樁事，還是讓老臣稍感安慰的。」

武則天問：「哪四樁事？」

狄仁傑道：「老臣的四樁本事，說起來還眞沒啥可炫耀的，不過是文能安邦，武能定國，偵探界屢破大案要案奇案怪案連環案，是偵探們的老祖宗。最後，就是老臣精於賭博之術，江湖上的兄弟們稱呼我賭神……」

狄仁傑的話，把武則天逗得滿殿褶子魚尾紋亂飛，「狄仁傑，你太能惡搞了，誰不知道你這一輩子，一會在朝爲相，嘔心瀝血，日夜操勞，一會在邊關爲將，身先士卒，百戰稱雄，一會又在六扇門中與罪犯鬥智鬥勇……人這一輩子能幹幾樁事？你可是一輩子的人幹了三輩子的事兒，我可不信你還能有時間再琢磨賭博，你再不服，就和張氏兄弟賭一賭，不輸慘你才怪。」

狄仁傑笑道：「是騾子是馬，拉出來溜溜！賭就賭，張氏兄弟，你們看招！」

張氏兄弟騰的一聲站起來，喝問道：「狄仁傑，你少來，賭博是要花費鉅資的，光我身上這件金縷衣，就價值連城，誰不知道你姓狄的兩袖清風，家裡窮得連隔夜糧都沒有，你拿什麼和我們賭？」

狄仁傑道：「就拿身上這件官服，與你們的金縷衣對賭，如何？」

武則天在一邊哈哈大笑，「老狄啊，你丫可真是會占人家小帥哥的便宜，你那件破衣服一錢不值，怎麼可以和人家的金縷衣賭？」

只聽狄仁傑正色道：「陛下差矣，我身上的這件官服，是帝國的尊嚴，皇家的體面，象徵的是百官勤政爲民，皇上夙夜不殆，國家長治久安，百姓安居樂業。這件官服的價值，豈是那件金縷衣比得了的？陛下覺得老臣占便宜，老臣卻覺得自己虧大了！」

武則天聽得咯咯直樂，道：「老狄，你果然能瞎掰，皇權嘛，就是個欺負老百姓玩玩，你看你這麼較眞，既然如此，你就和張氏兄弟賭一賭吧，如果你輸了，輸掉的就是宰相之位、國家體面與尊嚴。如果你贏了的話……那你就把張氏兄弟身上的金縷衣穿走吧，讓他們哥倆兒從此光屁股。」

哐的一聲鑼響，決定了歷史的大賭局，正式開始了。一個宮女神情肅穆，高舉一個牌子，上寫「第一輪」後在場上走一圈，然後雙方選手出場。

張昌宗、張易之兄弟雙雙出現，身披七彩金縷衣，對狄仁傑怒目而視。就見狄仁傑緩步出場，向前伸出一隻拳頭，慢慢攤開，露出握在他掌心的六粒骰子。那骰子邊角已經磨得圓潤透明，顯見這骰子的主人，一輩子沒少投擲它。

只聽狄仁傑沉聲說道：「不才狄仁傑，生於大唐貞觀四年，公開的身份是大周帝國文武雙狀元，兩次拜官爲相，更曾於邊關之上，一人喝退突厥百萬雄兵。還曾長期在公安機關任職，素有神探之稱。然而，這些事蹟，都只是掩護而已，某家眞正的身份，就是江湖之上大名鼎鼎威名赫赫，神龍露頭不露腚，傳說中的賭神是也。張氏兄弟，你們二人今天不幸遭遇到我賭神，你們慘了，今日若給你們身上留一條短褲在，我賭神自動除名江湖！」

張氏兄弟的鼻子差點沒被氣歪，「狄仁傑，實話告訴你，我們兄弟自打入宮以來，今天還是頭一次身上穿衣服，光屁股誰怕誰？倒是你，等一會兒輸慘了被扒下褲子出門見人，我看你還有什麼老臉再活下去！」

狄仁傑哈哈一笑，朗聲道：「六個么！」

就聽嘩啦啦啦啦，六粒骰子落地，果然是六個一。

張氏兄弟一怔，就聽狄仁傑又道：「六個二！」嘩啦啦啦啦，六粒骰子落地，果然是六個兩點。

「六個三！」……嘩啦啦啦……「六個四！」……嘩啦啦啦……「六個五！」……嘩啦啦啦……「六個六！」……嘩啦啦啦……「六個七！」

什麼？骰子只有六個面，點數最多不過是六點，怎麼可能擲出六個七來？

武則天按捺不住驚奇，衝上前來低頭一看，不由得大叫起來，「我靠老狄，你暗運眞氣，把六粒骰子都捏兩半了，落地時都是六點和一點朝上，還眞是六個七……我靠老狄，這樣也行？」

武則天驚呆了，張氏兄弟更是震驚得面色如土，忙道：「狄仁傑……不是，狄相爺，你說的竟然是眞的，你果然便是江湖上傳說的賭神……可這事眞的奇了，你也是普普通通的一個人，怎麼會有這麼大的本事啊？」

就見狄仁傑神色凜威，戟指張氏兄弟，大吼一聲，「扒光他們的衣服！」

就聽轟的一聲巨響，無數宮女撲將上來，將張氏兄弟按倒在地，強行扒下他們身上的金縷衣。

武則天在一邊看看咯咯直樂，問狄仁傑：「老狄啊，你既然是江湖上大名鼎鼎的賭神，那麼你……等你宰相卸任，回江湖上玩骰子時，看由誰接替你出任宰相更合適呢？」

狄仁傑微笑道：「荊州長史張柬之，陛下聽我的沒錯，他可是天生的宰相之才！」

12 請陛下離休

武則天最終還是被迫辦理離休手續，隨即被送往上陽宮，耳朵聽見遠處傳來的排山倒海般的三呼萬歲之聲，老太太無限鬱悶……

狄仁傑力薦荊州長史張柬之出任宰相，自己則辦理了離休手續，回到江湖上玩骰子去。未幾，便有消息傳來，一代奇人狄仁傑成功老死。

武則天聽到這個消息，放聲大哭。

與此同時，宰相張柬之的府中，也是一片哭聲，原來這裡正在為老幹部狄仁傑舉辦追悼會。

參加追悼會的，除了宰相張柬之外，另有朝廷中的幾名常委，分別是同平章事崔玄暉、司刑少卿桓彥範、相王府司馬袁恕己，及中台右丞敬暉。幾位重量級的領導一邊揩淚，一邊低聲謾罵，「狄仁傑你個王八蛋，你丫文能安邦，武能定國，偵探能破案，擲骰子又是賭神，這麼大本事，怎麼不快點把武則天的離休手續辦了呢？現在可好，你把我們提拔上來，然後自己一死了之，你難道不知道我們都是地下抵抗運動的領導人嗎？既然掌握權力，那肯定要爲李氏皇族說話的……」

狄仁傑算是全始全終，武則天對他好，他也投桃報李，可又賣了個巨大人情給李氏皇族，把暗中擁護李氏皇族的官員全都提拔到重要職位上。等李氏皇族順利復辟後，頭一個感謝的，還是他狄仁傑。

到底是老江湖，不愧是賭神，好人都由他狄仁傑做了，別的兄弟，可是要擔上逼宮的壞名聲。

不過，話又說回來，逼宮也沒什麼不好，逼退武則天，擁戴李氏皇族復位，大家至少都要封個侯，既然如此，那就幹啦！

有請地下抵抗組織領導人，太子李顯出場。

太子李顯晃悠晃悠出來，「大家好，吃了沒？你們找我有啥事？」

衆人回答：「……沒啥事，就是迎請殿下登基。」

李顯道：「登基是好事，可是你們跟我媽商量過嗎？」

衆人道：「你看，叫殿下你來，不正是去找你媽商量嗎？一起去一起去，大家去找武則天……」

大家點起兵馬，打著燈籠火把，吶喊一聲，向著玄武門衝殺而來。

玄武門，大唐帝國群體事件的好發地點，此時再次泛起腥風血雨。玄武門的羽林軍，突然聽到喊殺聲，急切間忙去尋找自己的盔甲武器，卻哪裡來得及？早被地下抵抗武裝湧將上來，喀嚓剁得稀巴爛。

地下抵抗武裝簇擁著太子李顯，大踏步地進入宮中。眾宮女撒丫子狂逃，只有張昌宗、張易之兄弟倆正和女生們玩躲貓貓，兩人眼睛蒙著黑布條，一頭撞入李顯的懷裡。

李顯大怒，「把我媽的這兩個男朋友砍了，連我老媽你們都敢上。這不是那什麼我媽嗎……不帶這麼罵人的！」

正所謂「藍顏薄命」，帥到了不能再帥的張氏兄弟，就此一命歸西。

地下抵抗組織的軍隊繼續大踏步向前，來到武則天的寢室門外。老太太被巨大的腳步聲驚醒了，問道：「外邊幹啥的，弄這麼大動靜？」

門外的人齊聲吼道：「陛下萬睡萬睡萬萬睡，臣等恭請陛下立即辦理離休手續。」

離休……武則天一聽就火了，「丟你們老母，誰聽說過皇帝離休的？老娘不離休，打死也不離！」

「敢不離休？」門外衆人大怒，「老太太妳敢不離休，那就別怪我們……」

「別怪你們怎麼著？」武則天怒道。

「別怪我們給妳跪下了！」

就聽轟的一聲巨響，門外的人，齊刷刷跪在地上，畢竟是皇權時代養成的臣服天性，雖然地下抵抗組織擁護李顯，可就算宰了他們，也不敢對現任皇帝動粗，只能跪下哀求。

哀求也不理你。武則天老太太幸福地翻了個身，又呼呼睡著。從深夜到天明，武則天安詳臥睡，眾人卻直挺挺地跪在門外，沒人敢動一下，甚至連大聲喘氣也不敢，就這麼硬撐著。

等到天明，武則天老太太從床上坐起來，喊道：「來人啊，侍候朕梳頭穿衣！」

門外的人齊聲吼道：「陛下妳離休，辦理了離休手續，馬上給妳梳頭穿衣。」

「我靠！」武則天氣壞了，「不帶這麼玩的吧？哼！不給朕穿衣服，朕就繼續躺在被窩裡睡！」又睡了一會兒，老太太往門外叫道：「來人，給朕端一碗珍珠翡翠白玉湯漱口……」

門外的人齊聲吼道：「陛下妳離休，辦理了離休手續，就給妳珍珠翡翠白玉湯喝。」

武則天急了，「丟你娘，快拿夜壺來，朕要親自撒一泡龍尿……」

眾人齊聲吼道：「陛下妳離休，辦理了離休手續，就給妳夜壺撒尿。」

武則天眞的傻眼了，「快點拿尿壺，朕憋不住了，要撒在被窩裡了！」

眾人齊聲吼道：「陛下妳離休，辦理了離休手續，就可以撒到被窩外邊了。」

直到這時，武則天才明白過來，門外那夥人，入宮之前就已經操練過無數次了，早就商量好每一個步驟，才會搞到這麼齊整。

知道門外的人硬是不敢碰自己一根手指頭，武則天咬牙頂住，心說，反正我躺著，你們跪著，看咱們誰熬得過誰！可還沒熬到中午，武則天再次發現自己中計了……憋尿憋得眼看要神經錯亂，可門外那夥人，娘的，他們每個人都是兩腿間一片濕，原來他們拿這皇宮當茅廁，就地解決了。

萬般無奈之下，武則天大叫道：「快拿尿壺來，我離休，離休還不行嗎？」

就這樣，武則天最終還是被迫辦理離休手續，隨即被送往上陽宮，耳朵聽見遠處傳來排山倒海般的三呼萬歲之聲，老太太無限鬱悶，「爲什麼我眼含淚水，是因爲我對這片能夠當皇帝的土地愛得深沉……」

囈語聲中，武則天永遠閉上了她的眼睛。

死因：鬱悶。

第五章

中宗和睿宗：扁平化人生

睿宗時代，仍然處於武李兩家的資源整合之中，內容殘酷血腥，你死我活。

這場整合，就發生在做姑姑的太平公主，和做侄子的李隆基之間。

1 尋找人性中的至善

要在歷史中尋找的，是萬古不移的人性光點，是要尋找人性的至真至善，哪怕這種善傷害到當事人的本身，唯有這種善，才是讓中國人走出數千年皇權迷霧的唯一途徑。

武則天離休並死掉之後，朝廷重要領導層召開思想理論工作會議，主要是研究武則天的法統問題——也就是要找到一個說法，能夠將新皇帝中宗李顯，與武則天之前的高宗李治連接起來。

再把話說得更透，就是要弄清楚，武則天在當中建立起來的大周帝國，這玩意兒究竟算不算篡權奪位？

理論上應該是篡權的，明明武則天是奪了李家的皇權嘛，還有什麼疑問？可問題是，如果武則天是篡權，那麼現任皇帝，中宗李顯可是武則天肚皮生出來的兒子，也應該是叛臣家屬，理應打倒在地，再踏上一萬隻腳，讓這廝永世不得翻身，可現在他已經做了皇帝啊，這一萬隻腳可不能亂踩！

如果承認了中宗李顯的政權合法性，就得承認武則天。

所以說，歷史上的人或事，其評價有時並不單看當事人的所作所爲，還要看後面的歷史事件推進。可能你自己覺得兢兢業業、勤政爲民，對得起天下勞苦大衆，可這也沒有用，隨著政治格局扭轉，做再多的好人好事也沒用，一旦被形勢推到人民群衆的對立面，就是亂臣賊子。

形勢比人強，不僅現實如此，歷史也同樣如此。

所以我們讀史時，萬萬不能被歷史學家忽悠，歷史學家肯定皇權的存在價值，這也就導致他們對歷史人物評判的缺失。史書上十惡不赦之徒，有可能是賢良正直的君子，而歷史上的名臣宿將，卻有可能才是眞正的卑鄙小人。

我們讀書的時候，一定不能被現有的結論忽悠，一定要拋開壓根就不存在的史學標準：歷史貢獻。因爲中國歷史始終是個循環，政治文明三千年來未曾有過絲毫進步，倒是退步的時候超多，三百多位有名有姓的帝王，爲中國人的歷史貢獻加到一起，也沒有大過零。所以歷史貢獻這個標準，純屬史家杜撰，與眞正的歷史無關。

既然不能夠以「歷史貢獻」來評判人物，那麼應該選擇哪一個標準呢？很簡單，橫豎大家都沒什麼歷史貢獻，既然要讀史，就只能從每個歷史人物的具體表現來看。

一個聲名狼藉的歷史人物，之所以落得個萬世罵名，多半是他的人性表現與皇權苛毒形成衝突；而一個傳名千古的人，很可能他只不過是強化皇權，更加肆虐地荼毒百姓而已。所以要看一個人，就得看他在歷史上的具體表現，如果他善良、眞誠，無論表現是如何讓史家瞧不順眼，也是一個值得我們效法的好人。

反之，如果一個人殘酷而邪惡，無論史家多麼高調地讚美他強化皇權，謳歌他荼毒百姓的豐功偉業，我們也不要上當。

我們要在歷史中尋找的，是萬古不移的人性光點，是要尋找人性的至眞至善，哪怕是這種善不見容於苛酷的皇權，哪怕這種善傷害到當事人的本身，唯有這種善，才是讓中國人走出數千年皇權迷霧的唯一途徑。

上述這番評論，說的便是大唐帝國的第五任皇帝，中宗李顯。

如此說來，李顯他是一個善人了？

他到底是善人還是惡人，還是讓我們來看看再說話吧。

2 中宗李顯的個人簡歷

看了這份簡歷，總覺得有些地方不大對頭，什麼地方不對頭呢……對了！這份簡歷有嚴重的歷史問題，這其實不是中宗李顯的個人簡歷，而是李顯的老婆，韋氏的個人簡歷。

事實上，中宗李顯絕不能說是一個善良的人，他最多不過是一個糊塗蟲，只不過，這個糊塗蟲，在對家人的關懷之上，有著異乎尋常的堅忍與執著，也正是這種堅忍與執著，才導致他一生悲慘的命運。

我們先來看看大唐第五任皇帝中宗李顯個人檔案：

- 姓名：李顯
- 曾用名：李哲
- 出生：顯慶元年十一月初五，西元六五六年

・籍貫：陝西長安
・生肖：龍
・卒年：景龍四年，西元七一〇年，享年五十五歲
・死因：被老婆、女兒毒死
・特長：討老婆歡心
・社會關係：
父親：高宗李治
母親：武則天
妻子：趙氏、韋氏
兒子四個，女兒八名。

零歲：出生。同父異母的哥哥李忠於同年被立爲太子。
二歲：李忠被廢，大哥李弘立爲太子。
十九歲：大哥李弘廢死，二哥李賢出任皇太子。
二十四歲：迎娶名門之後韋氏爲妻。
二十五歲：二哥李賢廢死，出任皇太子。
二十六歲：生子李重潤，高宗李治喜，立爲皇太孫。

二十七歲：父親李治死，登基爲帝，是爲中宗。

二十八歲：想提拔老岳父，並提拔乳母的兒子爲高官，遭群臣阻擋，怒，說了句「老子要把天下給他們，你他媽的管得著嗎……」話音未落，老媽武則天已率群臣出場，廢之，改立弟弟李旦爲帝，是爲睿宗。

同年，流放房州，五天後又改流放均州，途中韋氏生下一女，李哲脫下衣服裹住孩子，起名叫裹兒，即是安樂公主。此後十五年，李哲生活於恐懼之中，只有韋氏與他不離不棄，始終安慰著他，他感動地說：「倘若日後我當了皇帝，一定讓妳爲所欲爲。」

四十三歲：武媚娘向房州發出詔書，聲稱廬陵王有病，需要去洛陽治療，從此李哲改名爲李顯，再次立爲太子。

四十四歲：武媚娘做媒，將李顯的女兒永泰公主，嫁給武則天的侄子武延基，成爲魏王武承嗣的兒媳婦。李顯的幼女安樂公主則嫁給武則天的侄孫武崇訓，成了梁王武三思的兒媳婦。武李兩家從此結成牢不可破的姻親關係。

四十五歲：兒子李重潤、女兒永泰公主及女婿武延基因爲背後嘀咕老奶奶武則天的情人張易之，被張易之告發，三人俱死。

五十歲：「神龍政變」發生，在大臣擁戴下，斬玄武門而入，強迫武則天離休，復位稱帝。

同年，武三思推薦情人上官婉兒與韋皇后，兩女生交流摳男仔心得體會，上官婉兒力薦武三思，於是韋后與武三思私通。李顯聞之喜，曰：「老婆都已經五十歲的老婦女了，居然還有男人喜歡她，有魅力啊，我衷心地替她開心。」

五十一歲：中宗李顯履行諾言，將國家政權交給韋皇后。韋皇后轉贈給情人武三思，於是武三思以酷刑盡殺先前扶李顯登基之諸臣，李顯不問。

武三思並於此年發出名言，「我不知道什麼叫善人，什麼叫惡人，總之一句話，我喜歡的就是善人，我不喜歡的，就是惡人。」

同年，李顯立衛王李重俊為皇太子，小女兒安樂公主反對，要求立自己為皇太女，李顯笑之。

五十二歲：安樂公主及丈夫武崇訓，戲弄皇太子李重俊，喚其為奴，命捧尿罐。李重俊不堪其辱，起兵，斬武崇訓並其父武三思，統兵殺入禁中。上官婉兒登高一呼，號召不明真相的群眾反戈一擊，打掉以皇太子為首的反皇后情人集團，群眾熱烈響應，太子孤身而逃，被殺。父親李顯命將其頭顱祭祀武三思全家。

五十三歲：安樂公主改嫁右衛將軍武延秀，與韋皇后的妹妹郕國夫人及昭容上官婉兒，三女共同把持朝政，史稱江湖三女俠。

五十四歲：安樂公主盡捕百姓子女為奴婢。是年關中大饑，米每斗百錢。

五十五歲：許州司馬燕欽融上書，指控「皇后淫亂，禍國殃民，安樂公主欲圖謀逆」。中宗李顯讀後一聲不吭，當燕欽融退朝之時，一群錦衣武士蜂擁衝出，將其活活摔死。

同一年，安樂公主提出偉大的改革設想，毒殺親爹，請母親韋皇后出任帝國女皇，立自己爲皇太女，爾後自己登基爲女皇。計劃決定，立即執行，以毒餅進父親李顯。李顯食之，大叫肚子疼而卒。

李顯死後，韋皇后立少帝李重茂爲帝，禁止其參與國政，並命人發佈輿論「李氏當滅，韋氏當興」，意欲一統江湖，唯我獨尊。

看了這份簡歷，總覺得有些地方不大對頭，什麼地方不對頭呢……對了！這份簡歷有嚴重的歷史問題，這其實不是中宗李顯的個人簡歷，而是李顯的老婆，韋氏的個人簡歷。

女人鬧得太歡騰，反而遮住男人的身影。

可這位姓韋的女人又是何種來頭？爲何囂鬧不休，以至於弄得大男人李顯都不引人注意了？

3 女人比動物更兇猛

武則天對自己的兒子，卻是比死仇大敵更加兇猛——大兒子被她毒死，二兒子貶為庶人後勒令自殺，而三兒子李顯則被這系列慘事嚇得幾乎精神分裂。

李顯這個男人，終其一生都籠罩在女人陰影當中，至少有五個女人，相繼主宰了他可憐的一生。

影響李顯人生命運的第一個女人，理所當然，是生下他的女皇武則天。

從李顯的角度再提女皇武則天，我們有充足的理由斷定，武則天在她的少女時代，和她的幾個哥哥之間，肯定有著不同尋常的曖昧關係。

我們曾在前面提到，武則天一共有五個哥哥，同父異母的有兩人，武元慶和武元爽。武則天得志後，立即以迅雷不及掩耳之勢，將武元慶流放房州，不久武元慶於驚駭中死去。此後不久，武則天陸續將她的另外幾個哥哥全部搞死，再向著皇權大踏步挺進。

同父異母的哥哥武元慶被嚇死之後，武則天卻將武元慶的兒子武三思接到身邊，讓他出任國家重要領導人的職位，出任夏官尙書，加封梁王，轉春官尙書，監修國史——現在看到的唐史，有許多資料都由武三思嚴格把關修改。此後，武三思官拜鳳閣鸞台三品、檢校內史，出任太子賓客……總而言之，武三思同志始終在輿論思想陣線上，爲大唐人民指明前進方向。

再後來，武三思向皇位發起最後衝刺，他擺事實、講道理，力證自己應該出任太子職務的科學道理，還眞讓武則天動了心，去找名臣狄仁傑商量，「老狄呀，你看咱們把立武三思爲接班人寫入法律，如何？」

當時狄仁傑冷笑著回答：「陛下，妳發神經啊？誰見過侄子會將自己的姑姑立在太廟中，爲死後的妳祭祀？」

狄仁傑這一打岔，徹底斷絕武三思的皇帝之夢，但這件事同時也說明，武則天對侄子武三思非常寵愛，寵愛到願意將無限江山送給這個侄子當玩具的程度。

另一方面，武則天對自己的兒子，卻是比死仇大敵更加兇猛，大兒子被她毒死，二兒子貶爲庶人後勒令自殺，三兒子李顯則被這系列慘事嚇得幾乎精神分裂。

實際上，李顯的人格因爲母親的暴力高壓而崩潰，他至死也未能再形成一個像模像樣的人格，說到底，也跟武則天那違反常理的感情表現有著莫大關係。

人際關係構成人類社會關係的規律，這種常態規律一旦被違反，必然有著不爲人知的內情。

單以武則天來說，她在對待幾個哥哥的表現上，帶有強烈的爭寵色彩。比如說，她曾把大嫂善氏擄入宮中，荊條抽脊背而見骨，導致那女人慘死。在武元慶這裡，她表現的是恨死了這個哥哥，卻對他的兒子寵愛有加，由此我們得出結論，武則天這個女人，雖然一生男朋友空前絕後地多，但心裡的真愛實際上還是她的哥哥們。

總而言之，在武則天十三歲那一年裡，不管到底發生什麼，所發生的事件，明顯導致武則天在她十四歲人格形成期出現嚴重障礙，從此，這個女人再也不會愛，愛也是瞎愛一氣，愛不明白。

從武則天對待兒子們的態度上，我們也可以判定，武則天對丈夫李治並沒有絲毫感情，兩人上床速度太快，情境又過於特殊。他們實際上是趁李世民病重之時，就在與李世民的病榻一牆之隔的地方大肆偷情，在這一天，他們甚至有可能還不知道對方姓啥名啥，帶有強烈的惡作劇色彩。

武則天不過是在遊戲人生，卻在這個過程中收穫了她一生最值錢的獵物，皇帝本人。她卻不愛李治，如果愛的話，同樣也會愛她為李治生下來的兒子才是，對一個陷入愛情中的女人來說，能夠為自己的心上人生育孩子，是相當幸福的事。但武則天感受到的不是幸福，而是厭惡與仇恨，想來應該是把對李治的憎恨轉移到這群倒楣孩子身上。

一個愛著自己丈夫的女人，會下毒手殺死自己與丈夫的愛情結晶？這完全不可能。

武則天對李治的仇恨，或許是源於對於男人本身的仇恨，又或者是痛恨這個男人並非所愛。一旦女人被迫割捨愛情，嫁給自己不愛的男人時，心裡自然而然會對丈夫產生強烈的仇恨與殺意。

但是她不能殺李治，因爲她的地位依賴於李治，但仇恨總是需要宣洩，結果就是在李治還活著的時候，她親手殺死大兒子，又在將二兒子貶爲庶人之後，逼其自殺。

武則天痛恨她爲李治生下來的兒子們，同樣也痛恨同父異母的哥哥武元慶，卻偏偏對武元慶的兒子寵愛有加。這結果，以及由這個結果而產生的後果，都將如雷霆風暴一般，落在三兒子李顯的身上。

就在驚懼與絕望之中，李顯身邊的一個女人，又將死亡的黑色烈焰引向了他。

4

家裡輩分有點亂

雖然趙氏輩分比李顯大，但撇開了討厭的輩分不談，少年男女於情事方面，還是有共同語言，從當時情況來看，趙氏也蠻喜歡這樁婚事的。

影響中宗李顯一生命運的第二個女人，細究起來輩分有點亂。

這個女人姓趙，沒有名字，史書上只稱之為「趙氏」，乃左衛大將軍趙環的女兒。

那這個左衛大將軍趙環，又是何許人也？

他是大唐高祖李淵的女婿，唐太宗李世民的妹夫，大唐帝國的駙馬爺，娶的是李淵的女兒常樂公主。

按這個輩分推起來，高祖李淵是李世民的爹，是高宗李治的爺爺，所以必然是中宗李顯的曾爺爺。

再繼續推算下去，李世民是李顯的爺爺，而左衛大將軍趙環是李世民的妹夫，所以他也是李顯的爺爺輩，常樂公主則是李顯的奶奶輩。

結論：爺爺奶奶輩的趙環和常樂公主，生下來的女兒，便應該是中宗李顯的姑姑，比李顯恰好大上一輩。

然而，這個最終的結論卻是錯誤的，事實證明，趙環和常樂公主生的女兒趙氏，不是李顯的姑姑。

那麼趙氏是李顯的什麼人？

她是李顯的老婆！

不對呀，按輩分推算，趙氏明明是李顯的姑姑……沒錯，按血緣上的輩分來說，趙氏確實是李顯的姑姑，但她輩分雖然大，年齡卻小，侄子李顯硬是年長她四歲。所以到她十八歲那一年，也不知是哪個壞心眼的傢伙做主，硬是將十八歲的姑姑，許配給二十二歲的侄子。

歷史就是這麼鬧心。西元六七七年，李顯封英王，姑姑趙氏做爲成年禮物被送到了李顯的床上，封英王妃。

英王妃就英王妃，雖然趙氏輩分比李顯大，但撇開了討厭的輩分不談，少年男女於情事方面，還是有共同語言。

從當時情況來看，趙氏也蠻喜歡這樁婚事的，她撒嬌時，角色是小妻子，不高興時，角色是小姑姑，要好好地管教管教侄子……總之，很爽。

小夫妻兩人就這樣蜜裡調油、你恩我愛，幸福地過了三年。

這一天兩人在房間裡正在打情罵俏，其樂融融，突然房門被人推開，武則天走了進來，「三寶啊，告訴你一個天大的好消息，我跟你爹商量過了，決定立你為太子。」

「立我為太子？」李顯霎時心中一片狂喜，但隨即清醒過來，立即連連擺手，「不可，不可，萬萬不可，我何德何能啊，如何敢覬覦太子之位？請母親妳另選賢明吧。」

武則天問：「眞的嗎？」

李顯道：「……眞……的……」

武則天：「別你娘的裝蒜了，我還不知道你心裡那點小九九？快點把鼻涕抹乾淨，出來接受冊封吧！」

李顯歡天喜地，飛奔出去接受太子的冊封。

妻子趙氏也是興奮莫名，緊追了出去，問道：「老公，你從英王晉升到了太子，那人家的英王妃，也該晉升為太子妃了吧？」

「不可以！」武則天在一邊道：「他是太子不假，但妳沒資格晉級為太子妃。」

「為啥？」趙氏吃驚地問道。

「為啥？妳自己說呢？」武則天怒氣沖沖地道：「妳要是不缺心眼，就應該知道，妳是妳老公的姑姑，姑姑嫁給侄子，這事要是讓老百姓知道，豈不是搞亂人們思想？破壞了安定團結的大好局面？」

趙氏聽得直鼓眼珠，有心問一句，婆婆啊，我分明記得妳是我表哥的二奶，現在居然弄成我的婆婆，這他媽的到底是誰在搞亂人民思想？

可就算借趙氏一百個膽，這話她也不敢問出口，只能低聲問道：「如果我沒資格晉級為太子妃的話，那太子妃的職位豈不是空缺了？」

「怎麼會？」武則天笑道：「我們早已選出合適人選，有請新任太子妃閃亮出場！」

就見一個婀娜多姿、姿容絕美的美少女出現在趙氏面前。

眼見這女孩子不只貌美，而且年輕，趙氏的臉色頓時一片慘白。

太子妃韋氏終於走入歷史，雖說來得有點彆扭，可終於還是來了。

5 神秘的黑魔法

歷史上也有許多人探究過，結果發現韋氏這個女人端的厲害，從四川巫師處習得厲害的黑魔法，還從民間找來一個女術士阿來……

在影響李顯人生命運的第三個女人出場前，我們先來琢磨一下，武則天爲什麼非要取消趙氏升爲太子妃的資格？

瞎猜一下，應該還是輩分稱呼上的麻煩，先來看一看，最早，趙氏是李世民的外甥女兒，也就是武則天的外甥女兒，但隨著武則天位置下移，和李治結爲夫妻，趙氏便晉級爲武則天的小姑，此升彼落，估計當時武則天的心情一定非常上火。

所以武則天一定要把趙氏的輩分打下去，以便恢復心理平衡，於是將外甥女兒兼任小姑子嫁給自己的兒子，趙氏的輩分水降船低，在武則天面前得叫一聲婆婆，這應該讓武則天心理稍感欣慰。

然而，要命的是，這個兒媳婦，仍然是自己的外甥女兒兼小姑。替武則天想想吧，當夜深人靜想理清這血緣關係時，多半會有種要發瘋的強烈衝動。太亂了，這樣下去太亂了，萬一等趙氏再和兒子李顯生出個兒子，就更他娘的「熱鬧」了。

屆時，這個新出生的孩子，將是武則天的孫子，兼任武則天的外孫，同時又是武則天的玄孫……這他娘都什麼事啊？

所以武則天想，皇族血統輩分的混亂程度，已經到了非理不可的時候。

要清理輩分關係，首先就必須取消趙氏出任皇太子妃的資格，還得再找個女生來，讓她來當這個太子妃。

找哪個女生呢？

這個女生必須要是名門世家出身，還必須和皇家血統隔著遠遠的距離。於是武則天派人四下打聽，說四川普州有個小參軍叫韋玄貞，家裡生了個女兒，和皇家血統絲毫不搭邊，女兒也十分聰明美貌。

OK，那就是韋氏了！

西元六八〇年，十八歲的韋氏來到皇宮，她的到來，一如武則天所願，徹底拆解李顯與姑姑妻子趙氏的恩愛關係。從史書上記載上來看，當時李顯想也未想便立即扛起鋪蓋，進了韋氏的房。

兩年後，韋氏替李顯生下大胖小子，起名李重俊。記住這個名字，這個倒楣孩子，上世鐵定造了什麼孽，之後李武皇家輩分錯亂帶來的一切後果，均由這倒楣蛋承擔。

李重俊的出世，客觀上強化太子妃韋氏的重要位置。實際上可憐的趙氏現在已經被廢黜，每天孤零零一個人待在清冷的房間裡，看著遠處李顯急步飛奔衝入韋氏房間，然後兩個人關上門，盡享兩人空間的快樂生活。

趙氏垂淚韋氏狂，說話算數武大娘，總之一切結局都已經註定了。

又隔了一年，也就是西元六八三年，那一天李顯正和韋氏躺在被窩裡膩膩歪歪，忽然武則天推門進來，「三寶啊，告訴你一個天大的好消息，你親爹李治死翹翹了耶！」

「我爹死了？」當時李顯喜出望外，我靠，自己不就是該當皇上了嗎……忽然醒過神來，急忙捶胸頓足，大放嚎啕，「親爹啊，你怎麼說死就死了呢？你不能死啊！兒子捨不得你死啊，你不要死啊，快點活過來吧……」

哭罷，李顯指淨臉頰上的淚水，興高采烈地登基稱帝。

「終於當上皇帝，咱們現在幹點啥呢？」李顯和韋氏商量。

韋氏很生氣，「幹啥還用問嗎？當然是馬上提拔咱爹當大官啊！」

「咱爹……」李顯很是困惑，「咱爹不是死了嗎？」

「死你娘個頭，你爹死了，我爹可沒死！」韋氏失望地哭了起來，「我還以為你有多麼愛我，沒想到你連我爹都不放在眼裡，你不愛我……」

「好好好，愛妳愛妳愛妳……」李顯沒口子地應著：「傳旨，任命我老丈人，普州參軍韋玄貞為豫州刺史。」

中書令裴炎負責撰寫聖旨，卻不肯動筆，問道：「陛下，你覺得這麼個搞法合適嗎？那韋玄貞不過是個普州參軍，這官職也就是個副科級，你一下子將他提拔到省級幹部的工作崗位上來，人民會怎麼看？」

「看你個頭！馬上擬旨。」李顯火了，「你娘的，你不擬旨，老子晚上回宮，還不得讓老婆活活打死？」

原來李顯有乃父之風，都是怕老婆協會的主要成員。

李顯怕老婆的原因，歷史上也有許多人探究過，結果發現韋氏這個女人端的厲害，從四川巫師處習得厲害的黑魔法，還從民間找來一個女術士阿來，兩人在月圓之夜，於荒野中赤身裸體，弄些奇奇怪怪的東西放在鍋裡熬啊熬，熬啊熬，最後熬出一鍋散發濃烈腥臭的怪湯，再按倒李顯強灌下去。

喝了迷糊湯的李顯，從此對韋氏怕得不得了。

後來到了玄宗李隆基時代，皇宮中經常出現禍祟，有時候一個無頭女鬼飄過，有時候是一個老太婆的腦袋在宮裡到處亂飛，攪得皇宮徹夜不寧。

李隆基下令挖掘地面，結果出現許多奇特的怪匣子，裡邊裝著被藥水浸泡過縮小的老太太頭骨、染著鮮血的女人衣服，還有顏色青碧，一旦飛起來就會令女生意亂情迷，讓男人倩慾勃發的蠱蟲。

總之，韋氏這個女生魔法驚人，萬萬不可招惹……可她已經成爲李顯的老婆，並成功利用黑魔法主宰李顯。

於是李顯和中書令裴炎大吵大鬧，大吼大叫，強迫裴炎擬旨，將岳父韋玄貞提拔爲豫州刺史，然後回宮向韋氏匯報。

不想韋氏一聽就火大了，「有沒有搞錯，你這個缺心眼的呆子，那可是咱爹啊！你居然就只提拔做一個小小的刺史，這讓老百姓們知道了，還不全都笑掉大牙？你給我馬上擬旨，我爹至少也要進政治局常委，做個侍中完全夠格！」

李顯急忙再傳裴炎進來，「擬旨，讓咱爹立即進入政治局，出任侍中。」

裴炎聽了搖頭，「陛下，你不是缺心眼吧？政治局是那麼好進的嗎？陛下，你休息吧，我回去先……」

李顯喊道：「你給老子回來，馬上擬旨。」

裴炎道：「陛下，這旨眞的不能擬，韋玄貞他不夠資格啊！」

李顯急了，「我靠！裴炎你明白不明白，韋玄貞是我爹，我是皇上，我爹進政治局做個常委有啥不對的？別說做一個小小的侍中，老子就算是把天下江山全都給了他，你也管不著！」

裴炎道：「原來是這樣啊，那陛下這旨我擬，不過，我得去趟洗手間先……」

史書上說，中書令裴炎轉身衝出，向著武則天的寢宮狂奔而去，「太后，我靠！太后不得了了，陛下非逼著我擬旨，還說要將天下江山轉讓給韋玄貞啊！」

武則天聽得連連搖頭，「你看這孩子，把李家的缺心眼全都遺傳過來了。來人啊，與我殺奔前殿，廢了那個小王八蛋！」於是率領一班文臣武將，浩浩蕩蕩地衝進李顯寢室，罵道：「小兔崽子，你有什麼資格將天下江山送給韋玄貞？這天下江山是你的嗎？天下江山是……這事不能說得太細，總之，你現在立即捲鋪蓋走人，你下崗了！下課了！下台了！下野了……」

可憐的帝國第四任皇帝李顯，在龍椅上趴伏還不到一個月時間，就因爲誤中黑魔法，稀裡糊塗地被廢去帝位。

李顯的弟弟，武則天的第四個兒子李旦繼而出任帝國皇帝，但這個皇帝被嚴禁打理國家政事，並非武則天想要奪權，她只是信不過這些沾染李氏血統的兒子們。

當然，她後來還是奪了權，但那是因爲，她實在找不到可以相信的人。

6 兄弟是用來賣的

李貞的呼聲卻猶如沒入一個黑洞之中，諸李的其他兄弟們，什麼韓王李元嘉父子，什麼魯王李靈夔，這時候卻全都沒事人一樣躲在一邊，居然沒有一家出來動手。

話說李顯被解除皇帝職務，貶爲廬陵王，本已經晉級爲皇后的韋氏，也直線降職爲王妃。

武則天吩咐道：「你們兩個，馬上扛起臥鋪捲，下放到嶺南去勞動，與人民群衆同吃同住。」

韋氏央請道：「婆婆，我的肚皮鼓鼓，懷上小寶寶了……」

武則天大喜，「懷孕了好，正好出門散散步，活動活動！」

於是，李顯的前妻趙氏留在京城，他和大肚皮的韋氏，兩個人扛著鋪蓋上路，一路餐風宿露、風雨兼程，三個月後，才終於遙望到嶺南的美麗風光。

兩個人正心情激動之際，突聽後面蹄聲驚天，就見一大群使者策馬狂奔而來，「停，盧陵王接旨，現你們夫婦二人調離嶺南，改赴湖北的均州去勞動。」

暈，還得繼續趕路，李顯和韋氏兩人，此時累得連哭都哭不出淚水，只好調轉方向，繼續長途跋涉。走啊走，走啊走，漫長的旅途一日日過去，終於有一天，看到遠方均州那高聳的城牆。李顯正和韋氏激動得熱烈相擁，這時候又聽後面馬蹄聲震天，一大群使者彷彿從地下鑽出來般，又大喊道：「盧陵王接旨，現你們夫婦二人調離均州，改赴房州上任，不得停留，馬上出發。」

李顯和韋氏一聽，登時抱頭大哭。明擺著，這是武則天老太太在玩兒子兒媳婦，故意派了一大票使者跟在後面，一旦李顯夫婦即將抵達目的，就立即宣旨讓他們改變方向。武則天憎惡兒子，最渴望的消息，就是兒子李顯在赴任途中，被哪個不長眼睛的強盜一刀砍了……可和諧盛世，強盜硬是沒有，李顯和韋氏只能繼續淌著淚水趕路。

走啊走，走啊走，就聽「嗷嗷嗷，哇哇哇」的慘叫之聲，於荒野中突兀傳來。李顯驚回頭，發現韋氏正橫臥於血泊之中，兩腿之間竟躺著一個剛剛出生的嬰兒。

這荒山野嶺的，前不著村，後不著店，上哪去找接生的大夫呢？沒奈何，李顯只好硬著頭皮親自上陣，替老婆接生。史書上說，他用衣服將這個生於荒郊的孩子裹住，並起名爲「裹兒」。

裹兒，影響李顯一生命運的第四個女人，終於匆匆趕來了，這孩子就是未來的安樂公主。都說女兒是父親前世的情人，但裹兒這丫頭卻是李顯前世的冤孽，她將和老媽團結在一起，齊心協力地搞死老爹，還順道搞死自己。

總之，應該是韋氏惡搞黑魔法的緣故，導致裹兒的智商滑入一個黑洞，這孩子打小在最艱苦的環境中長大，卻深陷剝削階級的享樂主義泥坑，只要一抬腿，就直奔邪路上走，沒人攔得住她。

此後，李顯一家三口，就居於房州。

由此可見，武則天存心讓夫婦二人在路上東奔西走，往來奔波，目的就是想要搞死韋氏，可不想韋氏這女人的黑魔法超級強悍，硬著頭皮活了下來。或許偷偷埋在皇宮地下的蠱蟲發生作用的緣故，以後武則天的心思，被迫轉向其他方面。

其他方面是什麼方面？

史載，西元六八八年，應廣大人民群衆的一致要求，武則天加尊號，自稱「聖母神皇」，正式登基做了皇帝。李世民的所有兒子齊齊鬧將起來，要搞群體事件，要鬧事，要上訪，要造反，要求還皇權於李氏。

參與這起不和諧事件的，有豫州刺史李貞和兒子琅王李沖、韓王李元嘉父子、魯王李靈夔及兒子范陽王李藹、江都王李緒……等，總之清一色父子兵，而且還都是親兄弟，理論上來說，成功機率比較大些。

諸李父子開始招兵買馬，最先動手的是李貞父子倆，他們拼湊出七千五百名志願軍，再加上左衛大將軍趙環，以及唐高祖李淵的小女兒常樂公主。細想一想，這夫妻二人，與武則天是什麼關係？常樂公主便是武則天最初的小姑子，後來又成爲武則天的姑姑，再後來又因爲把女兒趙氏嫁給李顯，所以又降爲武則天的親家母。這場亂子，常樂公主是一定要參加的，因爲她也被自己和武則天的輩分關係搞到要瘋掉！

「殺啊！打倒陰謀篡權的武則天，自由屬於老李家！」七千五百名志願軍吶喊著向前衝去，然後停了下來。

前方，黑壓壓一望無際，至少有十萬人馬，正笑瞇瞇地等著他們。

「你十萬人馬算個卵啊？」李貞不屑地冷笑，揚手向空中扔出一枚煙花，「……李氏皇族的兄弟們，幹啦！」

可是，李貞的呼聲猶如沒入一個黑洞之中，諸李的其他兄弟們，什麼韓王李元嘉父子，什麼魯王李靈夔，什麼范陽王李藹，什麼江都王李緒，這時候卻全都沒事人一樣躲在一邊，沒有任何一家動手。

到了這步，李貞終於醒過神來。

自己被忽悠了。

敢情姓李的還眞沒一個好東西，說好了大家都是好兄弟，事情一起做，臨到動手時卻全都躲得不見人影，只琢磨著成功了可以分一杯羹，失敗了跟自己沒關，也不想一想，你居然出賣自己的親兄弟，武則天能放過你們嗎？

可這時候說啥都沒用了，李貞的軍事行動宣佈徹底失敗，李貞自殺，左衛將軍趙環自殺，常樂公主自殺，只有李貞的兒子說什麼也不肯自殺，一路逃到了四川，被身邊的警衛割去腦殼，送到朝廷上領賞。

常樂公主雖然自殺，但按法律還是要追究罪犯家屬責任，第一個追究的是生下她來的父親，唐高祖李淵，但李淵已死，這事就算了。第二個追究的是常樂公主的哥哥唐太宗李世民，李世民也死了，這事也算了。第三個追究的是常樂公主的侄子高宗李治，不過李治也死了，也算了。

第四個、第五個要被追究的，就是常樂公主的女兒和女婿。

她的女兒是趙氏，女婿則是武則天的三兒子李顯。

趙氏於宮中被殺，下一個，就是常樂公主的女婿李顯。

7 等待死亡的殘酷季節

身為被撤職的前皇帝李顯，心中忽然萌生出無限希望。倘有一日能夠再回去做皇帝……這種念頭蠢蠢欲動，越來越攫住李顯的心。

史書上記載，被流放至房州的李顯，獲知趙氏被殺後，知道母親武則天肯定不會放過自己，當即怒髮衝冠，弄了把切菜刀磨得雪亮，連睡覺都把菜刀放在枕邊，兩眼直勾勾地盯著大門口，一聽到馬蹄聲就大吼一聲，「休走，看刀！」揮舞著切菜刀疾跳而起，一刀迅速地往自己脖子上砍去！

眼看那雪亮的切菜刀就要砍入脖子上的大動脈，妻子韋氏急忙撲過去攔住，「你發什麼神經？怎麼自己砍自己？」

「妳白癡啊？」李顯哭道：「妳難道不知道我老媽對自己的兒子是多麼狠毒嗎？我若是落到她的手裡，肯定求生不能、求死不得，妳放開我，讓我少受點罪，死個痛快吧！」

韋氏安慰道：「別怕，你媽未必有你說的那麼狠。你看她殺你大哥，一杯毒酒就OVER了，再看她殺你二哥，也只不過是讓他自己抹脖子，現在你老媽要殺你，我琢磨著她再怎麼著也不會不給你一個痛快吧？」

「可這等死的日子，也太他娘的難熬了！」李顯放聲大哭起來。

事實上，李顯選擇是對的，等待死亡的滋味，眞是生不如死，不如用切菜刀抹了脖子，求個痛快。

自打李貞事件後，李顯每天都要鬧上幾次自殺，還有時候，大半夜突然嚎叫起來，把自己的腦殼哐哐哐地往牆壁上撞，想撞死自己求個解脫，嚇得女兒裹兒嚎啕大哭。

這時候最可憐的就是韋氏了，她既要淌著眼淚安慰嚇瘋掉的丈夫，又要哄哄嚇得半死的孩子。

理論上來說，如果一個人執意尋死，那是攔不住的，可攔不住也得攔，對韋氏而言，現在她和丈夫已經是一根線上的螞蚱，一旦李顯自殺成功，那她甭想多活半分鐘。再者說了，由於李顯已經嚇傻了，那強大的死亡壓力，將他的人格輾得稀爛，事實上，這個男人已經喪失了最基本的思維能力，忘記了他們夫妻之所以落到今天這一步，起因正是要替韋氏的親爹弄個高官做做。所以韋氏嘴上雖然不說，心裡明白，只能是盡其可能地保住丈夫性命。

就這樣鬧騰了一段時間，諸李中又有人跳出來鬧事，轉移武則天的注意力，慢慢把李顯忘記了。此後李顯和韋氏就帶著小女兒裹兒，在房州過起平安的生活，這時，武則天年事已高，朝臣中呼喚歸政於李氏的呼聲，漸漸成了氣候，身為被撤職的前皇帝李顯，心中忽然萌生出無限希望。

倘有一日能夠再回去做皇帝……這種念頭蠢蠢欲動，越來越攫住李顯的心，終於有一天，他對在一邊織布掃地耕種挑水澆園的妻子韋氏說道：「我這條命，之所以存活到今天，都是拜妳所賜，倘若我還有出頭的一日，一定要重重回報妳！」

韋氏當場咂的一聲，丟下水桶，問道：「那你打算怎麼感謝我？」

李顯道：「反正是妳想幹啥就幹啥，讓妳為所欲為就是了。」

韋氏走過來，「拉勾，說話不算數就是王八蛋！」

於是李顯鄭重與妻子拉勾，從此許下諾言。

拉完勾，李顯就上床睡覺了，睡到大半夜，忽聽外邊有馬蹄聲疾奔而來，「聖旨下，傳廬陵王夫婦立即起程，不得有誤。」

立即啟程？去哪裡？

來人不說，李顯夫婦也不敢問，青灰著臉抱上裹兒，上車後閉著眼睛軲轆轆趕路。

也不知走了多少日子，忽見京師城堞在望，李顯和韋氏的臉上，霎時間淚水潸潸。

夫婦二人抱著孩子進皇宮，見到了武則天，不敢撲過去抱老媽的腳哭，只跪下來拼命磕頭。武則天拿手一指儲藏室，「給我鑽進去，沒有我的吩咐，不許出聲，出聲就宰了你一家三口。」

李顯和韋氏帶著裏兒鑽進蛛網密佈的儲藏室，大氣也不敢喘地在裡邊待著，不一會兒，就聽呼哧呼哧的腳步聲響起，一個聲音道：「這麼晚了，老太太妳還沒睡？找我狄仁傑來有啥事啊？」

原來是梁國公狄仁傑來了！

就聽武則天道：「老狄呀，是這麼回事，你看我老太太牙齒都掉光了，這個破國家也應該安排個接班人了，我琢磨著，我侄子武三思不錯，你看如何？」

就聽狄仁傑笑道：「老太太，妳不是缺心眼吧？妳讓侄子接班，他會在太廟裡擺上妳的牌位祭祀嗎？不信妳瞧著，等妳伸腿升天，武三思鐵定將妳的牌位從太廟裡扔出去，讓妳成爲孤魂野鬼，沒得吃也沒得喝。」

當時李顯的眼淚嘩嘩直流，這世上，還是明白人多啊！

此事過後，狄仁傑告老還鄉，不久死之，他安排在朝中的擁李派也突然發難，不由分說地簇擁李顯，強逼著武則天辦理離休手續。中宗李顯，再一次重新登上帝位。

這一次，可是玩眞的了。

只是，李顯已經被玩殘了，再也玩不動了。

8 不要干涉領導私生活

叛亂平息，皇后韋氏、安樂公主坐下來商量下一步的工作——打掉以李顯為首的反動集團！李顯？李顯不是皇帝嗎？不是她們的老公，父親嗎？

重登帝位，中宗李顯便開始履行對妻子韋氏的諾言。韋氏，也開始收回她的人生投資。

當這個過程開始時，我們就必須要探討一個生活的智慧。如果一個男人愛一個女人，那麼他有責任盡可能滿足女人的要求，這是男人的義務，李顯做到了這一點。但同樣的，如果一個女人愛一個男人，那麼她就有責任盡其可能地幫助男人，不提出超男人能力之外的要求，以免男人爲難，然而韋氏卻不肯做到這一點。

事實上，不只是韋氏不肯體諒丈夫，女兒裹兒，就是現在的安樂公主，也拒絕體諒父親。此外還跑來一個女人，上官婉兒。她是大唐帝國有名的女才子，在歷史上的名聲極佳，但到了中宗李顯時代，女才子上官婉兒突然大腦短路，跟韋氏、安樂公主一夥人攪和到了一起。成爲影響中宗李顯的第五個女人。

三個女人一台戲，韋氏現在想獲得武則天的地位，女兒安樂公主也希望如此，上官婉兒沒什麼政治野心，但她渴望美麗的愛情，也想弄幾個男生玩一玩。於是大唐帝國的政治活動進入一個操蛋階段：安樂公主替母親韋氏引薦武則天的侄子武三思，韋氏和上官婉兒分享，感覺味道好極了。爲了回報女兒，韋氏就將安樂公主嫁給武三思的兒子武崇訓。中宗李顯對此持無限包容的態度，史書上的記載極盡缺德，說是韋氏和武三思在床上玩牌，中宗李顯就蹲在地下替他們數籌碼。靠！這還叫男人嗎？

此後政出韋氏。

但這時候卻有一樁麻煩，當初張柬之率衆，強迫武則天離休，是爲了擁戴李顯登基，而不是爲了擁戴韋氏，他們哪曉得韋氏是哪棵蔥？

於是韋氏考慮打掉以張柬之爲首的反動集團。

怎麼個打法呢？

好辦！由武三思動筆，寫了篇《武三思和情婦皇后不得不說的故事》，然後韋氏拿著文章去找李顯，「老公，你看看這篇文章，這是張柬之他們寫的，他們怎麼可以粗暴干涉咱家的內政，干涉咱們的私生活？」

李顯問：「那妳的意思是？」

韋氏果斷地一揮手，「打掉這個反動陰謀集團！」

於是張柬之一夥老臣子立即被清除了。

安樂公主則爲她未來的皇太女地位掃平障礙，這個障礙就是父親李顯和前妻趙氏生下來的兒子李重俊。爲此，安樂公主專程向李顯提起此事，李顯倒是未置可否，可是左僕射魏元忠力諫不可。安樂公主火了，衝進來大叫：

「元忠，山東木強，烏足論國事？阿武子尚為天子，天子女有不可乎？」

把安樂公主的話翻譯成白話，就是說：「老魏啊，李重俊是個大傻瓜，對於國家政事，他曉得個鏟鏟？武則天那爛女人都能當皇帝，更何況我這個皇帝的親生女兒？」

魏元忠被安樂公主說得直翻白眼，無辭以對。接著安樂公主就和丈夫武崇訓去找李重俊，「傻子，過來端尿壺！」故意汙辱戲弄李重俊。

李重俊火大了，找來鐵哥們兒左羽林大將軍李多祚，帶上手下一票兄弟，忽一日發聲喊，不由分說，殺入武三思府中，先逮住武三思一通亂砍，又把安樂公主的丈夫武崇訓也一併剁成肉泥。

衆家兄弟吶喊著殺入宮來，一不作、二不休，索性連中宗李顯一塊殺掉，好讓李重俊登基做天子。危難之際，上官婉兒一聲嬌叱，「陛下，隨我來！」帶著李顯、韋氏還有安樂公主飛逃到玄武門之上。

李重俊、李多祚率衆殺來，正遇左羽林將軍劉景仁迎面攔住。就聽劉景仁大叫一聲，

「穩定，穩定，當前壓倒一切的是穩定，不穩定就沒有和諧，不和諧就不會穩定，所以大家要穩定，要和諧。現在請大家解散，先離開者有獎金，後離開者不扣工資，不肯離開的，一律視為不明眞相的群衆，予以嚴打！」

李重俊和李多祚所率的羽林軍，都是拿高工資高獎金，平日養尊處優，最是珍惜自己的政治生命，生怕牽扯進政治鬥爭之中，死得不明不白。如今聽到劉景仁一番喊話，就聽衆人轟的一聲，撇下太子李重俊和大將軍李多祚，自顧四散而逃，全都跑回家去。

李重俊和李多祚傻眼了，只好也各自跑路，可是天網恢恢、疏而不漏，兩人在跑路的途中，被警惕性極高的人民群衆扭送衙門，砍下腦袋瓜子，一代太子就此灰飛煙滅。

叛亂平息，皇后韋氏和安樂公主坐下來商量下一步的工作——打掉以李顯為首的反動集團！

李顯？李顯不是皇帝嗎？不是她們的老公、父親嗎？

正因為李顯是皇帝，所以才要打掉他，不打掉他，韋氏怎麼做女皇？安樂公主又怎麼做女皇？而且，正因為他是一個缺心眼的丈夫，一個憨厚的父親，所以才很容易被打掉，若是想打掉別人，不殺個血流成河豈會罷休？

9 啃光石磨的大叫驢

中宗李顯如此暴斃，導致李唐皇家權力再次出現真空，權力中心迅速下移，一直下移到長安城南，韋曲和杜曲之間的一個村子裡。

西元七〇一年，皇后韋氏和女兒安樂公主合謀，給中宗李顯端來毒餅，「老公／爹地，吃塊餅吧！吃了餅，你肚子就不餓了……」

李顯幸福地抓起餅，吭哧吭哧吃下肚，然後放聲慘叫，七孔流血，顫抖的手指著妻子和女兒，有話要說，然而已經沒有機會說出口了。

如果他能夠說出來的話，應該是底下這篇苦口婆心的內容。

「老婆女兒啊，我知道妳們缺心眼，可怎麼也沒想到妳們心眼缺到登峰造極的程度，妳們一心想著登基做女皇，卻也不想想，女皇是那麼容易當的嗎？我媽武則天之所以能夠做女皇，是因爲人家長時間依附在丈夫李治的皇權之下，天長日久後形成自己的強勢影響力。可現在別說妳們兩個缺心眼的蠢女人，就連我這個皇帝的影響力都不大足，妳們之所以呼風喚雨，打掉老臣張柬之，又害死太子李重俊，不是妳們本事大，只是因爲我這個皇帝還在，對國政和權力有著一定程度的影響。妳們的威風來自我的權力，現在竟然想把我害死，都不想一想，我就是權力啊，我他娘的死了，妳們哪來的權力？」

可現在說什麼都沒用了，韋氏只懂黑魔法，不曉得啥叫權力，反正看自己威風八面，就認爲自己有了權力。

而安樂公主是個傻丫頭，這世上越是愚昧之人，就越是被自己的愚蠢綁住，安樂公主自己智商超低，所以才會堅定不移地認爲別人都是大蠢蛋。

這兩母女二人聯起手來，立了個小皇帝李重茂，就興高采烈地準備登基做女王了！

幾個女人湊在一起嘰嘰喳喳，全然不知道她們幹的事多麼可怕，中宗李顯如此暴斃，導致李唐皇家權力再次出現眞空，權力這東西，豈是女人能夠塡補得了的？此時權力中心迅速下移，一直下移到長安城南，韋曲和杜曲之間的一個村子裡。

村子裡有棵樹，樹下有個石磨，一雙瘸了腿的倒楣驢正被人蒙上眼睛拉磨，旁邊坐著一個書生，一邊趕驢、一邊讀書。

這時，塵煙蔽日，一群打獵的少年子弟從煙塵裡鑽了出來，領頭的，乃相王李旦的兒子，李隆基。

李隆基策馬過來，「喂，那個書呆子，你家驢都把石磨啃了，你還在看書？」

書生頭也不抬，冷笑道：「石磨啃光了怕什麼？怕就怕你自己的皇位被人家幾個女生啃了，你自己還傻兮兮的不知道呢！」

李隆基大駭，「啥意思？你說的是啥意思？」

書生冷聲道：「我是個『書呆子』，不會說人話，你聽不懂，就當我沒說好了！」

李隆基跳下馬來，一揮手，讓左右隨從退開，然後一個人走近書生，「哥們兒，叫啥名啊？」

書生答：「王琚。」

李隆基道：「你剛才的意思，莫不是說韋氏和安樂公主這倆女生……沒戲？」

王琚笑道：「有戲沒戲，不是看她們兩個。」

李隆基急問：「那要看誰？」

王琚放下書，直視李隆基，「看你。」

「看我？」李隆基搖頭，「我……哪有這本事？」

王琚冷笑一聲，「如果連你都沒這本事，那這天下，從此就是那倆女生的了。猜一猜，她們先殺的倒楣蛋會是誰？」

李隆基臉色頓時大變，「……那那那……我該咋整？」

王琚站起來，走到李隆基的面前，逼視著李隆基，「一個字，殺！」

李隆基身體顫抖了一下，「王先生，我怕……」

王琚說：「沒什麼好怕的，你不殺她們，她們必殺你，先發者制人，後發者制於人……你自己掂量著辦吧。」

李隆基猛一咬牙，「煩請先生替我謀劃。」

王琚淡然一笑，「去找你姑姑太平公主，她是武則天最小的女兒，對帝位久有覬覦之心，如果說誰會對韋氏和安樂公主的行爲看不下去，頭一個就是她。所以，若能得到太平公主相助，此事必成。」

李隆基大喜，立即掉頭上馬，找姑姑太平公主去了。

10

有基堪登直須登

「好！」李隆基大喜，「這基就先讓我爹來登，等他登上去了，我再爬到我爹頭上……」自此一言，大唐帝國第六任皇帝，睿宗李旦，被兒子推入歷史。

西元七一〇年七月，李隆基密結武則天的寶貝女兒太平公主，瞞著父親相王李旦，不由分說地突然殺入宮中。

這時，女才子上官婉兒已經四十六歲了，正坐在池畔邊吟詩，「鸞旗掣曳拂空回，羽騎驂驔躡景來。隱隱驪山雲外聳，迢迢御帳日邊開……」詩未成，李隆基已經吶喊著殺入，上官婉兒反應靈速，跳起來就逃。

李隆基大喊一聲，「兀那老女人，哪裡走？吃某家一刀！」不由分說，追上去一刀將上官婉兒砍了。

砍完之後，李隆基才琢磨過來不對味，嘆道：「我好端端地砍這個老女人幹什麼？

這女才子一生多可憐啊！幼年祖父被殺，被派入宮中為奴，幸因才華出衆受到武則天的賞識，到了三十五歲遇到怪叔叔武三思，才終結了她的老處女生涯，好不容易享受到女性的快樂，我居然就給了人家一刀，怎麼就這麼沒品呢……」

可上官婉兒已死，懊惱終是不及，他急忙去找韋皇后和安樂公主，找到一個化妝間，正見安樂公主坐在鏡前，正在描眉畫唇。李隆基門也不敲，衝進去就是一刀，可憐這個缺心眼的傻女孩，就此化為一縷幽魂。

再找惹禍精韋皇后，卻是怪哉，那韋皇后竟不知去向。正在惶急之際，突然有人來報：「報告首長，韋皇后逃入了飛騎營，此時正在調兵遣將，要幹掉咱們！」

李隆基驚問：「那咱們該咋整？」

部屬回答：「咱們把韋皇后的腦殼掛到旗竿上就成，飛騎營的全體指戰員已經向你表態，堅持擁護首長撥亂反正，因此早把韋皇后的腦殼摘下，給咱們送了過來。」

李隆基大喜，「這麼說咱們成功了？那趕緊，我要登基……」說話間，不由分說，飛步向龍椅衝去。

這時候外邊進來一人，沉喝一聲，「慢！」原來是書生王琚。

李隆基停下腳步，問：「為什麼要慢，登基這種事，趕早不趕晚，早一會登基，就多做一會兒皇帝啊！」

王琚道：「殿下，你可別太缺心眼了，這次政變之所以成功，是因為你跟軍方的關係好，軍官們巴不得替你賣命，擁你當皇帝，自己也好弄個一官半職。可是你在朝臣中的影響卻是極其微弱，我不客氣地說一句，恐怕天底下的老百姓連聽都沒聽說過你李隆基的名字！這時候你如果登基，老百姓就會認爲你是篡位。一個聽都沒聽說過的人當了皇帝，不是篡位，還能是什麼？所以如果你這時候登了基，只要隨便一個人登高一呼，你就立馬完蛋了！」

李隆基聽得直眨巴眼，「那依你的意思，這基咱們不登了？」

「登是要登的。」王琚道：「有基堪登直須登，莫待無基沒得登，但登基這種事，需要一點程序步驟。」

「啥步驟呢？」李隆基問。

「很簡單，」王琚道：「登基第一步，先讓你爹來登。你爹相王李旦，武則天時代曾經出任過一屆皇帝，雖然後來被撤銷皇帝職務，但目前朝野之間，名頭最大，聲望最高的，莫過於你爹。」

「好！」李隆基大喜，「這基就先讓我爹來登，等他登上去了，我再爬到我爹頭上……」

自此一言，大唐帝國第六任皇帝，睿宗李旦，被兒子推入歷史。

11 睿宗李旦的個人簡歷

睿宗李旦，和中宗李顯一樣，仍然處於武則天時代的陰影之中。把話說得更清楚些，就是睿宗時代，仍然處於武李兩家的資源整合之中。

相較於中宗李顯，睿宗李旦更鬧心。李顯雖然死得窩窩囊囊，但好歹還有過一番可歌可泣的歷程，說起來，睿宗的折騰也不比中宗差，但人家中宗李顯的老婆會鬧事，奉上毒餅一枚，就讓中宗李顯成爲歷史上的名帝。

睿宗李旦倒楣就倒楣在生下了個太有名氣的兒子，由於李隆基英明神武，特能折騰，最要命的是李隆基的帝王歷程，又和中國第一美女楊玉環連袂演出，鋒頭之健，人類歷史上無出其右，徹底淹沒睿宗李旦的身影。

雖然不幸被兒子的高大形象所淹沒，但李旦好歹也是名門正宗的大唐帝王，所以得先來看一看他的個人簡歷。

大唐第六任皇帝睿宗李旦個人檔案：

- 姓名：李旦
- 曾用名：李旭輪，李輪
- 出生：龍溯二年六月初一，西元六六二年
- 籍貫：陝西長安蓬萊宮含涼殿
- 生肖：狗
- 卒年：開元四年，西元七一六年，享年五十五歲
- 死因：幸福死
- 特長：草書，隸書
- 社會關係：

父親：高宗李治
母親：武則天
妻子：劉氏
兒子六個，女兒十一名。

零歲：出生。

一歲：應全國人民一致要求，被封為殷王。
三歲：朝廷實現由父親李治及母親武媚娘集體領導的新政治制度。
五歲：父親封禪泰山。
十三歲：父親李治稱「天皇」，母親武媚娘稱「天后」。
十四歲：大哥皇太子李弘被廢黜毒殺，二哥李賢立為太子。
十九歲：皇太子李賢疑心自己不是武媚娘所生。武媚娘怒，廢之，改立三哥李哲為太子。
二十二歲：父親李治死，三哥李哲即位。
二十三歲：三哥李哲被廢為廬陵王，李旦即位，是為睿宗，被禁止過問朝政。王妃劉氏為皇后，大兒子永平郡王李成器立為皇太子。
二十五歲：皇太后武媚娘下詔還政，李旦抵死不從，武媚娘喜之，加封李旦諸子為親王。
二十八歲：上書請求辭職，皇太后武媚娘喜之。
二十九歲：經皇太后武媚娘批准，睿宗李旦正式辭去皇帝職務，改姓武，復原名，稱為武輪。大唐帝國滅亡，武媚娘建大周帝國。
三十二歲：大周皇帝武媚娘侍婢韋團兒，向皇嗣武輪求歡，發現武輪驚懼疲軟，怒之，向大周皇帝武媚娘哭訴。武媚娘怒，殺武輪妻子劉妃、竇妃。

三十七歲：廬陵王李哲返回，改名李顯，立爲皇嗣，復立爲太子。李旦辭去皇嗣職位，是爲相王。

三十八歲：與太子李顯、太平公主及定王武攸暨集於明堂，對天發誓，武李兩家不離不棄，相親相愛，誓言刻於鐵券，收藏於大唐歷史博物館。

四十四歲：配合朝臣發動神龍政變，強迫老媽武媚娘離休，皇太子李顯登基爲帝，是爲中宗，中宗欲立李旦爲皇太弟，李旦斷然拒絕。

四十九歲：安樂公主毒殺親爹中宗李顯，少帝李重茂嗣位，韋皇后把持朝政，欲行武媚娘舊事。李旦兒子李隆基起兵攻打皇宮，韋皇后倉皇逃入飛騎營，爲營兵斬之。安樂公主方臨鏡畫眉，殺手破門而入，殺之。韋氏家族盡被夷滅，雖嬰孩亦不免，武氏家族悉數流放，少帝李重茂被暗殺。

李旦聲稱李重茂已將皇位出讓與他，但自己已斷然拒絕，群臣再三懇請，只好心不甘情不願地登基，並立三兒子李隆基爲太子。

五十一歲：太平公主上奏，天象異常，應該改立太子。睿宗當機立斷，立即宣佈離休，由三子李隆基出任帝國第六任皇帝。

五十二歲：太平公主召開秘密會議，商討打掉李隆基反動集團事宜，初始計劃爲下毒，但此計劃見效慢，於是改爲兵變，定於七月初四起兵。會議尚未結束，李隆基的兵馬已經殺入，雙方暴砍於禁中，太平公主方失敗，逃入山寺中躲藏，被尼姑舉報，勒令自殺。

五十五歲：卒。

由這份個人簡歷我們可以發現，睿宗李旦和中宗李顯一樣，仍處於武則天時代的陰影之中。把話說得更清楚些，就是睿宗時代，仍然處於武李兩家的資源整合之中，這整合可沒那麼溫柔委婉，也不是那麼溫和平靜，相反的，整合內容殘酷血腥，你死我活。

這場整合，就發生在做姑姑的太平公主，和做侄子的李隆基之間。

12 姑姑帶你去戰鬥

史書上說，太平公主的男朋友們紮堆造反，這明擺著瞎胡扯，大家不過是男朋友，有什麼反可造的？造了反，殺了李隆基，讓自己的女朋友登基？

話說自打武則天嫁給高宗李治後，一共生下了六個娃娃，最早生下來的是個女兒，「莫名其妙」地死了……老二是首任太子李弘，被媽媽毒死；老三是二任太子李賢，被媽媽逼死；老四是中宗李顯，老五則是睿宗李旦，最小的又是個丫頭，就是太平公主。

太平公主是一個勇敢追求幸福的女性，青春期來臨之後，她主動暗示，要求嫁給薛紹。武則天答應寶貝女兒，但在盛大的婚禮後不久，因爲李沖大鬧群體事件，薛紹受到連累，被拖入大牢暴打一百杖，硬是不給他吃的，活活把人餓死。

可以確信，薛紹對太平公主不是太好，俗話說「一日夫妻百日恩」，小夫妻兩人好歹也搞了好多日，可見到丈夫倒楣，妻子硬是一聲不吭，可見夫妻感情多麼緊張。

不管多麼緊張，事情總算是擺平了，武則天準備把太平公主改嫁侄子武承嗣。可武承嗣那廝以迅雷不及掩耳之勢死掉了，於是太平公主又盯上媽媽的堂侄，也就是自己的表哥武攸暨——這是歷史上沒沒無聞的一個名字，之所以沒沒無聞，是因爲武攸暨這個人的德行非常好，好到史官實在沒辦法蹂躪的程度，所以太平公主決定把他拿下。

但麻煩的是，武攸暨這廝已經有老婆了，怎麼辦呢？

好辦！

武則天一紙命令，羽林衛士便星夜行動，鑽入武攸暨家裡，趁武攸暨的老婆上廁所時，突然掐住她脖子按進馬桶裡，殺之，從此武攸暨就成了鰥夫。

之後太平公主跑來，愉快地替武攸暨生了兩個兒子、一個丫頭，還打算再生幾個，可武攸暨對這事缺乏足夠興趣，成功死去，太平公主再次成爲自由的寡婦。

兩個老公都死翹翹，接下來怎麼辦呢？這時候太平公主的乳母來了，對太平公主說：「丫頭啊，寂寞了是不是？鬱悶了是不是？渴望火辣辣的愛情了是不是？這事容易啊，乾脆我把自己的男朋友送給妳好了。」

太平公主問：「妳的男朋友是哪一個？」

乳母道：「說起我的男朋友來，那可有來歷了，那廝原本不是中國人氏，他乃來自古羅馬的逃犯，到中國後落髮爲僧，起了個中國名字，叫惠範，就是好得不得了的意思，妳要不要嚐嚐？」

太平公主哭了，說：「乳母啊，還是妳疼我……」於是，古羅馬和尙成為太平公主第一個情人。

後來，女才子上官婉兒在宮中舉辦詩會，太平公主做爲評委參加，兩人在洗手間補妝時遇到，太平公主問上官婉兒：「聽說妳男朋友比較多，有沒有好的借我用用……」於是上官婉兒又把自己的男朋友崔湜分給太平公主。

除此之外，她還有一個情人，是司禮丞高戩。

總之，太平公主的男朋友比較多，待到睿宗李旦臨朝，李隆基爲太子的時候，她心想，我的情人，不比我媽媽少了吧？有這麼多的情人，我也應該弄個女皇幹幹……從此太平公主把持朝政，與李隆基形成分庭抗禮之勢。

局勢嚴重時，太平公主有病，百官不敢入朝，先要去太平公主的府上，問過她之後，才敢上朝和睿宗李旦聊天。

睿宗眼見這等情形，知道自己要是再在龍椅上坐下去，只怕中宗李顯的命運，就要上重演，所以當太平公主徹底把持朝政時，某天李旦突然宣佈離休，讓兒子李隆基馬上接班。

睿宗李旦這一手，極盡高妙，讓太平公主措手不及。因爲太平公主是睿宗李旦的小妹妹，又曾奪政有功，對於她的要求，睿宗不敢斥駁；可太平公主和侄子李隆基的關係勢同水火，現在輪到李隆基說話，他姑姑的男朋友們當然要倒楣了。

史書上說，太平公主的男朋友們紮堆造反，這明擺著瞎胡扯，大家不過是男朋友，有什麼反可造的？造了反，殺了李隆基，讓自己的女朋友登基？這話單只是說出來都覺得彆扭。

實際情況是，打掉以姑姑爲首的反侄子集團，應該是李隆基和父親李旦策劃好的事。所以當李隆基突然大吼大叫，硬說太平公主的男朋友們要殺他，並派人滿大街砍姑姑的男友時，太平公主根本不在現場，聞訊後逃入南山。三天後她又從山裡鑽出來，被李隆基下令自殺。

由此可見，太平公主壓根沒安排什麼計劃，南山那麼大，連個藏身的地方都沒有，結果她餓得半死不活只好出來，讓李隆基殺了個痛快。

就在這血腥滿地、激潮如火的皇家資源整合時期結束後，一個絕美的女子伴隨著開元盛世的風光，嫋嫋地向我們走來。

第六章

玄宗父子：楊門女將的獵取之物

玄宗李隆基在龍椅上坐了七年之後，
她才姍姍來遲地出生，出生時唐玄宗已經三十五歲，
以年齡來論，這兩人之間不應該有什麼交集，
可他們兩個偏偏就是有交集，還名垂青史，傳唱不歇。

1 女人絕地大反擊

楊氏不唯是在事實上奪回了天下，而且將李氏殺得乾淨徹底。而這個計劃的執行者，就是武則天。武則天？武則天不是姓武嗎？

說到李隆基，就不能不說楊玉環。

甚至可以這樣說，就算可以不提玄宗李隆基，也絕對不能不說說楊玉環，沒有楊玉環，大唐歷史就少了一塊，沒有李隆基倒還無關緊要……

事實上，知道楊玉環的人，遠比知道李隆基的更多，但幾乎沒有人想得到，楊玉環與女皇武則天之間其實存在著某種神秘的關聯。

什麼聯繫呢？這個內在聯繫還眞不太好說。

我們有充足理由相信，打大唐李氏強奪大隋楊氏的江山後，老楊家沒有善罷干休，一直夢想著奪回失去的天堂。但這個希望近乎不可能，畢竟天下大勢已定，只是隋唐交替，中國人口就已被砍殺大半，餘下來的人身處資源富足的時代，要想忽悠這些生活富足的人造反鬧事不太容易。

事實上，武則天順利登基，李氏皇族屢次起事卻以失敗告終的主因，並非武則天多麼英明神武，而是這個時代當中人心思定，尤其是沒什麼富裕人口，不存在著鬧事的群衆基礎。

連姓李的都鬧不起事來，更遑論姓楊的了。所以楊氏家族若想奪回失去的天堂，靠武力絕無可能，只能另找別的法子。

什麼法子呢？

事實上，正是楊氏家族的反擊，促成大唐帝國內部的第一次大屠殺。

歷史上最有名的玄武門兵變，就是由秦王李世民率領手下，埋伏在玄武門下，突然發難，擊殺大哥魏王李建成及三弟齊王李元吉，最終奪取了皇位。

李世民殺大哥李建成，是因爲李建成是太子，存在著必殺之道，而他殺三弟李元吉，卻只是摟草打兔子，順便的事，目的是爲了搶奪弟弟那美貌絕倫的妻子，楊氏。

這位被李世民強行奪走的楊妃，雖然表面上身份是長安城中富戶的女兒，但實際上，是擁有著正宗楊氏皇族血統的公主，而且楊氏嫁給李元吉之後，也與李世民暗中有著往來。可以確信，這個女孩子以她特有的伶俐柔媚，引導著李世民的思維進入一個原始境界，最終幹出喋血宮廷的可怕事。

要知道，李世民伏擊玄武門，是十足十的昏了頭，基本上來說沒什麼勝算。因爲當時太子魏王府的實力遠在秦王府之上。事實上，當玄武門兵變發生後，太子府及齊王府的家將合兵一處，全力攻打秦王府，要活宰李世民。

李世民在驚恐之下，便將哥哥、弟弟的兩顆人頭隔牆扔了出去。

隔牆扔人頭，是樁非常冒險的事，早在東漢末年，太監亂政，把大將軍何進騙入宮中，當場斬殺後，隔著牆頭扔出。結果牆外何進的部屬，看到人頭後怒不可遏，當即不顧三七二十一，打破皇宮狂殺起來，最終導致皇帝逃命，天下大亂。李世民居然不吸取教訓，倘若當時外邊士兵眞的急紅眼睛，只怕李世民全家一個也甭想活命。

可以推論，太子李建成和齊王李元吉的人頭，就是楊氏忽悠李世民扔出去的。目的只有一個：重演東漢末年天下大亂的時局，從根本上摧毀大唐帝國，奪回老楊家失去的一切。可是萬萬沒想到，不唯是楊氏沒想到，就連李世民也沒想到，史官們更是想不到，那兩顆人頭扔出去後，外邊的太子家將和齊王府家將居然氣沮，商量說：「完蛋了！咱們的老大死得不能再死了，老大都死了，我們就算了殺了李世民，又頂什麼用？莫不如咱們抓緊時間跑路吧……」

這樣一番缺心眼的討論，導致門外的兩家家將做鳥獸四散，各自逃命，結果讓李世民率人衝出門來，反倒氣勢洶洶地滿世界追捕「逃犯」，就連太子府最有名的謀士魏徵都擄來當打工。

總而言之，前隋楊氏透過楊妃問鼎皇權，試圖搞亂李唐天下的努力，計劃不能說不周密，只是因爲操作過程中的細節失誤，才導致計劃功敗垂成。功敗垂成也沒關係，至少楊妃尚無性命之虞，此後就居住在皇宮裡，和太宗李世民相親相愛，過起舒服的皇妃生活。

如此看來，前隋楊氏通過女性通道問鼎皇權的道路，設計異常精巧而合理，而且成本也不太高，效果倒是有益無害——計劃成功，則奪回隋楊天下，就算失敗，執行者也能混個皇妃的舒服日子。

所以這項計劃，有必要繼續推行。

前隋楊氏推出來的下一個產品，取得異乎尋常的成功。這一次，楊氏不只是在事實上奪回了天下，而且將李氏殺得乾淨徹底，這個計劃的執行者，就是武則天。

武則天？

武則天不是姓武嗎？

沒錯，武則天她本人姓武，她爹也姓武，這絕對不假，但武則天的母親卻姓楊，而且，是前隋楊氏的姻親。

2 楊貴妃是第二個武則天

繼前隋楊氏推出絕代美女武則天，奪取了皇家政權之後，現在又出現一個楊門女將，這個大唐帝國又有熱鬧看了！

我們應該還記得，武則天的父親只是一個商人，按說這種身份在皇權時代，沒有什麼社會地位。但武則天的父親把賺到的錢都給了唐高祖李淵，供他起義養兵，而且又是大出血，瘋狂贊助，李淵非常感謝武則天父親的支持，封他爲工部尚書，相當於現在的建設工程部部長。

這都當了部長，所以武則天的父親，就考慮再將自家的血統改善一下，找個貴族家的女兒娶過來做老婆。

猜猜武則天父親娶的是誰家的女兒？她便是大隋帝國宰相，隴右大士族，遂寧公楊達的女兒。

這個楊達，本是隋楊族人，和隋煬帝楊廣之間有著數不清的密切關係，而這個嫁到武家的女兒，同樣也是在宮裡長大，細查血緣也有點來歷不明。倘若不是李淵推翻隋帝國，那麼，這位後來嫁給一個爛商人的女孩子必然會是一位公主。

但現在，她的身份比公主更重要，此後將成為武則天的媽媽。

現在我們能夠理解武則天為什麼會進宮，她承襲了母親血統。天下美色，盡在皇家，皇室之女，單從基因上來說，都是由容貌最優秀的女人承襲，就算楊氏家族沒有問鼎皇位的野心，可如果後來當上皇帝的李家想找美女，也只能到楊家這簍筐裡挑挑揀揀。李家除了自產自銷之外，姻親姑表亂嫁一氣，再就是只能從楊家填補。

我們知道，武則天十二歲時，父親莫名其妙地死掉了，史書上硬說武則天的父親是因為唐高祖李淵之死而痛苦死的，這話說給鬼聽才信！明擺著在武則天的家裡，必然發生過一起恐怖慘案。

無法追究這樁慘案的詳情，史書上沒有記載，我們只知道，從此武則天母女二人落入武則天五位兄長手中，再之後武則天入宮，征服李治，開始一場對還活著的四個表哥的大追殺，搞死四個哥哥，再搞死嫂嫂，而後武則天將侄子們視為己出，知冷知熱，卻單單對自己和高宗李治生下來的兒子橫眉冷對。

伴隨這一系列詭異莫名的事件，就是李氏的大唐帝國被連底掀起，而武則天則大模大樣地取代李氏，坐上金鑾殿。無論武則天與她的哥哥之間有著什麼樣的黑色經歷，她本人所代表的卻是楊氏勢力的反撲。

只不過，這時楊氏家勢已經衰微，而且就算早年楊氏家族有什麼奪取天下的謀劃，此時謀劃者也早已死掉，所以由武則天執行的這個計劃雖成功了，卻由著武則天的性子向前碾壓，最終脫離謀劃者的預想。

可是，如果這個已經湮沒於歷史深處的謀劃者當眞存在過，肯定不會把所有的雞蛋放在同一個籃子裡。也就是說，很快還會有一個姓楊的女孩子出現在歷史上，而且身世絕對會讓人撲朔迷離。

事實上，這個女孩子也已經來了。

她出生於唐明皇開元七年，也就是說，玄宗李隆基在龍椅上坐了七年之後，她才姍姍來遲地出生，出生時唐玄宗已經三十五歲，以年齡來論，這兩人之間不應該有什麼交集，可他們兩個偏偏就是有交集，還名垂青史，傳唱不歇。

不管怎麼說，這個女孩子，她來得實在是有點蹊蹺。

這個女孩子最早被人發現時，是在河南府士曹楊玄珪家中，可她並非楊玄珪的女兒，也不是楊玄珪家裡的婢女，史書上說，她父親是蜀州司戶楊玄琰，因爲父親早死，才寄養在叔叔家裡。

這個解釋還算說得過去，基本上，也沒有哪個史學家在這問題上產生疑惑，對他們來說，橫豎有這麼個女孩子擺在面前，又是中國四大美女之一，瞪圓了眼珠子看都還看不夠呢，誰管她到底是個什麼來歷？

但是，如果這個女孩子不是楊玄琰的女兒，那會如何？

那就會發生接下來我們要探討的歷史，繼前隋楊氏推出絕代美女武則天，奪取皇家政權之後，現在又出現一個楊門女將，這個大唐帝國又有熱鬧看了！雖然未來的熱鬧會很精采，但楊玉環這個女孩子來得稍微有點遲，當她出生時，她未來的愛人李隆基已經轟轟啦啦地在龍椅上折騰很久很久了。

3 唐玄宗的個人簡歷

唐玄宗身邊的女人對他並無絲毫忌憚之心，或者該說，熟悉他的女生，都不會把他放在眼裡。一個讓熟悉的女生不放在眼裡的男人，會是一個什麼樣的男人呢？

歷史上的皇帝有許多，但美人卻比較稀少，楊玉環能夠穩居中國四大美人之首，這在客觀上為唐玄宗拉升不少人氣。

可是我們也知道，當楊玉環出生時，唐玄宗已經三十五歲，步入了怪叔叔的年齡，他甚至連皇帝都已經做了七年。

那麼，唐玄宗他是如何成功把自己和楊貴妃拉到一起，讓自己在中國的皇帝堆中混出不小的名頭？這得先從唐玄宗的個人求職簡歷看起。

大唐第七任皇帝玄宗李隆基個人檔案：

•姓名：李隆基
•出生：垂拱元年八月初五，西元六八五年
•生肖：雞
•卒年：上元三年，西元七六二年，享年七十八歲
•死因：鬱悶死
•特長：音律、書法、騎射、曆象之學
•社會關係：
父親：睿宗李旦
母親：昭成順聖皇后竇氏
妻子：王皇后
兒子三十個，女兒二十九名。

零歲：出生，同年奶奶武則天陷入情網，愛上藥販子馮小寶。
八歲：武家欺負之，怒罵曰：「這是我家天下，干你何事？」武媚娘喜之。
二十一歲：張柬之等五大臣發動神龍政變，強迫老奶奶武媚娘離休，中宗李顯出任皇帝。
二十六歲：安樂公主毒殺父親中宗李顯，欲效武則天之故事，李隆基與姑姑太平公

主相謀，秘密發動武裝起義，趁夜引兵直入羽林軍大營，挾制羽林軍殺入宮中，斬韋皇后、安樂公主及昭容上官婉兒。

二十六歲：父親李旦登基為帝，是為睿宗。

二十八歲：睿宗李旦為了甩開太平公主，正式宣佈離休，由三兒子李隆基出任帝國皇帝。

二十九歲：誅殺姑姑太平公主，奪得朝政。

三十二歲：前皇帝，離休老幹部李旦死。

四十歲：皇后王氏聯結術士王守一，於宮中施展黑魔法，被武惠妃察知，揭發檢舉。玄宗李隆基親自登堂審理，解除王氏的皇后職位。

四十一歲：封禪泰山，宣佈酷吏來俊臣等三十二人的子孫永遠禁錮。

四十二歲：皇太子李瑛的生母趙麗妃神秘死亡，宮中暗潮湧動。

四十三歲：於苑城外建十王宅，盡囚皇子，從此親王不得出任官職。

五十二歲：平盧討擊使安祿山擊奚契丹，大敗，於法當斬。幽州節度使張守圭惜其驍勇，押送長安，玄宗李隆基赦之。

五十三歲：武惠妃暗招皇太子李瑛，說明宮中有賊，請他率甲士來捉賊。皇太子李瑛缺心眼，竟真和鄂王李瑤、光王李琚帶著士兵前來。武惠妃正式揭發檢舉，「皇太子欲行謀反！」輕鬆打掉以皇太子李瑛、鄂王李瑤及光王李琚為首的反老爹集團，大快人心，大長人民群眾志氣。

李隆基為皇太子人選憂心，問於高力士，高力士曰：「推長而立。」於是立皇三子李璵為太子。

五十八歲：天下大唐，轄州三百二十一，邊疆縻州八百，海內晏安富庶，行者萬里，不恃兵器，為中華帝國前所未有之興盛時代。

六十歲：愛上兒媳婦楊玉環，命令兒子李瑁與楊玉環離婚，又將楊玉環送入道觀為女道士，號太眞，之後再悄悄抬入宮中，宮人稱之為「娘子」。兒子李瑁則另娶左衛將軍韋昭訓之女，最後抑鬱而終。

同年，李隆基對高力士說：「我想離休，你看我乾脆退居二線，把全部工作委託給李林甫，如何？」

六十一歲：對眾臣說：「朕在宮裡設壇，為百姓祈福，不想放在桌案上的草表自動升上了半空，半空有個聲音說：『老兒，你快點娶了你兒媳婦吧，快點娶吧……』」封楊玉環為貴妃。

六十三歲：范陽節度使安祿山入朝，認楊玉環為乾媽，卻認楊玉環的哥哥為兄弟，輩分大亂。

同年開榜求賢，由李林甫出題，筆試之後的面試無一人過關。李林甫上奏，「所有人才都已被朝廷聘用了，野無遺才。」

六十五歲：李林甫上書，奏請解散國家軍隊。

六十八歲：李林甫死，楊玉環哥哥楊國忠出任右相，總攬朝政。

六十九歲：楊國忠奏警安祿山欲反，玄宗不信。

七十歲：玄宗召安祿山，聞令而至，衆皆曰反，安祿山不應。

七十一歲：楊國忠說安祿山反，安祿山卻偏偏不反，這讓右相楊國相當沒面子，派人夜圍安祿山府，捕其賓客家人，盡殺之。安祿山不得已而反之。朝廷命高仙芝平叛，旋即又斬高仙芝，自此安祿山叛亂之勢日大，銳不可擋。

七十二歲：老將哥舒翰癱瘓，楊國忠命人抬上戰場，結果抬哥舒翰的人直接將這名老將送給安祿山，哥舒翰跪地求饒。

安祿山攻陷潼關，玄宗攜楊玉環遠避蜀川，行至馬嵬坡，將士聚亂，殺楊國忠，逼迫玄宗縊死楊玉環，然後大夥繼續逃亡。

部份人士擁太子李亨奔向靈武，登基稱帝，是爲肅宗，主動宣佈李隆基已爲離休老幹部，享受太上皇待遇。

安祿山入長安登基，建燕國。

七十三歲：燕帝安祿山起兵時眼有疾，不久全盲，改立幼子安慶恩爲皇太子，皇長子安慶緒怒，與宦官李豬兒入安祿山帳，殺之。安慶緒登基爲燕帝。

同年，郭子儀率十五萬唐軍，與燕軍戰於香積寺，燕軍大潰。唐軍奪回長安，離休老幹部李隆基返京。

七十五歲：燕將史思明責安慶緒殺父之罪，殺之，自行登基爲帝。

七十六歲：離休老幹部李隆基孤獨寂寞，於興慶宮宴請軍方高層領導人，兒子肅宗大怒，恨其插手軍務，廢置西內太極宮。

七十七歲：燕帝史思明之子史朝義，夜入帝帳，殺之，史朝義登基。

七十八歲：李隆基卒，其子肅宗李亨亦於十三天後卒。

我們來看看唐玄宗的個人簡歷，就會發現一件怪事，他似乎是一個缺乏女人緣的怪男人。首任皇后惡搞黑魔法，二任皇后害死太子，這說明一件事，他身邊的女人對他並無絲毫忌憚之心，或者該說，熟悉他的女生，都不會把他放在眼裡。

一個讓熟悉的女生不放在眼裡的男人，會是一個什麼樣的男人呢？李隆基的這個心理弱點，又是如何形成的？又是如何導致他和楊玉環的跨越人倫戀？這種性格到底應該如何歸類？對於國家政治治理的影響，又該如何評價？

現在來讓我們分析分析李隆基的這種奇特性格。

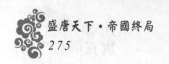

4 宮裡有個女暴徒

李旦處於絕望驚恐的情緒裡，突然見前面殺出來一個女人，本能反應是母親派人來取他性命，極度驚駭之下，全身綿軟無力，口中直叫「姐姐饒命」。

李隆基，實際上有著一個非常悲慘、非常不幸、非常痛苦的童年記憶。這種悲慘、不幸與痛苦，落在任何一個人的身上，都會將這個人壓得稀爛，落在李隆基身上，同樣也不例外。事實上，李隆基有著一個超出心理學家想像的怪異人格：稀爛人格。

什麼叫稀爛人格呢？

這是一種極度敏感脆弱的人格，對事情細節過度關注，缺乏對全局的明晰認知，就如一顆被輾爛的桃子，桃核也輾得粉碎，極難獨立做出對己有利的決定，凡事只圖省心，甭管治國或是愛情，只要能省心就好，無法忍受具體事務的繁瑣性。

凡是擁有這種人格的人，莫不對異性的溫情懷有無盡渴望。實際上這是一種典型的心理倒退，渴望著退縮回到母親的子宮裡，從此遠避塵世喧囂，李隆基後來被謚爲玄宗，終其一生求玄問道的行爲，也正表現出這種心態。

那李隆基好端端的一個人，怎麼會被弄成這麼個奇怪人格呢？

這話要是說起來，那可就長了，早在大唐帝國開創之前，年輕的李淵曾經跑到竇家門前，引弓搭箭，雀屏中選，將出生時頭髮超長的美少女竇氏娶回家當老婆。洞房花燭夜時，老婆竇氏震驚地發現李淵有仨乳頭……這些怪事就不要再說了，單說回大唐開國皇后竇氏，她有一個堂哥叫竇抗，這個竇抗有個曾孫女兒，名字當然也叫竇氏。

小竇氏出生於西元六六二年，到了十四歲那一年，嫁給小表哥李旦，也就是李隆基的父親。

竇氏嫁過來後，武則天又給兒子找來一個媳婦，叫劉氏，但竇氏先入爲主，迅速地替丈夫生下兒子李隆基以及兩個女兒金仙公主和玉眞公主——聽聽這兩個公主封號，就知道有什麼地方不對勁。

人家武則天的女兒叫太平公主，李旦哥哥李顯的女兒則是安樂公主，太平也好，安樂也罷，都充滿人間富貴的期待。李旦的女兒卻是一個金仙，一個玉眞，明擺著是讓她們成仙得道喝西北風去。

事實也的確是這樣，李隆基出生時，正値父親李旦心理恐懼達到頂點，在這段時間裡，朝中數百名大臣上表，強烈要求幹掉李旦，讓武則天的侄子們接班，李旦本人則對此無力抗拒，只能聽天由命，心中絕望的黑色情緒，勢必凝結於趕在這時出生的李隆基基因之內，讓他終其一生，也難逃過毀滅的心理慾望。

但從史料上來，李隆基剛剛出生的時候，並沒有什麼不舒服的感覺，史書上寫著，他在八歲時，衝著欺負他的金吾將軍武懿宗大叫：「這是我們李家的江山，你憑什麼欺負我？」

對於小李隆基的叫囂，武則天抱持極度寬容的態度，只不過，李隆基他爹李旦可就倒楣了。

西元六九三年，武則天祭獻，她自己是主獻，武承嗣是亞獻，武三思爲終獻，總之，是武則天帶著兩侄子，一人端一盤肉，全沒親生兒子李旦一點事。這是一個再也明確不過的政治信號，李旦已經被排斥在政權之外，等待他的是生不如死的下場。

所有人都遠遠避開李旦，如同避開可怕的瘟疫一般，卻有一個人，在這絕望時刻，爲李旦送來了「愛」。

這個人，名叫韋團兒，是女皇武則天身邊的女服務員，宮裡男生雖少，可是領導的男朋友們時常進進出出，讓韋團兒看得心急火燎，夜黑人靜時分，經常蜷縮在冰冷的床上，低聲吟唱著：「誰知道，角落這個地方，愛情已久久把它遺忘……」

她生活在被愛情遺忘的角落裡，然而她那柔軟的心，卻時刻期盼著火熱的愛情。

可是，在這女人成堆的皇宮裡，上哪兒去找個男生呢？

絕望之中，韋團兒突然注意到失魂落魄的李旦，這豈不是個現成的男生嗎？雖然這傢伙遲早會被他媽媽宰掉，可是在宰掉之前，用一下總可以吧？不用他也是閒著……

這樣一想，韋團兒突然攔住李旦，「喂，帥哥，幹嘛這麼臉色灰撲撲的？以後就跟著姐姐混吧，有人欺負你，就報姐姐的名字，姐姐罩著你！不過，你怎麼也得先繳點保護費給姐姐吧？」不由分說，上前將李旦按倒，就要大肆施暴。

李旦處於絕望驚恐的情緒裡，突然見前面殺出來一個女人，本能反應是母親派人來取他性命，極度驚駭之下，全身綿軟無力，口中直叫「姐姐饒命」。

韋團兒慾火攻心，根本想不到李旦心裡的恐懼，只顧著將李旦翻過來、擼過去，費盡周折好生一番擺弄，卻不見李旦有其他反應，頓時火氣上來，珠淚盈盈，「好啊，原來你不愛我，枉我對你一片眞心，你給我說老實話，是不是你還惦記著你家裡的那兩隻狐狸精？要不怎麼會對我一點反應也沒有？」

「我沒有……我有……狐狸精……」事實上，李旦的腦子已經嚴重錯亂，根本無言可對。

韋團兒哪肯再聽他解釋，一腳將他踹開，叱道：「好，你既然不愛我，只愛家裡的狐狸精，那就別怪我跟你不客氣了！」

此言一出，李隆基一生最悲慘的時刻，就此註定。

5 轡馬出沒的皇宮

劉氏竇氏竟在皇宮門口被轡馬擄走，這樁怪事，直看得長安百姓目瞪口呆。這天，李隆基剛剛八歲，正是依戀母親的年齡，在宮裡各個角落裡不停翻找……

話說侍女韋團兒對李旦施暴未遂，悲憤交加之餘，心裡更充斥著一種無盡的羞辱感，跑去找女皇武則天，說道：「陛下，聽說最近宮裡有人搞黑魔法的事了嗎？」

「黑魔法？」武則天搖頭不屑，「這座古皇宮裡擠滿悶騷的娘們兒，一天到晚陰氣森森，沒禍祟才怪。告訴你，這些日子以來，我每晚睡下時，還都會看到一個胖胖的男人，光身子不穿衣服，只長了一條腿，一隻手拎著自己的腦袋，在宮裡蹦啊蹦的，也不知想蹦到哪裡去！」

韋團兒道：「陛下，這事我已經調查清楚了，這禍祟就是李旦兩個老婆，劉氏和竇氏搞出來的，目的是要篡奪妳的江山！」

「李旦？」武則天滿臉困惑，「李旦是誰呀？我怎麼沒聽說過這名字？」

李旦就是你三兒子……韋團兒這時候猛地醒過神來，武則天超級憎惡李氏皇族，憎惡自己和高宗李治生的兒子，所以讓三兒子李旦改姓武，名字叫武輪，於是急忙補充道：「陛下，已經查清楚了，宮裡的黑魔法，就是武輪的倆老婆，劉氏和竇氏搞出來的。」

「有這事？」武則天表示懷疑，「妳有證據沒有？」

「證據？」韋團兒道：「陛下，妳自己不是也看過那個一隻腳的男人嗎？這還不是證據嗎？」

「這個……也算證據？」武則天極度困惑，「算了，不管怎麼說，韋團兒，妳揪出隱藏在宮中的反女皇集團，為祖國立下了不朽功勳！先退下，讓我好好合計合計……」

合計幾日之後，武則天在萬象宮中舉行盛典，李旦的妻子劉氏和竇氏也奉命前來參加。看到她們兩個，武則天笑眯眯地問道：「妳們倆女生，嫁給同一個男人，平日裡處得還和睦嗎？」

「和睦和睦，非常和睦。」劉氏和竇氏不知道武則天葫蘆裡賣的是什麼藥，戰戰兢兢地回答。

「怎麼可能會和睦呢？」武則天表示嚴重懷疑，「倆女生和一個男生睡，晚上你們不會打起來嗎？」

劉氏和竇氏一臉說不出來的尷尬，「啓奏陛下，這個……我們不打架，排隊來……」

「不打就算了！」武則天沉下臉，「妳們可以回去了。」

竇氏心裡惦念著兒子李隆基，急忙和劉氏出來，一出門，就見前面來了一群袒胸露乳的怪人，人手一把西瓜刀，胸口的汗毛隨風飄揚，「倆小妞給老子站住！此路是我開，此樹是我栽，要想打這過，留下買路財，快點把身上的金子銀子掏出來，動作若是遲半分，一刀一個管殺不管埋！」

劉氏和竇氏驚呆了，「響馬？我靠，皇宮裡鬧起響馬，這是眞的還是假的啊？」可還沒等她們兩個反應過來，衆響馬已經一擁而上，不由分說，將她們兩人架起來就走，「哈哈哈！這麼漂亮的小妹妹，就跟大爺上山做個押寨夫人吧！」

劉氏竇氏竟在皇宮門口被響馬擄走，這樁怪事，直看得長安百姓目瞪口呆。

這天，李隆基剛剛八歲，正是依戀母親的年齡，在宮裡各個角落裡不停翻找，卻無論如何也找不到母親，就問父親，「爹，媽在哪？」

李旦卻一聲也不敢吭，只管用雙手捂住臉，將自己的身體蜷縮起來，人在極度恐懼的情形下，心靈會產生向母體子宮回縮的本能，可李旦連這種本能都充滿恐懼，因爲他母親武則天的子宮根本不歡迎李家人投胎。

八歲的李隆基不明白父親爲什麼恐懼，父親在武則天面前是兒子，自己則是孫子，相對來說，武則天對這個孫子，並沒有流露出來如對兒子那般的刻骨厭憎，所以這時的李隆基，應該是無法理解父親心裡的恐懼。他仍然在宮裡四處尋找，大哭大叫，大吵大鬧，一定要見到母親竇氏。

但是李隆基有生之年，再也沒有見到過母親，劉氏、竇氏，這兩個弱女子就這樣神秘地失蹤。據後來披露的史料表明，她們被武則天秘密派遣的人擄到荒郊殺害，並毀掉屍體，死前更曾承受到過無法想像的酷刑折磨。

這件事，讓李隆基感受到人生的恐怖與無常，也導致他的性格發生根本性轉變。他終於知道，自己身處一個充滿危險的世界，在這裡，哪怕是說錯一句話，錯走一步路，甚至沒說話沒走路，也會大禍突然臨頭，而他還沒有足夠的力量保護自己，甚至，也沒有一個保護自己的人。

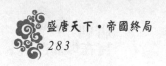

6

碾壓成汁的男人

李隆基八歲時母親慘死，爾後眼見父親於絕望當中苦無生天，到了十八歲時，整整十年的死亡壓力都足以將鐵石碾壓成金汁，他不過是個正常男人……

李隆基十四歲那一年，面臨著人格形成的關鍵時期。這一次的人格養成，將形成他固有的人生價値觀，一旦這種觀念養成，終身難以改變。

這一次李隆基趕上了好時機，前一年，他三伯盧陵王李顯重新被立爲皇太子，年邁的武則天終於無法抗拒群臣壓力，正式宣佈斷絕武氏家族對於皇權的想望。這件事讓武則天產生極大隱憂，唯恐自己死後，李氏皇族反撲，屆時武氏家族中一個也難以存活。

咋整呢？要不乾脆讓武家和李家聯姻吧！

實際上，武家和李家，原本已是打斷骨頭連著筋的姻親關係，但武則天希望能夠再強化這種親密度，於是命三兒子李顯、四兒子李旦、小女兒太平公主、侄子武攸暨等聚集在明堂之內，人手一碗血酒，對天盟誓，「九月九釀新酒，好酒出在咱的手，喝了咱的酒啊，不分你我上炕頭，喝了咱的酒哇，從此就是好朋友，喝了咱的酒哇，被窩裡邊死命地摟……」仰頭飲酒後，三兒子李顯的女兒安樂公主嫁給武三思的兒子，從此大家親上加親，血脈相連。

對了，四兒子李旦的兒子李隆基還素著呢，是不是也給配個姓武的媳婦？

這問題卻難住了武則天，武家不是沒有女生，只是年齡忒小，恆安王武攸止的女兒在這一年才剛滿二歲，無論如何也來不及，不過……來不及也不成，先讓這丫頭進宮裡來，從此養在宮中。

宮裡有了一個姓武的小女生，猜猜這女生的母親姓什麼？

楊！偌大的大唐帝國，找女人時轉來繞去，始終無法繞開楊家，要說這是宿命，那鐵定是扯淡，若非暗中有人隱密安排，事情萬難這麼巧合。

總而言之，當時李隆基面臨的時局就是如此，可以說危機四伏、殺機不斷，武李兩家表面上親熱得睡在一個被窩裡，卻連睡夢中都恨不能一刀宰了對方。這節骨眼上，求生之道，唯有韜光養晦。

韜光養晦的辦法，基本上有三條路線：一是奔女人衝過去，二是奔銀子衝過去，三是奔休閒娛樂琴棋書畫衝過去……李隆基的選擇是一和三。

他想結婚了。李隆基十八歲那一年，太僕寺卿王仁皎家裡剛剛十六歲的女兒王氏被帶到宮裡，成了李隆基第一個妻子。

兩人的夫妻感情，從一開始就面臨著一個嚴重障礙——李隆基生活在恐怖死亡的高壓之下，母親的慘死，奶奶武則天的專橫，構成他對女性理解的全部認知，更進一步影響到他對於女性的價値判斷。

我們基本上可以斷定，自打王氏嫁過來後，李隆基和她就沒有過一次成功的夫妻生活。這麼個說法，有沒有證據呢？

這證據已經不再需要翻史料，要知道，李隆基八歲時母親慘死，爾後眼見父親於絕望當中苦無生天，到了十八歲時，整整十年的死亡壓力都足以將鐵石碾壓成金汁，那李隆基不過是個正常男人，這種壓力若沒將他壓垮，簡直是不可能的事。

那麼，是不是我們就可以得出結論來說，李隆基已經喪失了一個男人的最基本性功能了呢？不能！爲啥不能？

因爲楊貴妃懷孕了！

楊貴妃？她不是……不是還沒有出生嗎？怎麼這麼快就懷孕了？

這個楊貴妃，名字不叫楊玉環，叫什麼史書上沒說，簡稱之爲楊氏。

這不明擺著李氏皇族眞被詛咒了？李家男人不娶老婆也就算了，如果娶老婆，總是繞不開姓楊的。

究竟這「楊」氏又是什麼來歷呢？

7 被詛咒的皇族

發現這樁怪事，李隆基登時急了，以太平公主的麻辣風格，鐵定饒不了這孩子，說不定會有什麼比死亡更加可怕的事情，落到這個孩子身上。

自打李隆基娶了王氏以來，眨眼工夫八年過去，王氏的小腹卻坦平如昔，始終未能懷上身孕。等到相王李旦坐到了龍椅上，發現兒子竟然沒有孩子，認爲這是個嚴重的問題，遂召左千牛將軍楊知慶的女兒入宮供自己的兒子享用，是謂楊妃。

按說這楊妃來得眞不是時候，這時候，李隆基雖然已經被冊立爲太子，但國家權力卻把持在太平公主手中，而太平公主打小就是個暴脾氣，雖然是一個女生，卻是超級野蠻，最不怕的就是和男生打架。

早年，武則天在宮中寂寞難耐，渴望愛情，發出了眞誠的呼喚，「上天啊！賜給我一個男生吧……隨便一個男生，只要是個男的就成……」正祈禱著，女兒太平公主來了，伸手向後一撈，「老媽，看我給妳帶來什麼禮物了？」

武則天扭頭一看，頓時大喜，「哇靠，是個男人耶……不對，這個男人怎麼沒頭髮？」

太平公主笑道：「這廝叫馮小寶，是一個擲擺的不法商販，我讓城管把他的頭髮揪光了，當禮物送給媽媽，好不好啊？」

「好，太好了，乖女兒眞疼媽媽……」武則天歡天喜地地收下禮物。

不想沒過多久，禮物馮小寶便不太聽武則天老太太的話，晚上去宮裡給武則天當三陪時，竟然身懷利刃，想對國家女領導人不利！這事惹火武則天，埋怨女兒太平公主，「妳看看，妳弄來的這個男生……對愛情也不忠誠！」

「不忠誠不要緊，」太平公主道：「妳看我讓他學會忠誠。」接著就帶了幾個壯婦，找到馮小寶，不由分說撲過去一通亂打。

那馮小寶起初還負嵎頑抗，奈何太平公主是跟他玩眞的，只聽砰砰砰之聲不絕於耳，稍頃大家打累了，停下來一歇，再看回大男人馮小寶，已經被活活打死。

死人，是不會再背叛愛情的！

這就是太平公主的風格，麻辣、彪悍，充滿了大無畏的鬥爭精神。

現在，這個風格麻辣的女人盯上了親愛的侄子李隆基，準備把李隆基幹掉，好讓自己登上女皇之位。

現在情形是，一種性命操於人手，隨時隨地都會大難臨頭的恐怖壓力，滲進李隆基的五腑六臟，滲進身體的每一個組織內部，將他做為一個男人的性本能碾壓粉碎。

嘩啦啦啦……李隆基眞的有可能聽到了他身體裡被擠壓粉碎的聲音。

嘩啦啦啦……這聲音是千眞萬確的，一點也不假。驚恐之中的李隆基再仔細聽，不對不對，這聲音分明不是來自於自己的身體內部，而是來自……來自楊妃的身體內部。

死亡陰影的籠罩之下，楊妃竟然莫名其妙地懷孕了。

發現這樁怪事，李隆基登時急了，「不行不行，眼下的事情明擺著，我壓根就不是姑姑太平公主的對手，說不定哪一天睡下去，等第二天早晨再爬起來的時候，卻發現腦袋已經擺在姑姑的飯桌上，自己死了倒不打緊，偏偏這時候又有了孩子……」

以太平公主的麻辣風格，鐵定饒不了這孩子，說不定會有什麼比死亡更加可怕的事情，落到這個孩子身上。

孩子啊！你他娘的來得太不是時候了！

李隆基哭著，出了門，去找中書門下平章張說，「老張啊，問你個事，你家裡有沒有什麼特效打胎藥？有就給哥們兒點，哥們兒求你了。」弄來打胎藥，李隆基回到府中，關上門，親自開始熬藥。

藥吊子裡冒出騰騰熱氣，李隆基拿扇子在一邊搧著，忽然間一個盹睡襲來，李隆基腦袋往前一撞，就聽啪，嘩啦，嘁哩喀嚓，咕嘟嘟嘟……藥吊子被他弄翻，藥汁淌了一地。無奈，李隆基只好再去找張說，「老張啊，你還有藥沒有？再給哥們兒點。」回來再煎，又聽咕嘟嘟，啪，嘩啦，嘁哩喀嚓……藥汁又沒了。

李隆基第三次去找張說，「老張，再給哥們兒點藥，哥們兒這點兒背的……」回來繼續煎，咕嘟嘟，啪，嘩啦，嘁哩喀嚓……藥吊子第三次弄翻了。

李隆基第四次去找張說，「老張，你再給弄點藥，不，還是一次給我多一點吧！」

張說納悶，「殿下，你到底搞大了多少女人肚子？要這麼多份打胎藥？」

李隆基回答，「就楊妃一個人，我是怕孩子遭到我姑姑的毒手，所以才想把孩子打掉，可一連三次，藥吊子都弄翻了。」

「弄翻了？」張說大喜，「殿下，弄翻了好啊，這是天意，說明楊妃懷上的孩子福大命大，我說你還不如乾脆……乾脆起兵宰了你姑姑算了！」

「……起兵？」李隆基的心裡，突然燒起希望的火花。

8

宮中又現黑魔法

武妃所思考的問題是為什麼？為什麼自己生下來的孩子，統統都死他娘的了？

答案，已經是不問可知——黑魔法！

西元七一三年，二十八歲的李隆基，與父親偷偷密議，由睿宗李旦宣佈退位，李隆基接掌政權，趁太平公主沒有防備，突然發難。當太平公主被徹底清除之後，相信當時的李隆基，一定一屁股坐在地上，放聲嚎啕起來。

太難了，他這個皇帝之位，來得眞是太難太難了。

從這一天開始，他終於可以徹底擺脫死亡陰影，舒舒服服地呼吸正常人才能夠呼吸到的新鮮空氣。然而，雖然死亡的恐怖已經消除，但他那稀爛的人格卻來不及修復，更可怕的是，現在的他，已經淪爲新一輪黑魔法的目標。

唐玄宗時代，是怪力亂神大行其道的時期，民間怪事不斷，時有美貌妖嬈的狐狸精攔路搶劫男生，常見夜叉鬼四處亂竄。皇宮裡更是怪事好發地點，方士進進出出，仙人高來高去。

最離奇的就是樂工，史書上說，李隆基是個音樂天才，對樂聲表現出異乎尋常的熱情，他有一枝神秘的簫管，該簫管透明剔透，吹奏起來，就見漫天神佛，現出法象，更有仙子冉冉而至，仙人騎著異獸往來奔波，總之是件稀世罕寶。

那麼這椿寶物，李隆基是從哪兒弄來的呢？很有可能是從地下挖出來的，不過，好端端的，李隆基爲啥要挖地呢？

說過了，當時宮中黑魔法盛行，尤其是中宗李顯的皇后韋氏，曾經在皇宮埋下許多蠱蟲，每到午夜，清冷月光喚醒這些沉睡的蠱蟲，就見土地中蠕動起一片藍幽幽的異光，一隻隻形狀詭異的怪蟲，振動著羽翅飛上夜空。別看這些蠱蟲滿天亂飛，可這些蟲子都是殭蟲，是死蟲子的屍體，只不過這些蟲屍經過特殊處理過，能夠於冷夜幽深之際，進入人的夢境，使人陷入恐怖噩夢之中。

總之一句話，當李隆基幸福地睡到龍床上後，就會見到數不盡的恐怖鬼祟，也許是看到成群結隊的骷髏在宮裡到處散步，或是看到散發著惡臭的腐屍硬往他的龍床上擠，又或者看到安樂公主的腦袋飛來飛去，聽到太平公主那陰森森的叫魂之聲：「還我命來，還我命來……」

一次次從噩夢中驚醒，李隆基發現自己麻煩大了，這座皇宮沒辦法睡了，正在痛苦之際，從外邊走進一個美貌的女孩子，「陛下，你怎麼不睡了呢？」

李隆基道：「睡不著……老是做怪夢。」

那女孩子道：「做惡夢沒關係，來，陛下，我來給你唱搖籃曲。月兒明，星兒亮，我的寶寶，睡呀睡著了……」

李隆基被這搖籃曲唱得神魂顛倒，情不自禁一把抱住對方，「唱得好，不過，我有個更好的法子，讓咱們睡下後不做惡夢……」眨眼間工夫，法子用完了，他滿足地喘息問道：「貴姓啊，怎麼以前沒見過妳呢？」

那女孩子笑道：「我就是武妃啊，自打生下來就入宮了，一直在宮裡等你，等到今年，已經十六年了……」

武妃！她終於等到了。

在她出生的第二年，武則天召集李隆基的父親李旦、三大爺李顯及武氏族人，於明堂宣誓結為一家，永不相棄，當時把李顯的女兒安樂公主嫁到武家，而武家的小丫頭，卻直接抱到宮裡來了。武則天埋下這個棋子，正是為了等待今天。

等待今天幹什麼？

天曉得，反正以後武妃專寵，按倒李隆基，只聽嘁哩喫嚓，就見李隆基亢奮地搔牆皮、抓欄杆、撕床單，眨眼工夫，就為李隆基生下一個兒子、兩個女兒。

可這三個小嬰兒落地哇哇哭了幾聲後，就閉上眼睛，停止呼吸，莫名其妙地死掉了。

後來武妃又生了一個兒子，卻不敢養在宮裡，生怕跟前三個孩子一樣不明不白死掉，便將孩子送出宮。

這孩子此行出宮，負有重大使命，把天下第一美女楊貴妃引入歷史，因爲他便是壽王李瑁，楊貴妃的首任丈夫。

歷史進入最詭異的時代，讓我們來看看這不可思議的佈局。

最早的時候，齊王李元吉的妻子楊氏，唆使李世民引爆玄武門兵變，爾後是楊氏生下來的女兒武則天進入皇宮，盡殺李氏皇族。現在，和武則天一樣由楊氏生下來的武氏出現在李隆基身邊；再往後，由武氏送出宮的兒子，還負有將楊貴妃引入宮中的歷史任務。明擺的是，在當時必然有這樣一個神秘人，利用前隋楊氏女性的絕美基因，精心擬定謀奪大唐天下的計劃，只不過等到武則天登基時，這個暗中的謀劃者已經死了，只剩計劃仍然不斷推進，成了一個精妙無匹卻失去目標的計劃，所以才會總是走到盡頭，就出現讓計劃執行者無所適從的局面。

此前，當武則天成功地奪取全國政權後，卻沒收到歸政於前隋楊氏的命令，所以陷入困惑之中，既斬殺許多李氏皇族，卻又不想讓武家直接接掌皇權，權力的去向成了一個難題。

此後，當楊貴妃征服玄宗李隆基之後，也收不到下一步如何處置的指示，只能閉著眼睛瞎折騰，結果弄出安史之亂，讓楊貴妃好不鬱悶。

現在，武妃或許知道當初武則天抱她入宮，只是因爲她身負武楊兩家的血脈，但她無論如何也想不到，自己生下來並送出宮的兒子，在不久的將來會將楊貴妃引入宮——這種事怎麼猜得到？

如此精妙的計劃，是構建在女性天生的柔弱及獨特思路之上，完全超出人類的想像極限。

想不到這些的武妃，只能按照計劃的要求，說得更明白點，是按照女人的本性思考問題，並在這個思考過程中，繼續推進計劃。

現在武妃所思考的問題是爲什麼？爲什麼自己生下來的孩子，統統都死他娘的了？答案，已經是不問可知：黑魔法！

宮中有人在暗中行使巫蠱之術……是誰幹的？

武妃的目光，轉向了皇后王氏。

9

從此成為公務員

除了趙麗妃，宮中另有生下鄂王李瑤的皇甫德儀，以及生下光王李琚的劉才人等美女，這些美人都是幸運地遇到李隆基，加入公務員隊伍，還生下了皇子。

武妃猜對了，暗中在宮中施展黑魔法的，眞的是皇后王氏。

那麼王氏爲啥要這麼幹呢？

事實上，有關這個問題，最上火的就是王氏本人。

她在事發收押之後，悲憤莫名，據理力爭，「我爲啥不能這麼幹呢？啊，爲啥？你們說爲啥……到底是爲啥？」

有關王氏在宮中暗使巫蠱之術一事，在《舊唐書》上有著詳細記載，書上說王氏之所以這麼個搞法，是因爲李隆基這廝超級奇怪，他最大的特色就是見不得女人，不管走到哪裡，只要一見到美貌女人，甭管是誰，衝上去就想幸御。

比如說，長安城中有個名妓叫嬌陳，色藝雙絕，名動京師。時逢讀書士子柳齊物赴京趕考，來嬌陳這裡一擲千金。嬌陳開玩笑曰：「第中有錦帳三十里，即奉事終身。」意思是說，嘿，哥們兒，想娶我嗎？容易，只要你小子家裡有錦帳三十里，本姑娘就嫁給你……這原本是一句玩笑話，不想第二天柳齊物就送來三十里的錦帳，弄得嬌陳啞口無言，只好嫁之。

嬌陳嫁給柳齊物的事，很快在長安城中傳開，李隆基聽說此事，興奮莫名，當即命令士兵將嬌陳拿來，他要親自幸御。

史書上說，如狼似虎的士兵衝入柳齊物家，將大財主柳齊物打了個半死後，不由分說地扛著嬌陳進宮。

一進宮，李隆基就疾撲過來，按倒嬌陳，不想嬌陳抵死不依，兩人劈哩啪啦打了大半夜，累得李隆基眼冒金星，忍不住怒吼道：「妳狠，竟然敢不讓老子幸御，來人啊，替老子按住她，老子今天非要幸御她不可！」

這時候嬌陳急忙哭求，「陛下，求你了，你是有身份的體面人，不能拿自己當土匪流氓胡來啊！」

李隆基怒道：「妳當我願意胡來嗎？還不是妳死揪住褲頭不開……」

嬌陳道：「陛下，不是小女子不肯答應你，只是因爲……我有老公了，這事咱們總得先問問我老公吧，陛下你說是不是？」

李隆基：「是妳個頭啊是，再不答應，老子他媽的乾脆把妳老公幸御了！」

嬌陳道：「我老公也是個男人，你們倆大男人幸御個什麼勁呢？」

李隆基悲憤了，「噢，妳不答應，妳老公也不行，那讓朕咋整？妳難道想活活憋死朕啊？」

嬌陳突然靈機一動，「對了陛下，我老公雖然是個男的，不方便幸御，不過，他有個漂亮妹妹，也就是我的小姑，她現在天天窩在家裡，連個男朋友都沒有，要不陛下你乾脆幫個小忙，把我小姑子幸御了吧……」

有分教：脫袍換位薦小姑，玄宗皇帝樂到哭。話說嬌陳被強擄入宮，巧妙地使了個金蟬脫殼之計，將自己的小姑貼給李隆基，自己則逃脫出宮，回家跟老公柳齊物快活去，這段故事，是開元年間最激動人心的一段佳話。

佳話雖是佳話，但李隆基那等同流氓土匪的品行，由此可見一斑，這位被嬌陳騙入宮中的柳氏，替李隆基生了個兒子，封玢王。

玢王這件事，倒也不稀奇，更稀奇的是，李隆基封的太子李瑛，其生母竟然是一個謎，在任何正統的史書上都查不到這孩子母親的資料，好像這皇太子是從石頭縫裡蹦出來的一樣。

說起這皇太子李瑛，還得先把話題扯到遙遠的潞州，話說早年潞州有個容貌絕美的三陪小姐，才藝傾動江北。數不清的大爺及領導趕著馬車晝夜兼程，前往潞州，哪怕只是聞一聞這位絕色美女的味道，也算占到便宜。要見這位名妓，必須提前排隊，單只是拿個號碼牌就需要五千兩銀子，而且還排到兩年後。總而言之，這名妓已經火到不能再火，身價之高，天下根本沒什麼男人能夠啃得動。

忽然有一天，一個少年子弟駕車而來，後面跟著浩浩蕩蕩的城管隊伍，這夥人殺到名妓閣樓之下，不由分說，當場將在門外預約排隊的客人打得鬼哭狼嚎，四下逃竄。

然後，那貴公子緩步走上閣樓，見到名妓，猛吞一口口水，「不錯不錯，難怪妳的身份這麼高，長得眞是國色天香，我見猶憐……說吧，要多少銀子？妳開個價，以後就由我包養妳了！」

名妓微微一笑，令花月失色，「公子爺，只怕你出不起這個價錢。」

貴公子冷笑一聲，攤開一張紙，「妳看清楚了，這是什麼？」

名妓上前一看，頓時色變，「公子爺，你有這張表格，那絕對出得起價錢，小女子以後就託付你了……」

那貴公子攤開的紙張，究竟是什麼呢？

是一張公務員入職表！來的正是玄宗李隆基，這廝想讓誰當公務員，就讓誰當公務員，而公務員在大唐帝國屬紅領，吃是國家的，用是國家的，連女朋友的開銷，都由國家報帳，不管多麼大價錢，也大不過國家去。

就這樣，這個名妓被李隆基正式包養，入宮之後就是趙麗妃，替李隆基生下第二個兒子李瑛，也就是剛才說的皇太子。

除了趙麗妃，宮中另有生下鄂王李瑤的皇甫德儀，以及生下光王李琚的劉才人等美女，這些美人都是幸運地遇到李隆基，加入公務員隊伍，也生下了皇子。

請注意，無論是趙麗妃、皇甫德儀、劉才人，抑或是正在得寵的武妃，這些女人有一個共同特點：她們都美貌無雙，並且都誕下皇子。

只有皇后王氏，始終沒機會生育，試想她心裡該有多麼上火？

然則，何以王氏始終沒有生育呢？

正如我們在前面分析過的，當李隆基娶王氏時，正承受著巨大死亡壓力，這股心理壓力碾碎他的男性生理機能，導致性取向產生紊亂。單只看他追求趙麗妃及嬌陳的特點，就知道他心裡已扭曲到極點，除非是錯亂的汙穢淫欲，否則無法挑動他的興奮。

實際上，李隆基和王氏從未有過成功的夫妻生活，與王氏在一起時，他的身體首先被喚醒的，是行將死亡的巨大壓力，正爲了逃避這種壓力，他才如同一個浮浪子弟般地到處亂竄，尋芳獵艷。

所以，王氏才會始終得不到機會生育。

皇后無子，這便預示著可怕的危險，皇太子的母親八成可能入主皇后寶座，取而代之，這就是王氏心裡的怨憤與恐懼。

不唯是王氏恐懼，王氏的家人，她的親哥哥王守一，更是驚心不定。

對王守一來說，妹妹寵辱就是家族的福禍所繫，倘若妹妹能夠生下兒子接掌皇位，那麼未來自己就是皇帝的大舅，普天之下，呼風喚雨、予取予求。反之，如果妹妹始終無法生育，反倒被別人從皇后寶座上掀翻，那王家可就慘了，沒得飯吃不說，恐怕連性命都難保。

生死榮辱，關係重大，一定要找個法子解決這個問題。

可是有什麼法子呢？

王守一的目光，轉向黑漆漆的夜空。

這麼大的世界，總會有些極盡神秘的事情發生，倘若能夠找到促成這神秘現象發生的人，就能解決所有問題。

黑魔法，古稱巫蠱之術，在此浮出水面。

10 鬼影幢幢大明宮

打這一天開始，就好似有誰偷偷打開了地獄之門，所有冤魂怨靈全都跑出來佔領皇宮，在宮裡到處亂竄，追逐宮人，戲弄太監。

《舊唐書》上記載說，皇后王氏的哥哥王守一，踏破鐵鞋，翻山越嶺，不辭辛苦，跋山涉水，終於在一座山谷中找到一個精熟巫蠱之術的僧人。這僧人名叫明悟——都研究到巫蠱之路上去了，明擺著走上了邪道，還明悟呢！

糊塗的明悟腳踏芒鞋，飄然入京師，由王守一暗中安排，在夜黑人靜之際，悄悄潛入宮中，在王氏的床邊生起一堆熊熊烈火，接著赤足踏火，且舞且歌。

「你到底有幾個好妹妹，爲何每個妹妹都嫁給眼淚，你到底有幾個好妹妹，爲何每個妹妹都樂意陪你睡……」一曲歌罷，明悟和尙取出一截黑黝黝的木頭，說道：「好教各位得知，此木非世間凡品，乃霹靂木是也。那麼啥叫霹靂木呢？就是被雷電轟擊過，雷火燃燒過，正如歌中所唱，這塊木頭，雷電轟過雷火燒過你我曾在木下祈禱過……現在小僧把這塊木頭刻成一塊方印，上刻『李家小三子隆基急急如律令，快點回家陪老婆睡覺』，覺睡多了，孩子就會懷上的了，等皇后懷上孩子，就是未來的武則天了。」

王守一和皇后妹妹連聲道謝，「謝謝大師，謝謝，你慢走，不送了……」

明悟和尚從皇后的臥房出來，迎面正好遇到武妃，武妃問：「和尚，吃了沒？」

明悟回答道：「吃了吃了，女施主妳吃了沒？」

武妃道：「吃過了，和尚，你來宮裡，有啥事沒有？」

明悟道：「也沒啥事，就是弄點黑魔法、巫蠱之術，都是小CASE，您別笑話。」

武妃道：「看你說的，誰會笑話你呀？」

聊過天後，武妃回臥房，鑽李隆基被窩裡睡覺，李隆基問道：「武妃呀，剛才妳跟誰說話啊？」

武妃道：「沒跟誰。」

李隆基道：「不對，我分明聽見妳和一個男生嘀嘀咕咕的。」

武妃道：「哪來的什麼男生啊？就是皇后請來一個野和尚，進到宮裡弄點黑魔法啥的……」

「黑魔法？」李隆基騰地坐了起來，「我說我每天夜裡都冷汗直冒，心驚肉跳，經常看到形形色色的鬼怪滿宮殿亂竄呢！原來是皇后她施了邪術……來人啊，趕緊給我把皇后逮起來，搜出那什麼黑魔法！」

刑官連夜入宮，不由分說將王氏從床上拖下來，可憐的王氏至死不悟，懷裡還死死抱著那塊霹靂木。如狼似虎的武士上前一頓暴打，將霹靂木搶過來，仔細一看，上面果然刻著李隆基的名字和生辰八字。

物證這就算有了，接下來是供詞。

王氏淌著淚，一五一十把事情經過說出來。

刑官將案子報到李隆基的面前，「啓奏陛下，是這麼回事，黑魔法一事千眞萬確，只不過，皇后擺弄黑魔法的目的，並不是爲了謀害陛下，只是想和你睡覺……陛下你也知道，女生閒著沒事就愛琢磨這個，陛下你看，這個案子……」

李隆基道：「這不是睡不睡覺的問題，問題是，她爲了和我睡覺，搞出這黑魔法超嚇人，每天夜裡都會從地下鑽出一些披鱗掛角的怪東西，揪我的耳朵，扯我的尾巴，嚇得我夜夜睡不安穩……」

「居然敢揪陛下的尾巴？」刑官大驚，「這事可不得了！那要不這樣好了，畢竟這事王氏不是主謀，主謀是她的哥哥王守一。依臣的意思，王守一潛入宮中暗施黑魔法，罪不可赦，判處死刑，立即執行。至於皇后王氏……就把她開除出公務員隊伍，發配到冷宮，接受廣大宮女的監督，陛下你看如何？」

李隆基欣然，「准奏。」

倒楣透頂的王皇后，受哥哥連累，就這樣被打入冷宮，倒是明悟和尚去向不明，多半蓄髮改當老道，又到什麼地方賣他的情人忠貞藥去了。

此時宮中后位虛懸，李隆基考慮，「要不……讓武妃當皇后如何？」不想，卻遭到名臣張九齡的強烈抗議。

張九齡說：「陛下，你缺心眼啊，你也不說你現在的皇太子是誰。皇太子是前三陪女趙麗妃生的李瑛啊，本來就受出身不好一事拖累，你現在再搞一個武妃當皇后，那還不如乾脆先宰了太子呢！」

李隆基一聽，「我靠，愛卿你說得有道理啊！武妃絕不能當皇后，武妃當了皇后，就搞成利益多元化，矛盾迭出，這事就算了吧。」

卻說武妃聞知名臣張九齡反對她當皇后，非常氣憤，就去找張九齡的死對頭，歷史上有名的奸相李林甫。

說起李林甫這廝，其人在歷史上大名鼎鼎，他做宰相時，李隆基委託他搞公務員考試，凡考試成績優秀的，一律選拔到朝中爲官，由李林甫出題。也不知道這傢伙出的是什麼怪題，天下才子黑壓壓地湧來參考，竟無一人能夠回答上他的怪問題，後來李林甫正式宣稱，「公務員素質是最優秀的，水準是最高的，如果你不是公務員，那你肯定不優秀，水準肯定差。」

正在朝中食槽子裡紮堆狠吃的官員們聽了大喜，立即推波助瀾，舉手贊成，只苦了像大詩仙李白、大詩聖杜甫等知識份子，竟然莫名其妙被扣上頂「素質差」的帽子，被拒於公務員隊伍門外。

李林甫，首創公務員高素質學說，從此名垂青史。

這件事情也給了我們一個人生小智慧：但凡你遇到有人叫嚷公務員素質高，對方十足十是個蹭飯吃的混子。

要知道，公務員隊伍自古以來就是不需要技能與本事的混日子領域，再高素質的人擠進這個圈子裡，用不了多久就會退化，更何況這個圈子天生有著逆淘汰機制，只篩選最無能、最沒本事的人進入，以免對原有的利益結構造成衝擊。

總之一句話，所謂的素質高，表現在當事人不斷提高自己素質的過程中，所以眞正高素質的人，絕無可能到處嚷嚷自己素質如何；到處嚷嚷自己素質高的人，正是因爲他們沒素質。

雖然普遍來說，公務員素質以混日子爲主，但李林甫能夠創造出這一理論學說，證明他的素質不低，所以武妃才找上他來問計謀。

聽說了這個情形，李林甫笑道：「這點小事，妳不就是想幹掉三陪女趙麗妃的兒子，然後自己當皇后嗎？跟妳說吧，那趙麗妃都把自己混成三陪小姐了，可知她的智商多麼差勁，這種女人生出來的孩子，想來智商也不太可能靠得住……過來過來，附耳過來，我教妳一個法子。」

武妃把耳朵湊過來，就見李林甫咬住那嫩生生的耳朵，啪唧啪唧一番嘶啃。只見武妃面有喜色，情不自禁地大叫一聲，「我靠，老李，你眞不愧是絕世奸相，居然能想得出這麼損的主意來！」

李林甫老大不樂意，「這娘們兒，人家好心幫妳出主意，妳還叫人家絕世奸相……」

武妃得到李林甫的授計，飛也似地趕回宮裡，先唱搖籃曲哄李隆基睡覺，隨後派人去叫太子太瑛、鄂王李瑤還有光王李琚，通知他們說：「不得了了！宮裡來了刺客了，要殺你親爹啊！快點快點，拿上切菜刀快點去皇宮，保護你親爹！」

細說起這仨孩子，他們的智商並非低到多麼不堪，可問題是他們的對手太過厲害。在人類歷史上，從未出現過第二個能夠在心眼上與蓋世奸相李林甫一較短長的人，而且李林甫的計劃突如其來，超沒水準，讓人反應不及。

太子兄弟三人接到命令，不可能不產生絲毫疑心，可如果救駕來遲，那後果更嚴重，所以兄弟三人，想也沒想就爬起來，光著腳丫子，高舉著切菜刀，嘴裡發出一長串的吶喊聲，「衝啊！殺啊！擋我者死，與我殺啊……」嗚嗷怪叫著殺入皇宮裡。

聽到外邊傳來的打殺之聲，李隆基飛跳下龍床，撇下武妃不顧，撒丫子狂奔出宮，去召宰相李林甫，「快快快，老李，快點把宮裡的叛亂分子幹掉。」

「小事一樁。」李林甫口中應著，心裡偷笑，率士兵衝進去，先不由分說，把太子三人打得半死不活，擒捉起來。

聞知叛亂被平定，李隆基才鬆一口氣，「那什麼，老李，這事怎麼解決？快點拿個方案出來。」

不想李林甫斷然拒絕，「不好意思陛下，這是你自己家裡的事，老臣不便插手。」

「你不插手……」李隆基聽了心裡竄火，「你奶奶的，你不插手，難道老子還不會殺人嗎？傳旨，將太子李瑛、鄂王李瑤、光王李琚統統開除，廢為庶人……還有還有，你們哪個機靈點，替老子悄悄把這仨小王八蛋宰了！」

《新唐書》說，「太子瑛、鄂王瑤及光王琚同惡均罪，並廢為庶人，鏽賜死。」最後那句話就是悄悄弄死的意思。

親生兒子一殺就三個，李隆基這廝真夠狠的。

這三個冤乎枉哉被害死的孩子，在當時民間獲得極大的同情，被稱為「三庶人」，就是三個倒楣蛋的意思。然而三庶人冤魂不散，導致宮中再出禍祟，最先被三個冤魂纏上的，當然是武妃。

話說武妃夜裡正在睡覺，忽聽外邊有人踢哩踏啦地走了進來，上前一掀她的被子，「嗨，好久不見。」

武妃瞪眼一看，頓時魂飛魄散，「啊，怎麼會是你們？你們不是已經死了嗎？」

來的人，正是以太子爲首的三庶人冤魂，就見三人滿身血汙，散發著腐臭氣味的內臟，不斷從他們身體上的裂口劈哩啪啦掉出來，恐怖氛圍中，只聽三個冤魂笑道：「我們死了是不假，但死了不等於事情就完了，好端端的，妳把我們哥倆冤死，這事妳總得給個說法吧？」

說法……死都死翹翹了，你還要什麼說法？武妃心裡很是鬱悶，坐起來往外看，只見外邊陰氣森森，數之不盡的邪物鬼祟到處亂竄。有舌頭拖得長長的吊死鬼，有赤裸著醜陋身體的溺死鬼，有死了幾千年肉都爛光的骷髏鬼，有剛死不久渾身上下的腐肉裡往外鑽蛆蟲的汙穢鬼……

這些妖魔鬼怪見到武妃之後，頓時一個個欣喜若狂，向她用力招手，大聲歌唱起來，「來，來，來，快到我的身邊來，來接受我這眞摯的愛……」

聽見那陰氣森森的鬼吟，武妃眼睛一翻就昏死過去。

史書上說，打這一天開始，就好似有誰偷偷打開了地獄之門，所有冤魂怨靈全都跑出來佔領皇宮，在宮裡到處亂竄，追逐宮人，戲弄太監。

李隆基駭得打斜躲出去，可是武妃沒地方可躲，只能蜷縮在被窩裡，四周圍繞著一大群可怕的鬼物，不時掀開她的被子，搔她的腳心，揪她的耳朵，還貼在她耳朵邊上說些髒話。

可憐武妃一個大活人，哪受得了這麼多冤鬼折磨？雖然也高價請來和尚道士做法事，可是沒用。和尚不做法事倒罷了，這法事一做，宛如吹響九幽陰府的集結號，連異邦的吸血鬼人狼等怪物也都紮起木筏，駕駛著獨木舟，漂洋過海地趕來，參加這場空前盛大的怪物大集會。

皇宮頓時淪陷，淪爲非人間。

沒辦法了——不對，於武妃而言，還有最後一個辦法。

西元七三七年，武妃被冤鬼活活嚇死，她死後，宮裡刷地一聲，所有冤鬼怨靈好似被一陣風刮走，徹底消失不見。

這一年，李隆基也已經五十三歲了。

11 皇上喜歡重口味

「別別別……」高力士急忙攔住，「陛下，我知道你的意思，你不就是想霸佔你兒媳婦嗎？可搶兒媳婦也沒有這麼個搶法的……」

武妃死了，李隆基高度評價武妃的政治貢獻，追謚爲貞順皇后，算是圓了武妃的皇后夢。開完追悼會，李隆基一把揪過來親信太監高力士，「知道什麼地方有女人嗎？快給老子找幾個來。」

高力士道：「女人……這宮裡黑壓壓密麻麻的，不全都是嗎？」

李隆基氣道：「老高，你有毛病啊？老子說的是才藝雙絕、美貌無雙的女子，宮裡清一水的老打工妹，大多數年紀比老子還老，給你你要不要？」

高力士道：「噢，原來陛下是想要美貌才女，有有有，福建有個女才子江采蘋，乃咱們大唐詩壇上的女霸主，詩寫得那叫一個棒，人長得那叫一個美，陛下，你來看看她寫的詩……」

李隆基一把推開高力士，「我說老高你到底有什麼毛病啊？給我看詩幹什麼？我要的是女人！」

於是高力士立刻支領差旅費，出差去了趟福建，到地方召集當地的城管部門，吶喊一聲，衝進女詩人江采蘋的家，不由分說地將嚇得吱哇慘叫的江采蘋扛起來，送進宮裡。

李隆基大喜，爬到床上，對江采蘋說：「妳的名字叫江采蘋，明擺著喜歡清淡口味，可老子喜歡的是重口味，嗯……妳以後不許再叫江采蘋，就叫梅妃吧，采蘋清淡，梅香濃烈，慢慢地妳就會適應現實了……」從此梅妃專寵，又留下一段明唐佳話。

搶來詩壇美女江采蘋，李隆基心裡極爲興奮，琢磨著想召開一個盛大的宮中PARTY，讓全天下人都知道自己晚年生活多麼幸福。

PARTY很快就舉辦，朝廷高官、貴室美婦，齊齊排成一望無際的長隊，浩浩蕩蕩地入宮。李隆基坐在龍椅上居高臨下，心裡咯咯地樂，瞧你們這些老菜幫子，你們哪個的女人，能有老子的女人漂亮？告訴你，老子的女人……突然間，李隆基原本幸福的臉僵住，大嘴張開，眼珠暴凸，直勾勾地盯著底下隊伍中的一個女生。

那是個小女生。這時候這個女孩子才十六歲，而李隆基已經奔六十，無論怎麼說，這女孩子都是個孩子，李隆基則屬於德高望重的爺爺輩。

可是李隆基的眼珠仍然跌出，口水溢出，好久好久，直到高力士提醒他，他才咻的一聲，將口水嚥進肚子裡，然後問高力士，「老高，那個女生，就是那邊那個，是誰家的女人啊？怎麼我以前沒見過？」

高力士伸長脖子仔細一看，笑道：「噢，那是壽王妃。」

李隆基道：「啥叫壽王？」

高力士道：「壽王就是李瑁。」

李隆基道：「李瑁又是幹啥的？」

高力士道：「李瑁就是……就是你的兒子啊。」

李隆基道：「我有這麼一個兒子嗎？」

高力士道：「有有有，陛下不信可去查，壽王李瑁，是你的第十六個兒子。」

「不可能！」李隆基斷然否認，「怎麼我不記得有這回事呢？」

「你不記得是因爲……」高力士費力解釋道：「是因爲壽王的生母是武妃，可是因爲武妃前面生下來的三個孩子都神秘死掉，害怕這個孩子也會出事，就把他送出宮。」

「送出宮了啊……」李隆基沉吟道：「照你這麼個說法，那這個壽王很可能是假冒的，你想啊，你又如何能夠證明他就是當年送出宮的孩子呢？說不定那孩子早就死了，現在這個傢伙冒充壽王，混進宮裡來，擺明了是圖謀不軌啊，老高你磨蹭什麼？還不快點命人將這個傢伙抓起來，給老子往死裡打……」

「別別別……」高力士急忙攔住，「陛下，我知道你的意思，你不就是想霸佔你兒媳婦嗎？可搶兒媳婦也沒有這麼個搶法的，你又何必急成這個樣子……好了好了，老奴不說了，反正陛下你把這事交給老奴吧，老奴保證讓你得到壽王的媳婦，好不好？」

次日，高力士率一夥暴徒闖入壽王府，「壽王在家嗎？哦，你在家呀，過來跟你說個事，不是說你和楊妃婚後夫妻感情不好，老是鬧彆扭嗎？現在好了，朝廷已經做出決定，批准你們夫妻兩人立即離婚。」

壽王聽得目瞪口呆，「高公公，你聽誰說我們夫妻感情不好？真能瞎掰，跟你說我們倆的感情可好了！」

「好你個頭啊好！」高力士把臉一沉，「你這孩子怎麼瞪眼說瞎話呢？朝廷都批准你們離婚了，你還非瞎說夫妻感情好，感情好我跑這裡幹什麼？甭廢話了，把你老婆叫出來，馬上跟我走！」

壽王就這樣眼睜睜地看著自己的愛妻被一夥太監強行擄走，悲憤欲絕，仰天長慟，「老天爺啊，這是個什麼世道啊？你睜開眼睛看看吧，看看吧，這世道還是他媽的正常人待的地方嗎？」

這可憐蟲不久就在歷史上消失，有說他是鬱悶死的，還有說他是被迫鬱悶死的，但無論如何，他死前鐵定非常鬱悶，而且按他父親李隆基的麻辣風格，一定會讓這孩子臨死之前突破鬱悶的最高極限。

總之，楊玉環終於來了，大唐的開元盛世，由此走向它最黯淡的時光。

12 齷齪的風情

可以想像，當楊玉環被按在六十歲老公公身下之時的那份委屈、那份彆扭、那份說不出難受的滋味，實在是沒辦法再提。怎麼辦呢？要不乾脆弄把刀，捅了這骯髒的老頭？

壽王妻子楊玉環，被朝廷強迫和丈夫離婚後，高力士帶她到宮裡一間怪怪的茅草屋，「小楊啊，猜猜這裡是什麼地方？」

楊玉環提心吊膽地左打量、右打量，越看越不對頭，「這地方……肯定不是什麼正經人待的……」

「妳真聰明！」高力士高興地大叫起來，「一猜就中，這裡正是國家最高領導人辦公場所，還真不是正經人待的地方！」接著突然間在楊玉環後背用力一推。

楊玉環哇的一聲，一頭撞了進去，正撞入一個怪老頭懷裡，嚇得楊玉環尖叫起來，「快來人，救命啊！這裡有隻大色狼！」

李隆基哈哈大笑，「愛妃所言極是，朕乃皇帝，可不是天底下最大的色狼嗎？如今妳這隻柔弱的美麗羔羊，落到我這老色狼的嘴裡，從此人類的歷史又該留下浪漫的詩篇了，哈哈哈！」

楊玉環的慘叫聲，穿越皇宮那陰森森的宮牆，一直傳到長安城的城鄉結合部，在來自全國各地的打工族中廣泛引起討論，徹底影響了後來最有名的文字民工之一，白居易。

聽到民間傳說而激動不已的白居易，提筆寫下傳頌千古的不朽詩篇《不恨歌》。

《不恨歌》？不是《長恨歌》嗎？

開始時寫的是《不恨歌》，意思是說小姑娘嫁給六十歲的糟老頭，雖然年齡不匹配，但人家老爹有房、有車、有錢還有權，小姑娘楊玉環應該沒什麼怨恨的……後來這首長歌幾經修改，才變成了《長恨歌》。

在詩中，白居易縱情訐寫道：「漢皇重色思傾國，御宇多年求不得。楊家有女初嫁人，老公藏起人不識。天生麗質藏不住，一朝按倒君王側。淚流滿面百媚生，六宮粉黛無顏色。春寒丟進華清池，溫泉水滑洗凝脂。大家撈出軟無力，始是老頭施暴時。雲鬢花顏頭亂搖，皇帝老頭樂陶陶，晴天白日還大睡，君王壓根沒上過朝……」寫著寫著，突然醒過神來，不對呀，這麼寫太寫實了，寫實是不和諧的，會被衙役請去喝茶的，不行不行，勢必要撕掉重寫……

於是白居易重新開寫：漢皇重色思傾國，御宇多年求不得。楊家有女初長成，養在深閨人未識。天生麗質難自棄，一朝選在君王側。回眸一笑百媚生，六宮粉黛無顏色。春寒賜浴華清池，溫泉水滑洗凝脂。侍兒扶起嬌無力，始是新承恩澤時。雲鬢花顏金步搖，芙蓉帳暖度春宵。春宵苦短日高起，從此君王不早朝……

這回，白居易總算對上路子，單憑這首跟歷史八竿子打不上的詩篇，他老兄就名垂千古。

總而言之，我們的傳統文化就是這樣不堪，不管是多麼骯髒、多麼齷齪的事情，領導人幹了，大家都拼了老命往高處抬，連強暴都要弄得充滿綺思妙韻。而不管多麼正確，多麼偉大的事情，是非領導人做的，大家便拼了老命往下壓，實在壓不下去，就大搞誅心之論，愣說你存心不良。

這種文化由來已久，已經漫入我們的內心，凝塑在我們的傳統人格之中，要想讓我們恢復正常性的思維，是比較艱難的。

不管怎麼說，史上最齷齪的事情就這樣發生，可以想像，當楊玉環被按在六十歲老公公身下之時的那份委屈、那份彆扭、那份說不出難受的滋味，實在是沒辦法再提。

怎麼辦呢？要不乾脆弄把刀，捅了這骯髒的老頭？

可是捅人這種活，不是一般女生能夠幹得出來的，更何況李隆基這人也不太好捅，雖然不過是個糟老頭子，可宮裡宮外所有人都認爲他享有爲所欲爲的特權。照大家看來，他看上兒媳婦那是她楊玉環的福氣，楊玉環要是不答應，後面多得是排著隊渴望李隆基一夜情的女人。

更要命的是，楊玉環一入宮，就徹底與正常社會脫節。宮裡邊黑壓壓密麻麻的女人全都用羨慕眼光看著她，被這眼光看久了，楊玉環的思維也漸漸被扭曲，看來自己還是有點魅力，滿世界就這麼一個男人，卻被我碰上，雖說是老了點，總比沒有更強吧！

皇宮中只有一個男人，是改變楊玉環想法的決定性環境。

但楊玉環心裡還是不痛快，畢竟自己以前也曾經和年輕小伙子睡過，如今被李隆基這缺德老頭把帥哥都藏起來了……要不那什麼吧，跟老頭下棋玩吧。

史書上說，李隆基這人是個音樂天才，還說他琴棋書畫樣樣精通。但實際上，李隆基這人的EQ超低，玩什麼都玩不明白，只不過他是領導，棋下得再臭，大家也鼓足了嗓門狂吼，「好棋，眞是好棋！」

這種吼聲聽得多了，李隆基這個臭棋簍子，就眞的以爲自己是象棋天才。可是楊玉環卻毫不客氣地戳穿了他的天才夢。

《明皇雜錄》中記載說，倒楣老頭李隆基，遇到狡黠的小丫頭楊玉環，兩人蹲在地上下棋，老頭一下就輸，一輸就喊「雪衣娘」，這時便會有隻叫雪衣娘的嶺南白鸚鵡撲撲飛來，往棋盤上劈哩啪啦一通亂啄，大家就得再重來……

有一天，李隆基發現自己又要輸，急忙大叫一聲「雪衣娘」！

那白鸚鵡振翅而起，正向棋盤上撲下，窗外卻突聽通的一聲，一隻威風凜凜的老鷹突然飛入，鋼鉤一樣的爪子一把攫住鸚鵡，砰砰砰幾口，啄得雪衣娘腦殼碎爛，就此一命嗚乎。

在李隆基目瞪口呆之中，那老鷹短斷一聲，從窗口又飛了出去。

是誰幹的？

還能是誰？

凶案的主謀，百分百是楊玉環這丫頭幹的。可是李隆基不敢追究，害怕丫頭生氣，只好流著老淚，爲這隻鸚鵡舉行國喪大典。

到了元代，還有詩人專門扯這閒事，如元朝詩人楊維楨寫詩曰：「金埒近收青海駿，錦籠初放雪衣娘……」諸如此類的懷想。

總之，楊玉環這不情不願的小妮子，和老頭李隆基之間，有得扯了。

13 李白是個文抄公

《蜀道難》這首詩並非如人們想像的在描寫蜀川風景，而是針對於當時蜀川各級領導的政治評價，是一篇氣勢磅礡的戰鬥檄文，更是一張具有空前影響力的大字報。

當楊貴妃走入歷史時，不能不提到另一個非常重要的歷史人物，詩仙李白。

李白這個人，乃歷史上絕無僅有的高妙人物，留下詩篇一萬多，至少有一千多首是千古名詩，繼續流傳個八萬年也不成問題，嘴巴一張就是名句，歷史上能夠與他相比的人，絕對找不到。

雖然絕無僅有，卻並不意味他的人品多麼高雅，儘管現代社會無數女生早也想、晚也想，只渴望能與李白春夢一度，然而在現實中，李白卻是一個非常乏味的男人，不管哪個女人碰上他，少說要倒八百輩子的楣。

這麼個說法，明擺著詆毀我們的大偶像，有沒有依據呢？

有有有！

詩人李白，一輩子結過兩次婚，還和兩個漂亮女生有過非常浪漫的非法同居經歷。他的第一個妻子姓許，家裡超有錢，所以李白有足夠的錢入名山遊玩，錢花光了，再回家去拿。有一次他回家拿老婆的錢，老婆問他，「哎，那個誰，對，就是你，天天到我們家拿錢，憑什麼呀你？」

李白仰天大笑，「某乃詩仙李太白是也，最近剛剛寫了首《長相思》，詩曰：『不信妾腸斷，歸來看取明鏡前。』如此佳句，就是花妳家點錢又怎樣？瞧妳那副摳門樣！」

許氏冷笑，「你也敢說詩？武則天有一句詩你聽說過沒有？『不信比來常下淚，開箱驗取石榴裙。』喂，姓李的，我問你，你和武則天兩個，到底是誰抄了誰啊？」

李白大怒，「打人不打臉，罵人不揭短，看妳這爛娘們兒，我就抄了人家兩句，妳就揪住不放……不帶妳去玩了！」

悲憤的李白從此離家出走，妻子病死時他正在南陽遊玩，對許氏的死無動於衷。也不能說李白薄情寡義，當時他愛上一個姓劉的女人，把人家養老錢花得分文不剩。劉氏大窘，聲稱絕不再為他的酒帳買單，這再一次引發李白的滿腔悲憤，寫詩曰：彼婦人之猖狂，不如鵲之彊彊；彼婦人之淫昏，不如鶉之奔奔；坦蕩君子，無悅簧言。

倒楣的劉氏花被李白花光不說，還從此被釘在歷史的恥辱柱上，有錢居然不讓人家大詩人花，真是太不像話。

此後，李白又與山東的一個女孩子住在一起，這個女孩子比較精明，儘管為李白生了一個兒子，起名叫頗黎——就是玻璃的意思，但她把錢抓得很緊。可惜她再抓緊，也奈不得李白技高一籌，他以借的名義，把錢全都弄出來花光。

後來那女孩哭哭啼啼，揪住李白的短褲不鬆手，「姓李的，你個吃軟飯的王八蛋，今天你敢不還我的錢，我就死給你看！」

李白哈哈大笑，寫下「會稽愚婦輕買臣，余亦辭家西入秦，仰天大笑出門去，我輩豈是蓬蒿人」的句子。看清楚了，看明白了，這句話擲地有聲、鏗鏘有力，至今還時常被我們吼起，可這曠世絕響，不過是李白先生打死不還欠人家的錢，一腳踹開人家走路時的流氓宣言。

這女孩子就這麼悲慘，替李白生了兒子，沒拿撫養費不說，連自己的生活費都被李先生騙光，往後的日子，教這可憐的女人怎麼過啊？

李白才不管這閒事，他疾馳入京，以迅雷不及掩耳之勢，娶了前任宰相，也是當時世界首富宗楚客的孫女，終於翻身成為超級有錢人！

李白給蜀川大總管嚴武修書一封，聲稱自己要去蜀川旅遊，如何一個接待規格，叫嚴武自己看著辦吧。

這封信，李白委託手下一個小兄弟送去，誰知那兄弟竟把路費全部買酒喝了，信也沒送。

李白卻不知道，還悠哉悠哉地前往蜀川，一邊走一邊遠望，看嚴武是不是派人來接他了。可一直走到蜀川，硬是沒有遇到歡迎的隊伍，李白就火大了，巨筆一提，寫出一首傳頌千古的罵人話，《蜀道難》。

在詩中，李白心情沉痛地指出，好端端的蜀川在大總管嚴武的治理之下，弄成「吁噫戲，危乎高哉，蜀道之難，難於上青天……朝避猛虎，夕避長蛇，磨牙吮血，殺人如痲……」總而言之，這個天府之國，在李白筆下已無異於人間地獄。

《蜀道難》這首詩並非如人們想像的在描寫蜀川風景，而是針對於當時蜀川各級領導的政治評價，是一篇氣勢磅礡的戰鬥檄文，一篇抹黑當地領導嚴武的帖子，更是一張具有空前影響力的大字報。

當時嚴武看到這篇文章，看裡邊把自己罵得狗血噴頭，面目全非，當場驚呆，心想這李白是誰？我好像沒惹到這麼一個人吧，他幹嘛跟我過不去？還一出手就往死裡整？

想不明白原因，但嚴武能夠得知後果。後果很嚴重，要知道李白這篇《蜀道難》之所以能傳頌至今，都是因爲內容太具煽動性，從根本上否定以嚴武爲代表的蜀川領導班子的政績，將山川秀麗、人物風雅的蜀川描繪成人間地獄，倘若讓國家領導人李隆基看到，只怕嚴武的腦袋難保。

當時嚴武急了，立即向全國貼出告示，要舉辦一場《蜀道易》有獎徵文大賽，舉凡識字的都可以參加，所有入選徵文將編印成冊，由大賽辦公室頒發高額稿酬。一時間，就見天下風起雲湧，所有讀書識字的人都晝夜兼行，風雨同舟地奔赴蜀川，參加這一次歷史上空前的徵文大賽。

史書上說，這次大賽共收到優秀文章五千餘篇，名字全都叫《蜀道易》，嚴武將這些詩文印製成書，見人就送……可送來送去，現在又有誰知道啥玩意兒叫蜀道易？只有詩仙李太白的《蜀道難》，仍然是萬古不竭地傳頌下去。

這就是歷史上眞實的李白，一個放蕩不羈，缺少家庭責任感的男人。

這樣的人，這樣的故事，不管你是否喜歡，它只會出現在李隆基時代的開元盛世中。

14 到底發生了什麼事？

無論如何，安祿山都不存在著叛亂的可能，誰聽說過瞎子造反的？眼睛都看不到了，造反也是瞎添亂，可他還是不顧雙目失明，毅然決然地舉兵造反……

現在我們再回顧李隆基遇到楊玉環之前的經歷，就會發現一件事：做爲皇帝，李隆基壓根就不稱職。確切來說，他對於皇帝這項職務沒有絲毫責任意識，只是放縱自己，於爲所欲爲的無限權力當中，將自己當作普通的流氓土匪，所琢磨的事除了搶男，就是霸女，從來沒有考慮過正經事。

在李隆基時代曾有一個開元盛世，但明擺著這個盛世跟他老兄沒有絲毫關係，他只是恰好碰到這個時機，全沒爲這個盛世付出過絲毫努力。

隨之而到來的安史之亂，卻與這老兄有著莫大的干係。總之一句話，對於當政者的評價，好事絕對不會跟當政者有任何關係，好事只不過是人民群衆掙脫當權者的束縛，自主性的奮發行爲，而壞事十成十是因爲當政者惡搞的緣故，古今中外皆同。

那麼，李隆基又是怎麼弄出來個安史之亂？

細究起來，實際上李隆基跟這事也沒關係，這事，是那位永遠也無法再找到的幕後操縱者的傑作。

這位幕後操縱人，他在李淵奪取大唐天下後，先用齊王李元吉的妻子楊氏引誘秦王李世民，搞得李世民慾火攻心，不惜冒險發動玄武門兵變；爾後，這個幕後操縱者又安排了個楊氏生下武則天，將李氏皇族殺個精光；再之後，仍然是這位幕後操縱者，通過武則天的手，將武妃安置在宮中，生生搞死李隆基的三個兒子。而現在，又是在這位幕後操縱者的安排下，楊貴妃及其家人正在醞釀一場驚天的大動亂。

原來安史之亂，竟然是楊貴妃搞出來的？

這麼個說法，有證據沒有？

有有有！我們先來看看安史之亂是什麼意思。

這個「安」，指的是唐朝廷培養的少數民族優秀將領安祿山。早年，安祿山駐紮在遼寧的朝陽，官拜平盧討擊使，他出兵攻打境外恐怖分子奚契丹，結果沒搞明白，被恐怖分子們打得落花流水，打了敗仗。按律當斬，於是將人押到京師長安，準備問斬。可當時李隆基一看這安祿山，哇，這個少數民族兄弟的肚皮，好肥大耶！驚其肚皮之肥大，李隆基特赦了安祿山。

安史之亂的「史」，是指安祿山的部將史思明，這個老史不過是在安祿山死了之後，繼續堅持鬥爭，所以歷史才將他們兩人並稱爲「安史」，而他們搞起來的群體事件，則稱爲「安史之亂」。

那麼，安祿山的造反，是楊貴妃安排的了？

這麼說一半對頭，一半不對頭。確切的說，安祿山叛亂，是由楊貴妃和哥哥楊國忠兩人，聯手搞出來的。

那麼，楊家兄妹，又是如何搞出這樁亂子的呢？

詳細說來，事情是這個樣子的：自打楊貴妃受寵之後，楊貴妃的三個姐姐一個哥哥，如飛一般地趕往京師，從此開始享受榮華富貴。這三個姐姐，分別嫁給了豪族崔家、裴家與柳家，被封爲韓國夫人、虢國夫人和秦國夫人。

楊貴妃的親哥哥楊銛，其官位也直線飆升，楊貴妃還有一個「從兄」楊錡，有點不大對頭，李隆基竟然讓他娶了武妃生下來的女兒太華公主。

武妃生下來的女兒，是應該管楊貴妃叫一聲後媽，但這楊錡卻是楊貴妃的哥哥，如今又把武妃的女兒娶回家。這家人明擺著以後有熱鬧可看，單是輩分就理不清楚了。

此外楊貴妃還有一個堂兄，叫楊釗，這小夥子本事超大，抓住這個機會咻咻地升官，最後竟一口氣升到宰相，李隆基還替楊釗改了個名字，叫楊國忠。問題就出在這個楊國忠身上。

這個楊國忠，理論上來說，他的權力、地位，還有榮華富貴全維繫在堂妹楊貴妃身上，所以在行為模式選擇上，和楊貴妃之間應該有著某種默契，雙方各自維護對方的利益，同時在大方向上保持一致。

這種選擇是人之常情，也符合權力規律與處世法則，但楊國忠的表現，卻與他應該做的完全背離，這便構成了歷史上一個奇詭事件——當時一定有什麼事在人所不知的地方悄然發生。

還有一樁怪事，據史書上記載，安祿山起兵叛亂的當年，兩隻眼睛就瞎了。為什麼瞎了呢？因為他患有嚴重的眼病，可能是青光眼，但更大可能是白內障。可以想像，一個雙目行將失明、視物非常模糊的人，心裡應該極度驚恐，這時絕不會瞎琢磨什麼去當皇帝，人在這種情況下最應該考慮的，絕對是去看醫生。

無論如何，安祿山都不存在著叛亂的可能，誰聽說過瞎子造反的？眼睛都看不到了，造反也是瞎添亂。

可是安祿山還是不顧雙目失明，毅然決然地興兵造反，這就表明，在他身上發生一件更為嚴重的事，這事超過心中對雙目失明的不安及恐懼。

到底發生了什麼事？

15 歌頌你媽的乳頭

有一些齷齪的文人，則滿懷陰暗心理地推論，我靠，那安祿山怎就知道楊貴妃的乳頭「滑膩初凝塞上酥」呢？是不是他曾經……嗯，那個什麼過？

當我們翻開史書時，卻又覺得氣悶，實際上在安祿山叛亂之前，所發生的事情並無特別古怪，不過就是楊貴妃超喜歡安祿山，讓他做了自己的乾兒子，還幫他剝光了衣服，丟進華清池裡洗澡。

史書上，有關楊貴妃和安祿山之間的母子親情，記載極為細膩、極為純真，此事始於安祿山奉旨入京，這位少數民族兄弟肚皮超肥，一旦趴在地上，就再也爬不起來。這般憨厚模樣，引發出楊貴妃心裡那深藏的母愛。她和前任公公暨現任丈夫李隆基坐在一起，問安祿山，「老安啊，你這肥膩膩的大肚皮，裡邊都裝了些什麼東西呀？」

安祿山笑瞇瞇答道：「啓奏娘娘，咱這肚子裡邊，裝的都是對皇上的赤膽忠心。」

李隆基聽得有趣，就問道：「安祿山，你弄錯了吧？你應該說啓奏陛下，怎麼敢不理睬朕，而說啓奏娘娘呢？」

安祿山回答道：「不好意思陛下，你落伍了，難道忘記我是胡人了嗎？」

李隆基問：「胡人怎麼了？胡人就不認君父了嗎？」

安祿山回答：「陛下回答正確，加十分！我們胡人，沒有文化，不懂禮法，但我們率眞質樸，中原人的文化禮法，將父親的地位凌駕在母親之上，完全不顧母親懷胎十月的辛苦，這是我們胡人無法認同的。胡人終生感謝母親，只承認母親，不承認父親——不是我們不承認父親，實在是父親在對我們來到這個世界上的努力，完全可以忽略不計。不知陛下以爲然否？」

「然……否！」李隆基聽得頭大，「你這傢伙，滿嘴胡說八道，不過說的倒全都是實話……既然你眼裡只有母親，不認父親，那以後我還怎麼做君父？莫不如……莫不如你乾脆認了貴妃當娘親吧，以後就讓貴妃娘娘來領導你。」

當下安祿山大喜，衝楊貴妃跪倒，眞情地呼喚一聲，「娘！」

楊貴妃也報以一聲深情的回應，「孩兒，娘終於找到你了……」

平白無故落得個大肥兒子，楊貴妃興奮莫名，立即在宮中主持盛典，將兒子安祿山的衣服剝光，用絲帛裹起來，由衆宮女抬到華清池邊上，將安祿山扔到溫泉池裡，咕嘟嘟的灌了他一肚皮溫水。安祿山喘著粗氣，突破宮女們四面八方的圍追堵截，衝出華清池時，迎面正見李隆基老頭坐在太陽下，瞇著眼睛吟詩。

「祿山孩兒，過來過來，我正想寫首詩來，歌頌你媽的乳頭……你瞪這麼大牛眼幹啥？又不是罵你，眞是你媽的乳頭，你不是認了貴妃爲親娘了嗎？現在就是歌頌貴妃娘的乳頭，你爹我已經寫了上句『軟溫新剝雞頭肉』……不過下一句接啥好呢？」

安祿山回道：「滑膩初凝塞上酥。」

李隆基喜道：「軟溫新剝雞頭肉，滑膩初凝塞上酥……我靠祿山，你太有才了，你說出了我心中那種最微妙難言的想法……」

需要說明的是，有關這一段記載，尤其是有關這一首他媽的乳頭楹聯，有些史學家板直面孔不認帳，儘管史書上一筆一劃地寫著，但史家仍堅定不移地認爲這是瞎掰，是抹黑偉大光榮正確的領導人。

另外有一些齷齪的文人，則滿懷陰暗心理地推論，我靠，那安祿山怎就知道楊貴妃的乳頭「滑膩初凝塞上酥」呢？是不是他曾經……嗯，那個什麼過？哼哼哼，原來李隆基老頭腦袋上的綠帽子亮得很哪！

然而，在史學研究上，上述兩種態度都要不得，是錯誤的，應該徹底揚棄並批判。

先說頭一種，持這種態度的史學家，莫名其妙地認爲皇宮是神聖的，領導人連拉屎撒尿都十分偉大。事實上，壓根沒那麼回事，皇宮裡擠著吃飯的，都是飲食男女，沒半點神聖莊嚴可言。皇城之所以修築得巍峨高聳，也正是爲了掩飾這點，藉著高聳的宮牆，帶給世人一種錯覺：裡頭的皇帝及娘娘們的生活何等莊嚴！繼而讓百姓服服貼貼，死心塌地接受被奴役的命運。

後一種觀點，則是將自己的汙穢心理轉移到皇宮裡，認爲自己想像的骯髒事，都會在這發生。事實上，皇宮裡邊跟外邊並無絲毫區別，外邊是凡夫俗子，裡邊則是飲食男女，外邊的人會掩飾自己心裡的骯髒，表現出嚴不可犯的外在，裡邊也一樣；外邊的人有時會紮堆講葷段子黃笑話，皇宮裡邊的彩娥們，自然有時也會放縱一番。

簡單說來，安祿山進宮這事確實在宮裡引發一場有失禮法的亂子，甚至也已經沾到掃黃打黑的邊緣，但最終所有的人還是會板起臉，繼續維持自己的體面，繼續過日子。

也就是說，李隆基和安祿山之間，確實說過一些男女倩慾的悄悄話，就好像任何兩個男人之間，都會趁沒人注意時聊聊美女一樣，可如小文人想像的那段骯髒齷齪，卻未必會發生。一切的事情都跟平常人的日常生活一樣，大家都是有賊心沒膽賊，等有賊膽……賊卻沒了。

賊真的沒了，因爲安祿山很快便返回前線。他在宮裡受到的信任，以及和李隆基、楊貴妃朝夕相處結下的融洽情感，再加上只有自己才知道的青光眼或白內障等眼疾，我們知道，這時的他除了對楊貴妃滿腔感激懷念，絕不會有絲毫的叛亂或踰矩想法。

然而叛亂還是發生了，爲什麼？因爲楊貴妃的堂兄楊國忠。

16 幕後那神秘的推手

安祿山手下有士兵四十萬兵馬，朝廷這邊卻只有二十萬人，藩鎮坐大，太阿倒持，導致李隆基竟受制於一個瞎了眼睛的殘疾人士。

李隆基和楊貴妃把安祿山接進宮，不惜剝光了他的衣服，將他丟入華清池，不是閒得無聊，而是刻意施展的高超籠絡手腕。說明白些，只要和安祿山把感情搞好，讓這大胖子感激涕零、忠誠以報，就可以保得李唐江山穩如磐石。效果也正如李隆基所設定，安祿山確實是懷著一腔忠義及滿腹誠摯回前線。

再說宰相楊國忠，他和堂妹楊貴妃原本是休戚相關、福禍相連，籠絡安祿山既是李隆基和楊貴妃定的國策，此事又由楊貴妃出面收安祿山爲養子，如此說起來，楊家在這場國事公關當中是既得利益者，他沒任何理由不支持。

再者，楊國忠與楊玉環兄妹不同於前段時間的安樂公主與李重潤兄妹，前者是一榮俱榮、一損俱損；後者則是你死我活、有你沒我的鬥狠，再怎麼說楊國忠也做到宰相，這種簡單明白的利害關係應該知道。

然而弔詭的是，楊國忠居然還眞的不支持楊貴妃！

爲什麼呢？

目前，史學界似乎沒想到過對此事做出解釋，因爲這事根本沒法子解釋！除非像我們現在所做的一樣，設定出一個未曾在史書上記載過，來自前隋楊氏皇族設計的復國大計。這個計劃，早在唐高祖李淵時代就已經推動發行，一直運行到安史之亂前，足足有一百五十年之久。

最初制定者早已在墳墓裡爛得只剩下骨頭，可計劃還是在隱密狀態之下繼續運行。就好像一個早已寫好的電腦程式，編程人員早被老闆炒魷魚，程式卻照樣還在運行，現在執行這段程式的，就是楊氏兄妹。

程式最終運行的目的，就是摧毀大唐帝國。

這個程式的設計，巧妙運用人性利益爲聯結，構造精密、設計精巧，已經臻至完美，展現在楊國忠、楊玉環兄妹彼此之間。楊玉環越是善待安祿山，越是信任安祿山，楊國忠就越看不順眼，不惜毀掉眼前大家的利益盤子，也要鬧個痛快。

楊國忠先上奏章說安祿山要叛亂，之後再偷偷派出兵馬，趁夜摸到安祿山在長安城的府邸，吶喊一聲後突然衝進府裡，不管是安祿山的家屬還是住他家的賓客，全都一刀一個，只管照脖子上招呼，眨眼間工夫就殺光安祿山的家人和客人。

楊國忠此舉等於向安祿山發出「熱情」的呼喚，「歸來吧，歸來唷，浪跡天涯的遊子……回來吧，回來給你的家人送喪，順便也讓老子把你也砍了！」

安祿山被意外的變故驚呆，眼冒金星，視線一片模糊，青光眼白內障一齊犯了，這時候的他多希望找個醫生來替自己治療一下啊！他是眞的不想造反，一個瞎子造反，這不是扯蛋嗎？可楊國忠非逼著他反，不反不行。

此時，擺在安祿山面前的，只有兩條路：一條是摸著地找到牆，然後一頭把自己撞死；另一條就是，反吧，奶奶的，誰說瞎子就不能造反？老子今天就給你瞎造反！

安史之亂就這樣離奇地掀開序幕。不該逼迫安祿山造反的楊國忠，死活非要強迫他造反；不存在任何造反理由的安祿山，被逼得除了造反沒第二條路可走……於是安祿山就閉著眼睛，硬著頭皮，吶喊一聲，「娘的，民不樂意反，奈何以反逼之？」

可以確信，安祿山是手裡捏緊一根木棍，由他的兒子安慶緒在前面牽著他，率領十五萬虎狼之師，摸索著朝長安城走去。

有分教：漁陽鼙鼓動地來，瞎子造反眞奇怪，驚破霓裳羽衣曲，玄宗皇帝驚呆呆。

李隆基驚呆，自從當皇帝以來，自己數十年如一日地不務正業，除了到處逮女人外還是逮女人，國家政務以前委託給李林甫，現在委託給楊國忠，軍事方面則是無條件地信任安祿山。連楊貴妃都親自出馬替安祿山洗他的大肚皮，這種信任，已經超越君臣界限，直如一家人。

這種信任帶來的後果是，安祿山手下有士兵四十萬兵馬，朝廷這邊卻只有二十萬人，藩鎮坐大，太阿倒持，導致李隆基竟受制於一個瞎了眼睛的殘疾人士。

直如摧枯拉朽，安祿山的叛軍潮水般地淹沒大地，向著長安城咕嘟咕嘟湧近，再沒有人能夠抵擋，怎麼辦呢？

李隆基說道：「要不……咱們先去蜀川『視察』一下，如何？」

這光景，除了逃，還眞的找不到第二個法子。

17 馬嵬坡下血如潮

梅妃江采蘋，是位品味清淡的絕色美女，敢於素面朝天，所以李隆基渴望再與她重逢。那麼李隆基對於楊貴妃，是否也思念呢？

白居易詩云：「翠華搖搖行復止，西出都門百餘里，六軍不發無奈何，宛轉娥眉馬前死。」說的就是當唐玄宗率蜀川視察工作組走到馬嵬坡時，將士們突然鬧了起來。

大家鬧個什麼勁呢？

因爲，安祿山叛亂這事出乎所有人預料之外，先前說過，連安祿山自己都沒有想過自己會叛亂，更不要說別人。再者，長久以來的和平生活，將士們已經在長安城裡安家，老婆有，孩子有，爹媽也有，這時突然撇下家人跟唐玄宗去蜀川，等到安祿山的叛軍殺進長安，自己可憐的家人只怕連死都死不囫圇。

可要是帶著家人一塊逃，明擺著又不現實，不帶著家人走，帶來的是內心的無盡絕望和恐慌。

絕望的士兵們坐在一起，相互嘮叨，「這是咋整的呢？你們說這是咋整的呢？那安祿山不是說連眼睛都瞎了嗎？還造什麼反？」

「還有還有，上次他來京師，不是說貴妃娘娘親自洗的澡嗎？是不是那一次洗得不舒服，服務態度不到位，所以人家安祿山不樂意了？」

「好像不是，要說這事怪就怪宰相楊國忠。你說人家安祿山好端端的，為了表示自己絕無反心，甚至將家人都搬到長安城裡，這意思就是拿自己的親人做人質啊，可是楊國忠卻偷偷派人把安祿山全家都殺掉了，非要逼人家造反……」

「那楊國忠為啥非要逼安祿山造反呢？」

「為啥？還不是不想讓咱們大家沒好日子過嗎？」

大家正在悲憤不已，議論紛紛，楊國忠過來了，「你們這些人，三一夥五一堆地在幹什麼？是不是陰謀背叛朝廷？小心把你們統統抓起來砍頭！」

一聽這話，大家眼珠刷地一下子全都紅了，所有人全拔出刀子，向楊國忠衝過去。

楊國忠呆了一呆，「幹啥？你們要幹啥？」就聽噗哧哧哧，也不知多少把鋼刀，全插進了他的身體裡。

一不做，二不休，大家殺了楊國忠，又砍死楊國忠的兒子，還有楊貴妃的姐姐韓國夫人，接著大家擁到李隆基的行宮前，放聲大叫，「皇上快出來，我們打掉了楊國忠反動集團，請求獎賞……」

「什麼？」李隆基老頭扒著門縫，往外一看，不由得倒吸了一口冷氣，明白楊國忠再缺心眼，也扯不到謀反上去。士兵們殺了他，只是因為他激反安祿山罷了。

可事情已經出了，李隆基也不敢惹眾怒，只好隔著門縫道：「你們已經殺了楊國忠……殺了就殺了吧，現在我宣佈，大家解散！」

大家可不傻，你說解散就解散？士兵們又鬧了起來，「不可以這樣，皇上，楊國忠雖然死了，可是他的同黨楊玉環還在你身邊，必須把她一塊殺掉！」

「瞎扯！」李隆基怒不可遏，「楊國忠反不反，貴妃娘娘人在深宮，怎麼可能知道這事？你們別胡鬧了，快回去洗洗睡吧！」

「不回去！」士兵齊聲大叫，「如果今天不把楊玉環交出來，那就別怪我們驚擾聖駕。」這意思是說，如果李老頭不識相點，就要連他一塊殺。

眼見眾怒難犯，李隆基就回頭和楊貴妃商量，「玉環啊，要不妳出去，幫士兵他們做做政治思想工作？」

楊玉環嚇哭了，「陛下，我不想死啊！」

李隆基笑道：「貴妃，瞧妳這話說的，把咱們的士兵都當成什麼了？咱們大唐的軍隊是威武之師、文明之師，尊師重教，扶老攜幼，除了愛護婦女和兒童，一天到晚就不幹別的事兒……」不由分說，硬是將楊貴妃推出去。

楊玉環就這樣被出賣了，死得極慘，多半還遭受到那些粗魯士兵們的暴虐行徑。李隆基也定然親眼看到那群士兵們施暴時的場景，這邪惡的暴行引發中國歷史上一輪又一輪的浪漫主義風潮。

證明楊玉環死前慘狀的，是李隆基自己，他在出逃前將梅妃江采蘋丟在長安，結果這個女才子不幸落入安祿山叛軍之手，等後來李隆基回到長安時，欲懸賞百萬找回梅妃，後來爲了表達對梅妃的思念，還親自寫詩：

憶昔嬌妃在紫宸，鉛華不御得天真，

霜綃雖是當時態，爭奈嬌波不轉人。

這首詩的意思是說，梅妃江采蘋，是位品味清淡的絕色美女，敢於素面朝天，所以李隆基渴望再與她重逢。

那麼李隆基對於楊貴妃，是否也思念呢？

白居易的《長恨歌》證實說：「臨邛道士鴻都客，能以精誠致魂魄。為感君王輾轉思，遂教方士殷勤覓。排空御氣奔如電，升天入地求之遍。上窮碧落下黃泉，兩處茫茫皆不見。」這裡的意思是說，李隆基超思念楊貴妃，就委託了一個具有通靈之術的法師，去陰冥兩界尋找，可憐那法師在陰風淒淒的陰府行走了也不知多少路，正所謂踏破鐵鞋無覓處，得來全不費工夫，驀然回首，那人卻在女洗手間的門口處……原來楊貴妃已經去了蓬萊仙島，和一群女神仙天天膩在一起。

但我們知道，白居易這首詩是反著寫的，在暗示我們當時所發生的事。要讀這首詩，就必須反著來，比如說白居易寫楊貴妃「一朝選在君王側」，我們就知道眞相是李隆基強行擄走楊貴妃，所以現在寫李隆基請法師去找楊貴妃，那麼這個意思便是李隆基曾經請術士驅逐楊貴妃的冤魂。

那麼楊玉環的冤魂，爲何要來找李隆基呢？

因爲這女孩子太冤，跟了這老頭十年，最後卻被出賣給叛亂的暴怒士兵，死狀極爲淒慘，她不甘心啊不甘心，所以保持著自己死前最恐怖狀態，來找李隆基，「老李……老李……你好嗎？這些年你過得怎麼樣？」

所以李隆基才會拼命懷念江采蘋，不管那姑娘被叛軍如何蹂躪，至少她冤魂沒來找自己麻煩！

然而冤靈纏身，還不是李隆基面臨的最大麻煩，他最大的麻煩是，自己已經被迫升任太上皇，因爲大唐帝國的第八任皇帝趁著馬嵬坡之亂時，早已跑步衝刺進入歷史。

肅宗李亨。

18 肅宗李亨的求職簡歷

那幼小的胎兒死命蜷縮起來，懷著滿腔的悲憤和堅忍，默默忍耐著，這種怨恨與悲憤，從此漫入他的生命中，促成往後一生的悲情人格。

那麼，肅宗李亨，他又是怎麼個來歷呢？我們先來看看他的個人求職簡歷。

大唐第八任皇帝肅宗李亨個人檔案：

- 姓名：李亨
- 曾用名：李嗣升
- 出生：景雲二年九月初三，西元七一一年
- 籍貫：陝西長安東宮之別殿
- 生肖：豬
- 卒年：寶應元年，西元七六二年，享年五十二歲

・死因：病死

・特長：窺測風向，善於應變

・社會關係：

父親：玄宗李隆基

母親：元獻皇后楊氏

妻子：張皇后

兒子十四個，女兒七名。

負一歲：望族楊家之女下嫁李隆基，當夜有孕，李隆基大驚，唯恐姑姑太平公主指控自已淫逸無度，搞來大批墮胎藥物，最終未使用。可是楊氏受驚不小，影響到胎兒發育，所以這孩子尚未成形，便遭受到恐怖的威脅。

零歲：出生，隨即與母親楊氏分開，因爲母親在宮中地位不高，小嬰兒被王妃抱去，視爲己出。

五歲：二哥李嗣謙冊立爲皇太子，改名李瑛。

六歲：被封爲安西大都護，安撫河東、關內、隴右諸藩大使。

十五歲：與兄弟們同時被囚於十王宅，封爲「忠王」。

二十八歲：朝廷打掉以皇太子李瑛爲首的反老爹集團，高力士進言，立李亨爲太子。

三十六歲：隴右節度使皇甫惟明入朝，將皇太子李亨與右相李林甫的衝突公開化。皇甫惟明及李亨的妻兄韋堅面謁李亨，被李林甫揭發檢舉，玄宗貶皇甫惟明及韋堅，但其部屬告狀鳴冤，扯出太子李亨作證，事態頓時複雜化。最終李亨不得不和愛妃韋氏離婚，韋氏從此削髮爲尼。

同年，皇太子李亨又逢第二次婚變，妃子杜良娣的父親被告發有謀逆之舉，官司牽連太廣，李亨再次被捲入，爲了自保，又宣佈與杜良娣解除婚姻關係。

四十歲，娶張氏，次年得子。

四十六歲：安史之亂爆發。

太子李亨隨羽林軍保護父親玄宗逃出長安，途中，李亨與龍武大將軍陳玄禮密謀，發動馬嵬坡武裝起義，誅殺楊國忠，逼迫玄宗縊死楊玉環。

事情發生後，皇太子李亨與父親玄宗結下死仇，不敢隨之而行，於是北上渡渭，一日百戰，抵達朔方軍大本營靈武。

四十六歲：於靈武登基稱帝，是爲肅宗，史家稱之爲叛亂。

四十七歲：率十五萬唐軍收復長安，從此奠定了肅宗不可動搖的領導地位，才放心迎請離休老幹部唐玄宗回長安。

四十八歲：離休老幹部唐玄宗加封肅宗李亨爲「光天文武大聖孝感皇帝」，作爲回報，肅宗回贈父親「乙太上至道聖皇天帝」的稱號。

五十歲：患病，皇后張氏刺血寫經書，祈禱肅宗康復。

同年，粉碎以父親李隆基為首的反兒子集團，廢玄宗於太極宮。

五十二歲：離休老幹部唐玄宗卒。十三日後，肅宗亦卒。

看到李亨的個人簡歷，我們會立即大吃一驚，這居然又是個一生吃盡女人虧的倒楣蛋。沒辦法，老李家的人啊，都犯了EQ太低的毛病，不知道如何和女生正常打交道，稍有不慎，就會在女人身上吃大虧。

第一個讓李亨吃虧的女人，就是懷上他的母親，楊氏。

如前所述，楊氏懷上李亨時，正值李隆基承受太平公主的政治高壓，命懸一線。當時李隆基已然確信自己沒幾天可活，一旦太平公主殺了他，同樣不會放過楊氏懷上的胎兒，李氏皇族在自相殘殺時具有著超乎尋常的天份，天知道太平公主會琢磨出什麼古怪法子讓楊氏生不如死。

當時李隆基便去找張說要打胎藥，可事情古怪，一連討來三副藥劑，卻都在李隆基熬藥的時候打翻，李亨才得以存活。可問題是，當李隆基蹲在小黑屋子裡煎藥，楊氏蜷縮在硬板床上等著喝藥時，心裡必定極度複雜，她痛恨這個破孩子，好端端的，偏偏要趕在這節骨眼上跑來湊熱鬧，這不是明擺著給大家添亂嗎？

這種憎恨，這種厭惡，必然會導致楊氏體內的敏感腺體分泌出一種毒素，潮水般湧入子宮的羊水之內，惡化李亨的生存環境。儘管當時李亨還沒有產生思考，但身體是有知覺的，體內的基因會清楚自己面臨的危險。娘稀皮，竟然想阻止老子出世，這世界明顯不對頭，老子跟你拼了！那幼小的胎兒死死蜷縮起來，懷著滿腔的悲憤和堅忍，默默忍耐著。

這種怨恨與悲憤，從此潛入他的生命中，促成往後一生的悲情人格。

還沒出生，先在母親的子宮裡遭受死亡威脅，這危急態勢已經編入李亨的基因程式中，形成他對女人的最基本認知：女人，是天生給他帶來麻煩、招來災難的怪物。

事實上，李亨並沒有這樣明白想過，任何一個正常男人，都不會產生這種荒謬的想法，只是他的心智模式卻形成這種固定走勢，註定此生會在兩種女人面前認栽：年齡比他大的女人，和主動性的女人。

年齡比他小，又或是在他的面前較為被動的女生，則必然會吃他的虧。

年齡大的女人是吳氏，年齡比他小的女人是韋氏，主動性的女人則是張氏。

19 玩出了人命

這混入老太太隊伍中的十八歲小宮女，正是前太尉令吳珪的女兒。這小丫頭聰明機伶，知道皇宮裡的美少女太多，所以混入太子府，來找新的機會。

基本上，到了李亨這裡，由於天下大亂，前隋的楊氏美女由楊玉環畫上一個完美的句號，從此終結。此後的李亨，一生將擺佈年齡小的女人，同時被年齡大的女人擺佈。

第一個擺佈他的是比他大三歲的吳氏，這個吳氏是太尉吳令珪的女兒。老吳不知惹到哪路煞神，被削官爲民，小女兒吳氏則當做公共財產被收繳，送到宮裡做女工。

李亨十五歲那一年，李隆基來到兒子的王府——實際上這老兄是來兒子這裡找美女的，我們知道，李隆基一輩子滿腦都女人兩個字。可進了兒子府邸，李隆基卻相當失望，蓋因李亨的府中冷冷清清，只有幾個腰都直不起來的老太監站在路邊，有氣無力地哼著：

「歡迎歡迎，熱烈歡迎……」

這情形看得李隆基登時就火大了，把兒子叫過來，「過來過來，那個小王八蛋，你家裡的女生呢，嗯？是不是看你爹來了，就全都藏起來了？」

李亨驚恐地回答：「回奏親爹聖神，啥玩意兒叫女生啊？」

「你他媽的居然不知道啥叫女生？」當時李隆基興奮莫名，「我靠，世界上還有這種傻子？活了十五歲，居然沒見過女生，哈哈哈，大家快來看這個大傻子啊！」

高力士在一邊緊扯李隆基的衣服，「陛下，快別戲弄殿下了，再怎麼說，他也是你生的兒子啊。而且據老奴所知，殿下活這麼多年，見到的都是清一色滿臉褶子的老宮女，真的沒有見過小女生。」

李隆基聽得連連搖頭，「我早就說過，這破國家的教育出了問題，男孩子長到十五歲，居然還沒見過女生，真是太不可思議了。」

高力士在一邊陪笑道：「陛下此言極是，那麼依陛下的意思，是不是從宮裡撥幾個小女生，來侍奉殿下呢？」

「什麼？」李隆基一聽就急了，「我的女人，憑什麼要給他？憑什麼啊？」

高力士笑道：「不是給他，而是把宮裡那些年齡老大的女人弄這裡來，騰出地方，給後來的小女生們住啊！」

李隆基被這個主意打動了，「好主意，咱們就這麼辦！」

於是，皇宮中一些上了年紀的老宮女們排成長隊，拄著拐杖來到太子府上。臨出皇宮大門時，忽然有個小宮女跑來，拄著根棗木棍，佝僂腰身，假裝吃力地喘息，就這樣混出皇宮。

這支老太太隊伍到了太子府，看得太子李亨目瞪口呆，「這……這這這就叫小女生嗎？怎麼一個個年紀比我媽都老啊……」

正說著，排在隊伍最後的小宮女探頭過來，打了聲招呼，「嗨，太子殿下好。」

太子定睛一看，又是大吃一驚，「怪哉，何以妳臉頰上光潔溜淨，竟然沒褶子？」

小宮女失笑道：「人家才十八歲，又不是八十歲的沒牙老太太，臉上怎麼可能有褶子呢？最多是幾個青春痘罷了。」

有分教：懷春宮女色誘太子，傷心嫦娥情斷少陽。

這混入老太太隊伍中的十八歲小宮女，正是前太尉令吳珪的女兒。這小丫頭聰明機伶，知道在皇宮裡的美少女太多，若是排隊等和李隆基一夜情，只怕排到老死也未必能排上，所以混入太子府，來找新的機會。

她真的來對地方了，此時太子府中除了老太監、老宮女，只有她和十五歲的小太子年齡相若，你說太子李亨不找她玩，還能找誰玩？

少年少女快樂地玩在一起，結果玩出了人命。

十個月後，吳氏生下一個大胖小子。

這個在甜美愛情中來到人世的小嬰兒，就是大唐帝國下一任的皇帝，代宗李豫。

20 親不親，路線分

李林甫就要去打掉太子李亨叛亂集團，未曾想，他前腳還沒出門，後腳李亨就自己來了，跪著來的，兩手高高地舉著一封信。

孩子生下來的時候，李亨剛剛十六歲，還只不過是個孩子。

這件事在當時引起轟動，加上吳氏年齡比李亨大了三歲，於是兩人之間的愛情故事，被塗抹上一層汙穢的色彩。

倘若吳氏能夠繼續控制李亨，以後的歷史多少會改寫一點，但麻煩在於，母胎中的記憶已經銘刻在李亨基因當中，這小王八蛋對於女人抱持超級的恐懼態度。更何況父親李隆基這廝別的本事沒有，倒是宰殺自己的兒子，沾染了十足十的武則天風格，李亨自己都性命難保，所以這強大的社會輿論壓力，只能讓吳氏一個人默默承受。

然而更殘酷的打擊臨頭，李隆基擔心李亨被吳氏這丫頭帶壞，就去大臣們家裡挑，最後挑上兗州都督韋元珪的女兒韋氏。注意韋元珪的名字，他的名字裡也有一個珪字，和吳氏的父親吳令珪重合。

這個重合揭示李隆基潛意識的心理活動，他的大腦對這個珪字超級敏感，也表明他欣賞這個珪字，意味著他在內心裡對吳氏的行爲其實極爲讚許，只不過吳氏未奉詔書擅自生下皇子，終究不合皇家禮法。

李隆基希望兒子能夠和吳氏繼續生兒子，所以選擇韋元珪家裡比李亨小一歲的女兒，想爲吳氏的婚姻幸福提供便利。

然而李隆基不懂性心理分析，漏算李亨在娘胎裡養成的心理疑忌。對於年齡大的的女人，李亨無法擺脫對方的控制，表現屈順臣服，但男人的本性卻讓他更渴望放縱自己，新進門的韋氏年齡小，事情知道的也不如他多，在韋氏面前，李亨找回尊嚴，樂此不倦地把更多的時間花費在韋氏身上。

李亨的移情不忠，導致吳氏痛傷於心，不久鬱鬱而終。

再接下來，又一件事情的發生，進一步暴露出李亨那卑劣自保的人格。

這件事是什麼事呢？

這件事就是玄宗皇帝李隆基其人，對於管理學就八個字「用人不疑，疑人不用」，比如說他要用安祿山，那就一定要用，叛亂了也不疑你。現在他用李林甫，甭管李林甫騙了他多少次，也要堅定不移地信任下去。

史書上記載說，為了表達對李林甫的絕對信任，李隆基對貴妃娘娘楊玉環說道：「玉環啊，你看咱們這麼著行不行，我呢，年紀大了，國家那些亂七八糟的事兒，真的不想再管了，要不我乾脆離休算了……」

楊玉環很是吃驚，「你要離休？讓太子李亨接班？」

「他休想！」李隆基一下子火了，「我離休是離休，但這並不意味著讓太子當皇帝，我的意思是說……說什麼來著？對了，要不咱們這麼著吧，我呢，離休，但國家的事務，以後就讓李林甫來負責，妳看如何？」

兩人正在商議，李林甫來了，「皇上在家嗎？吃了沒？有點小事跟你說一下。」

李隆基問：「啥事啊，有事你自己處理不就結了嗎？還非得要跟我說？」

李林甫道：「這事非得跟你說不可，皇上啊，你知道咱們國家有個刑部吧？」

李隆基道：「聽說過，是不是公安口，專門負責打擊拐賣婦女兒童的人販子啥的？」

李林甫道：「咱們不打擊人販子，看看你這宮裡的這些女服務員，哪個不是人販子拐賣來的？要是打擊人販子，皇上你就是最大的人販子啊。皇上，我是說啊，咱們刑部不是有個尚書叫韋賢嗎？這個人你知道吧？」

李隆基搖頭，「沒聽說過，他是幹啥的啊？」

李林甫道：「這個韋賢啊，他乃太子妃韋氏的親哥哥，前些日子，他糾結了一夥不法之徒，去了太子府，和太子一起關起門來，商議篡政奪權的陰謀……」

李隆基一聽就急了，伸出一根手指頭，馬上指示道：「打掉，給朕立即打掉這個陰謀叛亂的反動集團。」

李林甫道：「打掉叛亂集團是容易，可這事涉及到太子啊……」

李隆基怒道：「一塊打掉！連太子一塊給老子打掉。你娘的，老子別的本事沒有，殺幾個兒子還是不在話下的，前太子李瑛、鄂王瑤還有光王琚不就是讓老子幹掉了嗎？這一次輪到他李亨了，立即幹掉他，千萬別客氣，你客氣我跟你急！」

李林甫就要去打掉太子李亨叛亂集團，未曾想，他前腳還沒出門，後腳李亨就自己來了，跪著來的，兩手高高地舉著一封信。

李隆基問：「李亨，你不是出任叛亂集團的首腦了嗎？還來這裡幹啥？你手裡舉的又是啥？」

只聽李亨哭道：「啓奏親爹，我手裡舉的，是請求和老婆韋氏的離婚書。爹啊，我跟你說，你兒子讓那娘們兒折磨慘了，你做夢也猜不到，那娘們兒她竟然是叛亂集團的首腦人物，還企圖拉我入夥，可我李亨是誰呀？是對爹最忠心的兒子，豈能和她攪和到一塊去？所以我果斷堅決地提出離婚訴狀，親不親，路線分，我要反戈一擊，重新做人，請陛下看我的行動吧！」

原來，李亨這廝技高一籌，金蟬脫殼，他發現大舅哥韋賢惹到惹不起的李林甫，當機立斷，馬上和韋氏絕情，以撇清自己。

這一手高妙絕倫，令所有人都始料未及。

最吃驚的，莫過於妻子韋氏，小倆口才親親愛愛地過著小日子，連孩子都生了四個，誰知丈夫說翻臉就翻臉，跟野狗一樣眨眼不認人，這讓韋氏傷透了心，於是上書懇求，要去寺廟裡落髮爲尼。娘的，男人都不是好東西，萬般溫柔千般恩愛，換來的不過是反戈一擊劃清界限，這叫什麼世道？

此後，韋氏就在尼姑庵裡吃齋念佛，本以爲這一輩子就這樣青燈黃卷，寂寞人生，豈料安祿山叛軍攻陷長安，建立新政府，一夥叛軍聞說尼姑庵裡正住著美貌的王妃，不由分說衝了進去。

韋氏從此加入新政權，居然還幸福地活到了四十六歲，讓李亨好沒面子。

21 打掉這倆大壞蛋

如果兒子不能做太子，自己又憑什麼做皇后？就算是做了皇后，遲早也會被這兩個傢伙拉下來……張氏去找李亨身邊的親信太監李輔國商量。

金蟬脫殼，李亨成功地甩掉老婆韋氏，恢復自由之身，李隆基也對這破孩子失去興趣，專注於在後宮游泳洗澡。等到安祿山叛軍進逼長安，李隆基心想，不行，要是去蜀川「考察」，怎麼樣也得帶上太子李亨，不然那小王八蛋太不是東西，連結髮妻子都沒有半點感情，我這個爹在他眼裡又算什麼？倘若把他留在長安，他鐵定立即馬上登基。

李隆基帶上李亨，離開了長安。可萬萬沒想到，李亨這孩子心眼賊壞，事實上，馬嵬坡士兵叛亂，多半是由他派人促成的，目的大概是爲了宰掉老爹吧？可士兵終究不敢冒犯皇家威嚴，只殺了楊國忠和楊貴妃，繼續擁護李隆基的英明領導。

見此情形，李亨眼珠一轉，你娘的，你們既然擁護老頭，那老子就自己單幹，讓你們這些王八蛋都後悔去吧。李亨趁著亂勁悄悄逃走，轉道靈武，自己拉攤子開業去了。

李亨逃走的時候，身邊還跟著一個小表妹，張氏。

這個張氏又是什麼來歷呢？

早年的時候，生下玄宗李隆基的，是睿宗李旦的妻子竇氏，可是竇氏被武則天派出嚮馬劫走後殺害。當時李隆基才八歲，就由竇氏的妹妹把他養大，後來這位竇妹妹有了小甥女兒，就是張氏。所以這張氏，和李亨是表兄表妹的關係，但是她是一個道道地地的小表妹，這一年李亨已經二十九歲，小表妹張氏才剛滿十八。

別看表妹年齡小，可是特有主見，表哥的事都是她說了算。史書上說，是她向李隆基建議，讓太子李亨留守收復長安。這件事，歷史原貌應該是張氏上書「通知」李隆基已經發生的事，想那李隆基嗜權如命，豈會允許太子脫離自己掌握？所謂玄宗皇帝授權云云，目的只是給李隆基留點面子，同時強調李亨皇權的合法性。

不管怎麼說，小表妹張氏已經鐵下心來，這輩子就跟著缺心眼的表哥混，兩人亡命途中，每到晚上住宿，張氏都將表哥安置裡屋，她自己睡在外邊的客廳裡。

李亨問她為啥這麼安排，小表妹回答說：「你缺心眼啊你，也不想想現在是多麼的危險。萬一你家老頭派了刺客殺手來到，我在外邊嗷的一聲尖叫，你就趕緊從後窗戶逃出去，能跑多遠就跑多遠……」

李亨被感動了，「表妹啊，妳是眞心愛著我啊，那什麼，我也沒啥可以回報妳的，要不就把妳的肚皮搞大吧……」《舊唐書》上說，小表妹在和李亨逃難的工夫裡，就懷上孩子，不久生了個兒子，取名叫李佋。

孩子出生剛剛三天，張氏就精神抖擻地出現在眾人面前，「你們誰有破衣服髒衣服，拿來我給你們洗刷縫補……」

李亨大驚，「老婆，不帶這樣玩的吧？孩子剛剛出生，妳會得產後風的！」

張氏笑道：「表哥，你此言大大差矣，眼下正值國家危難之際，你我諸人理應同仇敵愾、收復河山，豈能因怕得產後風而不洗衣服？」

聞聽此言，追隨李亨的士兵們齊齊跪倒，衝著李亨大吼，「吾皇萬睡，皇后娘娘千睡，你們倆乾脆一塊睡……就請太子登基吧，你丫的不登基，娘娘怎麼做皇后啊？」

張氏在歷史上僅此一個姿態，盡收人心。但天下大亂，人心丟得滿地都是，不只張氏在收取人心，其他人等，招攬人心也同樣頗見成效。

其他人指的是李亨的兩個兒子，由吳氏生的李豫，和不曉得誰生的李倓。這時候李豫是廣平王，而李倓則是建寧王，兩人正值青春壯年，能跑也能顛，腦子反應也不慢，是李亨手下最得力的人馬，到處替父親吆喝炒作拉人氣。

與這兩孩子相比，張氏是個女人，不能到處亂跑，在招攬人心方面明顯落了下風。所以張氏看著這兩破孩子就心煩，你說這倆破孩子，都是別的女人生出來的，跟自己一點關係也沒有，兩個傢伙拼了小命折騰，目的無非是收攬兵權，建立功勳，以便形成自己的勢力，等到自己生的兒子長大，他們早就樹大根深，太子之位輪也輪不到自己的孩子。

如果兒子不能做太子，自己又憑什麼做皇后？就算是做了皇后，遲早也會被這兩個傢伙拉下來……張氏去找李亨身邊的親信太監李輔國商量，「小李子，忙不忙？不忙的話跟你說點事，是關於潛藏在皇上身邊的陰謀集團的事情，這事你肯定知道吧？就建寧王、廣平王他們兩個，這兩個人明顯靠不住啊，你說是不是？」

李輔國笑道：「我知道妳心裡的想法，可是有一句話得告訴妳，想讓自己的兒子做太子，拔掉這兩根眼中釘可不容易。如今天子全靠這兩個人跑前跑後，號令天下，妳如果想打掉他們，只能在他們兩人之中製造矛盾，先打掉其中之一，要想全部打掉，絕對不可能。」

張氏沉吟道：「既然你這樣說，那爲了國家安危，就先打掉建寧王吧。」

建寧王，李倓，是肅宗李亨的第三個兒子，足智多謀、勇猛堅毅，實際上，先前勸說李亨脫離李隆基的考察隊伍私自潛逃的主意，最早就是他提出來的。也就是說，所謂的馬嵬坡之亂，李倓才是眞正的幕後主使者，倒楣的楊貴妃，就是死在這個孩子手中。

自從李亨逃走後，也是由李倓一路網羅人馬，召集四方亂兵，組成一支正規的皇家部隊。由於這支部隊戰鬥力出乎想像的差勁，與安祿山的叛軍交手，幾乎逢打必敗，李倓又親自挑選精銳士卒，建立起一支親衛軍，由自己帶領，時刻護擁在李亨的四周，這才讓李亨獲得足夠的安全感。

話說李亨在靈武豎旗，儘管交戰中敗多勝少，但終究是皇家太子，於是一些在李隆基身邊混不出名堂的軍隊，紛紛向這邊奔來，打算先入爲主，以護駕有功的名頭，弄個一官半職。所以李亨勢力越來越龐大，等到李隆基知道這個消息的時候，他的勢力已經撼之不易。有了這麼多擁有者，李亨也就不客氣，大模大樣地在靈武登基，宣佈改元繼位，遙封李隆基爲太上皇——就是直接讓老頭離休。

當了皇帝之後，李亨頭一樁事，就要要封三兒子李倓爲天下兵馬大元帥，這時太監李輔國急忙上前勸阻，「陛下，你丫腦子進水了？別忘了你還有一個大兒子李豫，那孩子也挺能幹的，現在封老三當大元帥，就意味著爲將來的太子之位埋下一枚釘子，遲早你家的孩子會打得頭破血流、你死我活！」

李亨聽了道：「愛監（親愛的太監的意思），愛監所言極是，那天下兵馬大元帥就封給老大李豫吧，也省得孩子們打起來。」

就這樣，天下兵馬大元帥的職務給了老大李豫，但老三李倓的能力仍然讓張氏不敢掉以輕心。將老大老三這兩傢伙比較一番之後，她終於發現要打掉老三比較容易，只要對老公說老三對自己沒當上天下兵馬大元帥不服，蓄意謀反就成了，至於老大李豫……以後遲早會有機會的。

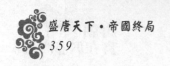

22 穩定壓倒一切

這麼個眨眼工夫裡，大燕國的皇帝已經汰換四輪，接下來，大燕顯聖皇帝史朝義，還要驅師殺奔洛陽，與美女辛氏和小弟弟史朝清的人馬大戰數百回合……

現在我們遇到樁麻煩事，以李亨這個政治陣營來說，張氏有張氏的不凡，老大李豫和老三李倓也各有其長處，可是現在張氏卻琢磨著打掉老大老三集團，這是不是有點太那個什麼……嗯，是不是窩裡鬥呢？

如果大家只知道窩裡鬥，那誰去上戰場？誰來把敵殺？

在這裡，我們就接觸到戰爭的最基本規律：戰爭這個東西，實際上是一鍋爛稀粥，你熬我、我攪你，你這邊窩裡鬥得凶，他那邊也是自相殘殺得熱鬧。

叛軍陣營中，最高領袖安祿山先生自宣佈戰爭爆發，兩隻眼睛就瞎了，啥也看不到，幾乎是閉著眼睛摸進長安城。

進城之後，他發現城中還有好多李唐宗室，包括李隆基幾個沒帶上的兒子，大家全傻兮兮地蹲在長安城裡，連跑都不知道。你不跑還怪得了誰啊？安祿山閉著眼睛大開殺戒，直殺得長安城中血流三尺、人頭滾滾。

史書上說，安祿山對李唐宗室極為兇殘，竟故意使用鈍器慢慢撬開受害人的頭蓋骨，痛得受害人吼叫之聲傳到八千公尺外。

實際上，安祿山和李唐宗室素無仇怨，之所以把局面弄到這麼糟，說到底還是眼瞎惹的禍。因為他眼睛瞎了，根本看不到東西，手下人也只能想辦法讓受害者大聲慘叫，以此表明自己確實在努力工作。

儘管大家很努力，安祿山仍然不滿意。

為啥呢？

因為他眼睛瞎了唄！

一個好端端的人，突然間兩眼無法視物，那種感覺相當恐怖，要知道，安祿山的兩隻眼睛可是看過人間最美的貴妃娘娘，現在卻……此時他心裡隱隱浮著一種絕望和恐懼，天知道身邊會不會正趴著一個人，出其不意地捅自己一刀？所以安祿山的精神狀態高度緊張，不時豎起耳朵聽，只要感覺有刺客猱身而入，立即瘋了似地大吼大叫，操刀子胡砍亂劈。

幸好安祿山的小兒子安慶恩還沒長大成人，心疼爹地天天蹲在父親身邊，不停告訴父親：「沒有刺客，沒有刺客，真的沒有刺客……」這孩子形同安祿山的眼睛，讓他的情緒一下子穩定了下來。

穩定素來具有壓倒一切的功能。

安祿山想，這孩子這麼疼他親爹，自己怎麼也應該獎勵獎勵孩子吧？於是親切地撫摸小兒子的腦殼，慈祥說道：「孩子啊，你要努力學習，爭取做一個有文化、有道德、有紀律、有文明的四有新人，也好接爸爸的班，做一個深受廣大人民群眾熱愛的好皇帝……」對了，需要補充一下，這時安祿山他已經登基為帝了，建國號大燕，年號聖武。

也就是說，安祿山已經是聖武皇帝了。

可不曾想，安祿山對小兒子安慶恩的話，全被大兒子安慶緒聽去。這安慶緒已被立為太子，正急不可耐地等接班，忽聽父親想把皇位傳給小弟弟，當時就急了，找來自己的鐵哥們兒李豬兒，兩人商量一下，決定連夜動手，一舉端掉以老爹安祿山為首的反動集團。

到了半夜，李豬兒拎把殺豬刀悄悄鑽進安祿山的大帳，不由分說地照安祿山的肚皮上就砍，只聽嗤嗤嗤嗤聲大響，就見滿天的白亮油花噴射。蓋因安祿山吃得太多，腹部積累太多的雪花肉，這時全衝破皮膚束縛，狂噴出來，安祿山則發出巨大的哀號聲。叫也沒用，親兒子殺老爹，別人管得著嗎？

安祿山就這樣死於親生兒子之手，安慶緒樂不可支地急忙繼位，先把年號改過，改為天成。

安祿山一死，叛軍陣腳大亂，不待官兵攻打，便已經崩潰如山倒，於是天成皇帝安慶緒急傳部將史思明護駕。

史思明不緊不慢地統重兵來到，先嚴厲批評安慶緒擅殺親爹的錯誤路線，等安慶緒被迫承認錯誤後，殺之。大燕皇帝的寶座歸了史思明，改年號為應天。

然後，這個史思明仔細研究過安祿山的死因，驚覺他是因為寵信幼子，才惹出這般禍事，看得連連搖頭，語重心長地教導大家，「歷史的教訓，值得你們每個人牢牢銘記，要以史為鑑啊！千萬不要再犯和前人同樣的錯誤。」說罷，竟馬上決定廢了大兒子史朝義的皇太子之位，改由自己最喜歡的小兒子繼位。

猜猜結果怎麼著？史朝義一怒之下，率人衝入宮中，逮住老爹，不由分說就是一頓大耳刮子狂抽，直搧得史思明耳鳴眼花。

史朝義怒罵道：「你是缺心眼啊，還是心眼不夠用啊？不是明明看著安祿山就是因為過度寵愛幼子，這才惹來殺身之禍嗎？近在眼前的教訓都不知道汲取，你說你腦子裡一天到晚都在琢磨些什麼？」

就聽史思明哭道：「兒子呀，別打你爹了，你爹這不是都當皇帝了嗎？所以就弄來個美女辛氏，人家給你爹又生了個小寶寶史朝清，你爹是想繼續讓你當太子的，可是人家美女不答應……」

「少廢話！」史朝義扔過來一根繩子，「爹，聽說過楊貴妃嗎？那可是人間第一美女，比你家的辛氏強上百倍，現在你把這根繩子套脖子上，往樹上一掛，就可以天天和楊貴妃待在一起了！」

「別別別……」史思明還待乞求，史朝義的部將早已一擁而上，將這位應天皇帝活活勒死。

史朝義登基為帝，改年號顯聖。這麼個眨眼工夫裡，大燕國的皇帝已經汰換四輪，接下來，大燕顯聖皇帝史朝義，還要驅師殺奔洛陽，與後媽辛氏和小弟弟史朝清的人馬大戰數百回合。

看明白了吧？大燕國這邊，眞的不需要官兵動手，他們自己就殺得亂七八糟了，所以在朝廷這邊，張氏盡可以放鬆精神，悠哉悠哉地打掉以建寧王李倓爲首的反動集團。

23 史上第一維穩高手

這李泌乃歷史上有名的傳奇人物，廟裡的和尚堅持他是佛門派出來的特工人員，觀裡的老道則認為他是道家派出來的維穩高手。

有關李倓反動集團被打掉一事，史書上語焉不詳、含糊其辭。這倒不是誰在隱瞞些什麼，主要是時候不對，亂世啊，工作重點是攻城掠地、殺人放火，等到後來局勢穩定，肅宗李亨率領大唐人民解放軍開進長安，史家們才急忙跑來尋找史料，補上這段歷史，可這時能找到的當事人只剩肅宗李亨，其他人差不多全都死在亂軍中了。來找肅宗搜集史料的，是宰相李泌，也只有他才有這個資格問清楚這事。

李泌問：「陛下啊，你丫發什麼神經啊，怎麼把老三李倓殺了呢？那可是你自己生下來的兒子啊！」

李亨聞知，放聲大哭，「不是我這當爹的不心疼兒子，眞的不是啊！怪都怪李倓這孩子太不像話了，他秘密串聯、結黨營私，企圖謀害他大哥廣平王李豫，所以太子李豫再三請求我打掉老三反動集團。手心手背都是肉啊，我再心疼，也只得以國家民族利益爲重啊！」

李泌道：「陛下，你別他娘的瞎掰了，我剛剛從太子李豫那裡回來，人家太子說壓根沒那回事。老大和老三關係可鐵了，老三是老大的左膀右臂，怎麼可能讓你打掉他？更何況，自從你打掉老三，老大嚇得每天半夜裡驚醒，口中只管喊著老爹饒命！……」

李亨抹乾淨眼淚，問道：「愛卿最近腸胃消化功能如何？朕有一道秘方，可以治消化不良拉肚子……」

李泌搖頭，「陛下，你又犯了老毛病，一說正事就岔開話題，東拉西扯不知所云，這是典型的顧左右而言他啊！別以爲我不知道，害死老三李倓，是皇后張氏的主意，我看是你被這個小表妹吃死死，想先害死老三，再搞死老大，最後讓張皇后的兒子登基爲帝。不過，有件事我要提醒你，張皇后生下來的孩子太小，等不及那小東西長大，哼哼，這權力的格局，可就要發生變化了……」

這李泌乃歷史上有名的傳奇人物。此人上知五百年，下知五百年，廟裡的和尚堅持他是佛門派出來的特工人員，觀裡的老道則認爲他是道家派出來的維穩高手。事實上，他無意摻和人間俗事，是肅宗李亨苦苦哀求，才懇求他出山擺平亂局。

史書上說，肅宗最早央求李泌出任宰相，被李泌斷然拒絕，肅宗再央求李泌出任侍謀軍國、元帥府行軍長史，李泌更不答應。李亨苦苦哀求，再三解釋說這是為了「救濟艱難」，並答應李泌，一旦天下恢復太平，任由他遠走高飛。

史書上記載說，有一次李泌正蹲在沙盤前研究戰局，肅宗在後面小心翼翼地拿小刀削梨給李泌吃，幾個兒子也吵著要吃梨。李亨把眼睛一瞪，「你們也配跟李先生比？沒有李先生，你們早不知死在哪條陰溝裡了！」

總之，這個李泌端的厲害，說出來的話，那是鐵板釘釘，很快就會應驗的。

李泌的話，最早應驗在太上皇李隆基身上。

話說太上皇李隆基，自從收復長安後，就遭到兒子肅宗的冷酷打擊，身邊親信解職的解職，流放的流放，連肅宗也不再與他見面，形同囚之冷宮。可李隆基已經習慣為所欲為、無法無天，如今突然被剝奪權力，無論如何也無法適應，結果活活鬱悶死了。

李隆基前腳剛死，肅宗李亨後腳就呼吸困難、眼冒金星。他的身體之所以這麼糟，大半原因要怪李隆基，蓋因這廝太不像話，足足活到七十八歲，在皇帝寶座上一蹲就四十五年，是大唐帝國蹲在皇位上時間最久的人。李隆基死時，肅宗李亨已經五十二歲了，看看這可憐孩子，若非轉道靈武，自已舉旗當皇帝，只怕熬到死也熬不過父親李隆基。

總之，西元七六二年，大唐帝國兩位皇帝雙雙嚥氣，李隆基死於四月初五，李亨則死於四月十八，前後只差十三天。

不同的是，李隆基是鬱悶死的，李亨卻是嚇死的。

好端端的大活人，怎麼會嚇死呢？

因爲李亨病重，張皇后心裡比較恐慌，爲什麼呢？因爲上一次打掉李倓反動集團的事被李泌追問，之後肅宗就埋怨張皇后，張皇后終究是個女人，心裡害怕，只好往太監李輔國身上推，結果與李輔國就此結下仇怨。

女人到底是女人，遇到關鍵時刻，腦子就會混亂。張皇后得罪了李輔國，竟想再和太子李豫組織聯合陣營，打掉李輔國反動集團。可是太子李豫鬼精鬼精，堅決不參與此事。張皇后又去找李亨的二兒子，越王李係。

李係這人比較缺心眼，答應和張皇后結成愛國統一陣線，打掉以太子李豫及太監李輔國爲首的反動集團，一切權力歸老二……

這邊正在商量著，不想李輔國那個太監天不怕地不怕，竟然在李亨病重期間，率領兵士突然衝入宮來，上前就要砍張皇后。張皇后嚇得狂奔到李亨床前，拼命揪扯李亨，大喊道：「老公快起來，家裡來賊了！」

李亨昏沉沉地道：「來賊了就報警……」語訖，死之。

事實上，肅宗李亨是被張皇后生生揪死的。二帝歸天，朝中氣象頓時爲之一新，張皇后及越王李係俱被處死，從此這天下，就由代宗李豫說了算數。

第七章

代宗與德宗：遠離愛的觴情歲月

從沈氏到崔氏，再到獨孤氏，
李豫生命中的三個女人，沒有一個給他帶來快樂，
他對於女人的全部感受，除了痛苦就是痛苦。
這慘痛的人生，讓李豫日漸消沉，
此後拒絕讓任何女人走入內心。

1 代宗皇帝的個人簡歷

代宗這倒楣孩子生不逢時啊！當帝國蓬勃發展、一日千里時，他還沒有投胎，等他興沖沖地趕來投胎，偏偏大唐帝國已經駛入下坡道，正進入一段稀哩嘩啦、行將崩摧的時代……

代宗李豫，就是肅宗李亨十五歲的那一年，被十八歲的小宮女吳氏不由分說放倒，嘩啦啦咕嚕嚕後生下的小男孩。

代宗小時候很幸福，但到了少年時期，正值人格形成的十四歲那一年，他的母親吳氏悒鬱而死。母親的死，對代宗而言意味著一個苦澀的隱喻，在他有生之年，似乎註定要受情與愛的煎熬，無法像李隆基那樣，在放縱的性愛之中獲得快樂。

代宗的愛情悲劇，恰恰也正是帝國沒落的象徵，這象徵中透露出來的帝國宿命，將會讓每個鐵石心腸的人，都掬一捧同情的眼淚。

先來看看大唐第九任皇帝代宗李豫個人檔案：

- 姓名：李豫
- 曾用名：李俶
- 出生：開元十四年十二月十三，西元七二六年
- 籍貫：東都洛陽上陽宮之別殿
- 生肖：虎
- 卒年：大曆十四年，西元七七九年，享年五十四歲
- 特長：易經
- 社會關係：

父親：肅宗李亨

母親：章敬皇后吳氏

妻子：獨孤氏、沈氏

兒子二十個，女兒十八名

零歲：出生三日後爺爺唐玄宗親至，欲將其浸泡於冷水中，稱為「洗兒」。宮人擔心李豫著涼，抱來別人家孩子替代，不想被唐玄宗一眼識破，「這不是我孫子，把我的孫子抱出來！」宮人只好將李豫抱出來，洗過後，立為皇孫。

三十歲：安史之亂爆發，與父親李亨同時逃亡，途中協助父親策劃馬嵬坡武裝起義，打掉以楊國忠、楊玉環為首的反皇太子集團。

同年追隨父親北上靈武，實現武裝割據，擁護父親登基，被任為天下兵馬大元帥。以良娣張氏及宦官李輔國為首的反動集團，陰謀推翻皇太子李豫，聲稱建寧王李倓欲謀奪太子之位，製造事端。肅宗不問究竟，殺建寧王。

三十二歲：以天下兵馬正元帥之職，與天下兵馬副元帥郭子儀率十五萬大軍，在香積寺與安祿山的十萬大軍展開會戰，史稱長安戰役。是役也，斬殺叛軍六萬人，收復長安，封為楚王。

三十三歲：改封為成王，冊封為皇太子。

三十七歲：皇后張氏假傳聖旨，傳皇太子李豫入見，欲誅殺之。內射生使程元振得知，挾持太子至玄武門外的飛龍廄，嚴加看守。而後驅兵殺入禁宮，將正在肅宗病榻前的張皇后強行架走，幽禁起來，肅宗驚嚇而死。李豫登基，是為代宗。接著李輔國說：「大家（皇帝的代稱）但內裡坐，外事聽老奴處置。」直接架空了李豫。

三十八歲：燕帝史朝義走投無路，自縊而死，降將李懷仙將其首級送至長安，正式宣佈安史之亂勝利閉幕。同年，吐蕃侵略軍殺至便橋，李豫出逃陝州。吐蕃侵略軍攻佔長安，改立廣武王李承宏為帝，大掠而去，長安城化為廢墟。

三十九歲：大寧郡王僕固懷恩遭人陷害，出逃吐蕃，人民內部矛盾轉化為敵我矛盾。

四十歲：叛將僕固懷恩引吐蕃侵略軍而入，途中病死。

四十一歲：吐蕃侵略軍遭遇郭子儀，主動退兵。

四十三歲：同華節度使周智光抗命，命郭子儀擊殺之。

四十四歲：幽州兵馬使朱希彩擊殺盧龍節度使李懷仙，朝廷不敢問，任由朱希彩自行出任盧龍節度使。

四十七歲：盧龍孔目官李懷瑗殺節度使朱希彩，擁立朱泚為節度使。

四十九歲：盧龍節度使朱泚入朝述職，由其弟繼任節度使。

五十二歲：藩鎮日盛，中央政府威信嚴重不足，果斷打掉以宰相元載為首的貪汙集團。元載求速死，刑官脫襪塞入元載嘴中，令其窒息而死。

五十四歲：卒，天下糜爛，無法收拾。

看到這份簡歷，我們馬上明白，代宗這倒楣孩子生不逢時啊！當帝國蓬勃發展、一日千里時，他還沒有投胎，等他興沖沖地趕來投胎，偏偏大唐帝國已經駛入下坡道，正進入一段稀哩嘩啦、行將崩摧的時代。這個時代正是兵荒馬亂、妻離子散的大好時光，連大玩家李隆基都被迫和楊貴妃分手，更何況當時的代宗乎？

可是話又說回來，代宗的愛情，到底遇到什麼樣的麻煩？

2 小悍婦的鬱悶時光

在法律上，沈氏已經是代宗的人了，他愛吃就吃，想什麼時候吃，就什麼時候吃，想怎麼吃，就怎麼吃，但可別忘了，如今王府中說話算數的，是小悍婦崔氏。

實際上，要是較眞起來說，代宗皇帝的妻離子散，倒沒給他老人家添加多少煩惱，只是倒楣了自己的兒子，下一任的帝國皇帝德宗。

事情還是得從代宗的成長說起。話說代宗自從母親逝世之後，一下子失去生命中的保護人。父親李亨是靠不住的，要知道李亨這人薄情寡義，爲了保護自己，能夠幹出出賣妻子的事來。這種人品，想像他會疼愛兒子，根本不可能。

自此，代宗的性格變得沉默，閒暇時間靠讀書打發時間。這孩子讀書不挑不揀，管什麼《周禮》還是《易經》，基本上逮到一本讀一本，結果讀得呆頭呆腦、不知所云。這光景被爺爺李隆基聽到，李隆基就說：「哎喲喲！挺好的一個孩子，又讓教育摧殘了，我早就說過的，你個好端端的人亂讀什麼書呢？知識越多越反動啊！馬上給這孩子派個小女生去，我們不能眼看著孩子墮落下去啊！」

於是，一個小女生被派來了。這個小女生來頭不小，她是楊貴妃的姐姐韓國夫人的女兒，姓崔，史稱崔氏。《舊唐書》上說，李隆基親自接見十五歲的崔氏，還說：「年輕小女生要到後宮去，廣闊天地，大有作爲。」

崔氏便率一大票手下小太妹，氣勢洶洶地殺奔代王府，一到就將代宗管制起來，代宗要敢不聽話，直接伸手就打，張嘴就罵。

倒楣的代宗落到在這小悍婦手中，嚇得終日以淚洗面，話也不敢多說半句。

漫長的兩年痛苦時光過去，代宗十七歲。恰好李隆基又剛剛派人抓來好多良家少女，由於逮來的人過多，皇宮裡挨挨擠擠、吵吵嚷嚷，實在擠不下，李隆基就將一小批人下放到諸皇孫府上。被派到代王府上的，是一個叫沈氏的漂亮姑娘。

她是被人從家裡抓來的，不像崔氏那麼有來頭，所以相較於暴脾氣的崔氏，沈氏性格就顯得柔情似水、軟語輕柔，一下子打動了代宗的心。

於是代宗和沈氏兩人勇敢地相愛了。他們倆擅自相愛，那麼崔氏樂意不樂意呢？

有關這段宮中醋事，沒有任何一本史書上記載過，但依據後面所生的事，我們可以斷定，崔氏堅決反對代宗和沈氏的戀情。後來安史之亂時，只有崔氏跟著代宗出逃，沈氏卻被拋在長安，明擺著崔氏是有意分開他們兩人。

但愛情這東西，最怕就是有人插進來添亂，原本兩人沒什麼感覺，讓別人一制止，更會一下子陷進愛情之中，越是不讓愛，越是要愛得深沉，人性嘛！就是這麼逆反，不逆反也就沒有人類歷史上許許多多的情愛傳奇了。

逆反的結果，是十七歲的代宗和同樣十七歲的沈氏兩人偷食禁果。儘管在法律上，沈氏已經是代宗的人了，他愛吃就吃，想什麼時候吃，就什麼時候吃，想怎麼吃，就怎麼吃，但可別忘了，如今王府中說話算數的，是小悍婦崔氏。代宗和沈氏相愛，違背了崔氏意願，所以代宗與沈氏事實上的結合，對崔氏而言意味著一次背叛，意味著錯誤。錯誤就錯誤吧，不管怎麼說，沈氏在第二年終於給代宗生了一個小寶寶，這個孩子叫李適，就是未來的德宗。

李適的出生，讓崔氏備感失落，但從後續發展來看，這女孩子雖然滿腔醋意，卻不是個壞女生，小德宗在王府中幸福地成長，並沒遭遇到任何不愉快的事。

終於到了小德宗十四歲的那一年，令人興奮的安史之亂爆發。當時李隆基率成群結隊的皇子皇孫向蜀川方向暴走，兒子李亨隨之，孫子李豫隨之，李豫的妃子崔氏隨之，重孫子李適也隨之。但在這支浩浩蕩蕩的逃難隊伍之中，卻少了一個不該少的人。

德宗李適的媽媽，沈氏。

3 妻離子散的激盪歲月

當代宗坐到龍椅上時，腦中卻突然浮現出一個女人的影子，沈氏。他欠這個女人太多，太多。自從沈氏跟了他，就一直生活在崔氏的陰影之下，從無一日歡顏。

皇室大隊人馬出逃，單單只扔下了德宗的媽媽沈氏，目前我們有充足的證據懷疑，這分明是崔氏搞的鬼。

可憐的沈氏，就這樣落入安祿山叛軍的手中，叛軍佔據長安後，將沒有逃走的李氏皇族，男子不論老幼統統殺掉。女人則進行一場耐心細緻的政治思想工作，讓她們認識之前身在剝削階級的嚴重錯誤，給了這些美貌女人新的政治生命，讓她們做慰安婦，從此自食其力。

這時，肅宗李亨等人秘密策劃馬嵬坡起義，絞死了絕世美女楊貴妃。又趁著混亂之際，李亨帶著兒子李豫、兒媳婦崔氏及李豫的兒子李適等人逃往靈武，建立新的革命根據地，登基號令天下。

一年以後，李豫以天下兵馬大元帥的身份，率師打響洛陽戰役，殺敵六萬人，解放洛陽城。當李豫滿臉興奮地入城之時，歡迎人群中突然衝出來一個慰安婦，正是沈氏，就見她向李豫急切揮手，「孩子他爹，孩子他爹，俺是孩子他娘啊……孩子現在怎麼樣了？」

「同志們好，同志們辛苦了。」李豫熱情地同歡迎群眾打招呼，策馬走過沈氏身邊。

史書上說，這是李豫和妻子沈氏見到的最後一面，未及安置，兩人又分手了。分手後，李豫率主力轉移到敵人的後方繼續抗戰，而叛軍在史思明率領下，潮水般地湧回，重新佔領洛陽。沈氏重新回到大燕新政權，繼續做慰安婦，再以後，就徹底失去她的消息。那年月，誰會關心一個慰安婦的下落？

此後不久，皇后張氏聯合太監李輔國，逼迫代宗的三弟李倓自殺。事發後，李豫極度驚恐，生怕下一個就要輪到自己，就想立即發兵，乾脆殺了老爹肅宗和張皇后，幸好這時名臣李泌跑來了！

他勸代宗說：「你這孩子啊，打小就缺心眼，長大了心眼就更不夠用，也不先想想，現在你爹打天下，靠的是誰？不就是靠你和你三弟嗎？如今你那三弟死了，你爹還能再靠誰？全都靠你了！你明白我說的意思嗎？」

李豫愣頭愣腦地道：「你的意思是說，三弟的死，我是最佔便宜的人？」

李泌道：「我可沒這麼說，那是你自己說的。」

李豫疑惑道：「那你到底是啥意思？」

李泌道：「我還能啥意思？我的意思是說，你三弟死了，就意味著你徹底安全了，如果你爹再宰了你，那你爹就沒辦法號令天下了，明白了嗎？」

李豫道：「可我也沒幹什麼，只是跟在你們屁股後面跑跑顛顛……」

李泌淡道：「知道知道，你繼續跑吧，我保證你一口氣跑到皇帝寶座上。」

事情果如李泌所料，等到叛軍被輾平，全國獲得解放，肅宗李亨雄赳赳、氣昂昂地收復長安之時，李豫收到張皇后的秘密來電，「太子殿下，見信如面，今去信不為別事，為了朝廷內部的李輔國反動集團之事，近日該集團活動愈發猖獗，已經到了非要打掉不可的程度了……」

收到張皇后的來信，李豫大喜，才明白李泌對他所說過的話，此時的他，由於在戰爭中取得赫赫威名，聲望如日中天，已經成為各派緊急靠近的新領導核心。

最後李豫並沒有急於表態，畢竟一動不如一靜，就在這拖延的過程中，軍中驍將紛紛跑來投靠，跺腳拍胸脯，咬破手指頭寫血書。不久，太上皇和肅宗李亨先後死去，李豫便在軍中甲士簇擁之下，浩浩蕩蕩地殺入禁宮，幽囚張皇后，再將跟他爭奪皇帝龍椅的二弟李係殺掉，至此江山穩固矣。

當代宗坐到龍椅上時，腦中卻突然浮現出一個女人的影子，沈氏。

他欠這個女人太多，太多。自從沈氏跟了他，就一直生活在崔氏的陰影之下，從無一日歡顏，又被他殘忍地拋棄於亂軍之中，被叛軍擄走當了慰安婦。上一次在洛陽見到她，自己居然連打聲招呼都不敢，就這樣狠下心腸再拋棄她，導致沈氏第二次陷入賊營，如今死活不知、下落不明……

千種柔腸，萬般思念，如今已無以回報。

如今的李豫，只能把氣撒在倒楣丫頭崔氏的身上。

終於輪到崔氏倒楣了！這可憐的姑娘，自從她出生以來，就沒接受過正常教育，楊家的人全都是些腦殼空無一物、只知恣意放縱的怪人，她從小見到的是這些，學到的也是這些。可是楊貴妃被縊死，她的母親韓國夫人也被士兵殺死，崔氏的地位一落千丈，如今李豫再將滿腔憤怨衝她噴射，她又怎麼承受得了？

未及一年，崔氏被李豫用殘酷的家庭冷暴力，活活折磨死了。

4 德宗李適的個人簡歷

李適倒楣就倒楣在一個「時勢造倒楣蛋」的時代，他要為祖爺爺李隆基的所有開支買單，處在一個在所難逃的倒楣蛋位置上。

此後，李豫孤零零地坐在龍椅上，眼看天下藩鎮四起，皇權失落，卻無計可施，他所能夠做的，只是抓緊時間再找一個女人，以免讓自己這輩子活得太窩囊。

工部尙書獨孤穎的女兒獨孤氏入宮。史書上說，這女孩子生得極盡美貌，李豫非常寵愛她，卻堅決不肯封她爲皇后。

爲什麼呢？

一來李豫心裡對沈氏有愧，空懸后位，實際上是對她不幸命運的補償。二來，目前的皇太子是沈氏生的兒子李適，倘若立了獨孤氏爲皇后，不明擺著重演肅宗臨死前的慘劇嗎？李豫可不想像父親那樣，躺在病榻上時被一群怪人拎刀衝入宮來，然後活活嚇死，那滋味實在太不好受了。

獨孤氏呢？她則是努力爭取，對她而言，皇后之位空在那裡，卻不讓她登上去，這無異是一種羞辱。女性的隱忍，讓她不可能直面與李豫發生衝突，只能多多爲李豫生孩子，等孩子生得夠多了，不信李豫不改主意。

獨孤氏先是生了一個兒子，接著又生下一個女兒華陽公主。這個小公主端的聰明絕頂，打一睜眼，就會看人臉色，別人的喜怒哀樂，她一眼就看得清清楚楚，最善於逗李豫開心，無論李豫有多少煩惱，這小公主都有辦法讓他笑得滿地亂滾。

李豫愛死這個女兒，天天抱著捨不得撒手。然而人世之間，福慧向難兩全，或許是太過於聰明的緣故，華陽公主沒過多久竟然患病死了，當時李豫心疼得嚎啕大哭，連續幾天拒絕上朝。

華陽公主的死，對母親獨孤氏的打擊更是沉重，這時候如果李豫醒過神來，快點封獨孤氏爲皇后，說不定還會讓這女人獲得點安慰。可是李豫卻是鐵了心，只管哭自己的，堅決不肯在這個問題上做出絲毫讓步。

獨孤氏受此打擊，心灰意冷，乾脆也死掉了。

從沈氏到崔氏，再到獨孤氏，李豫生命中的三個女人，沒有一個給他帶來快樂，他對於女人的全部感受，除了痛苦就是痛苦。

這慘痛的人生，讓李豫日漸消沉，此後拒絕讓任何女人走入內心，就這樣形隻影單、孤苦伶仃，直到老死。

代宗死於西元七七九年，死後留下一個藩鎮坐大的爛攤子給兒子，可這副爛攤子，也不是故意留下來的，他要是有一點辦法，也不會這樣潦草交差。

說到底，還是能力不足的錯，所以繼任者德宗，就有樂子看了。

那麼德宗皇帝李適，又是一個什麼樣子的怪人呢？

大唐第十任皇帝德宗李適個人檔案：

- 姓名：李適
- 出生：天寶元年四月十九，西元七四二年
- 籍貫：陝西長安大內宮中
- 生肖：馬
- 卒年：貞元二十一年，西元八〇五年，享年六十四歲
- 特長：聚斂錢財
- 社會關係：

父親：代宗李豫

母親：沈氏

妻子：王氏

兒子十一個，女兒十一個

零歲：出生，其時大唐疆域遼闊無垠，行者萬里，不恃兵器。

十四歲：安史之亂爆發，隨祖爺爺、爺爺和父親逃亡。

二十五歲：應全國人民一致要求，立爲皇太子。

三十八歲：父親代宗死之，遵遺詔即位。

四十一歲：河北道爆發嚴重的反朝廷叛亂，四鎮節度使皆反。

四十二歲：鎮壓四鎮叛亂的李希烈部亦反，不得已抽調涇原兵馬平叛，行至長安，涇原兵大舉叛亂，殺入長安城。德宗李適宣佈戰略轉移，出走奉天。叛兵擁立太尉朱泚登基，稱國號「大秦」。

四十三歲：天下亂矣，秦帝朱泚出走長安，投奔吐蕃，被斬首。德宗李適收復長安，但神策軍因爲混亂而落入宦官之手，從此宦官主政。

四十六歲：吐蕃會盟於河中節度使渾瑊，將盟，吐蕃伏兵大起，渾瑊隻身逃脫，隴州萬餘百姓被擄爲奴，行至崖谷，赴死者千餘人。

四十七歲：名相李泌出山，提議和親回紇，以弱吐蕃。

五十三歲：擊吐蕃於神川，降其十餘萬，從此吐蕃轉弱。

六十四歲：卒。

看看這個求職簡歷，我們就會在第一時間發現，德宗李適，他是繼祖爺爺李隆基之後，又一個被迫逃離皇都長安、四處流浪的流亡領導。

如此說起，李適在歷史上應該名聲不會太好，又怎麼混出個「德宗」這種至高無上的榮譽稱號呢？

李適之所以被諡爲德宗，是因爲這個人的性格溫厚敦良，而國政的破敗，究其原因，還在祖爺爺李隆基的身上。那廝是個超級大玩家，他在皇位上一趴就是四十多年，卻從沒一天幹過正經事，留下來一堆爛攤子，德宗只能勉強維持罷了。

老話說，時勢造英雄，李適倒楣就倒楣在生於「時勢造倒楣蛋」的時代。

他要爲祖爺爺李隆基的所有開支買單，處在一個在所難逃的倒楣蛋位置上，你說他不倒楣，誰倒楣？

5 美麗而鬧心的傳說

單只是這兩年，李適就已經不愧於德宗之稱，但儘管如此，仍然有人對李適的「德」提出否定性意見。這人是誰呢？

話說自從德宗李適繼位，頭一樁事，就是大張皇榜，發布尋人啓事，尋找生母沈氏。沈氏兩陷賊營，所遭受到的屈辱及痛苦超乎正常人想像，母子連心，如今李適稱基為帝，可不能讓天下人說自己不慈不孝，一定要找到母親。

皇榜一張，就見一個老太太飛也似地跑來，一到皇宮門口就大叫大嚷，「娃啊！我的娃啊！你終於當了皇上了，皇上娃啊，我是你的娘親啊，你親娘來看你了……」

聽到傳報，李適大喜，急忙飛跑出去迎接母親，可見面一看，這老太太……嗯……怎麼跟小時候的記憶不大一樣？對此，老太太也自有解釋，她說：「娃呀，你都長這麼大了，媽不是也老了嗎？媽現在是老媽了，老媽滿臉都是褶子，你認不出來了倒也正常。」

正常是正常，可德宗還是拿捏不定，又問：「妳說妳是我媽，我是妳娃，有什麼證據嗎？」

老太太笑道：「娃呀，你記得你媽左手上有什麼明顯特徵嗎？」

「特徵？」德宗一愣神，「有有有，我小時候，媽媽被悍婦崔氏欺壓，被迫在後宮剁豬菜，不留神一刀剁在手指頭上了……」

「嘻嘻！」沒牙老太太樂得滿臉褶子開花，伸出左手，讓德宗看個清楚。

德宗定睛一看，就見那老太太的左手指頭上，有一處明顯的刀痕，當下鼻子一酸，正要叫一聲媽，不料旁邊突然鑽出來一個老宮女，親熱地衝那老太太打了聲招呼，「哈囉，妳不是後宮裡的女服務員嗎？當年高力士還收了妳當養女，聽說妳的手指頭和皇太后沈氏一樣，都有一個傷疤，近來傷口好些了嗎？」

原來是個偽劣假冒的沈氏。

是時，衆人齊齊上書，「陛下，快下命令吧，宰了這個沒牙老太婆，只要你一聲吩咐，保證讓這老太婆連骨頭都不剩一根。」

不想德宗卻哭了，「雖然她假冒我媽，有錯在先，可是這麼大的年紀，而且以前也確實和我媽是同事，我怎麼忍心殺她啊？那誰，你們去銀庫裡拿點銀子來給這老太太吧！這銀子不是給她的，是我一想起母親來，不知道她正在什麼地方挨餓受凍，我這心裡哇涼哇涼的啊！」

德宗的行為，讓宮人及大臣們無不感動。等老太太歡天喜地地捧銀子走人，皇宮門外又來了一群老太太，一個個捶打著皇宮門杜，口口聲聲直喊我那可憐的娃。德宗命宮人逐一甄別，結果發現所有的老太太們全都是假冒偽劣。最終，德宗還是拒絕追究老太太們的罪過，發給每人幾錠銀子，讓這些可憐的老騙子們能有所養。

單只是厚待跑來瞎忽悠的老太太，李適距離「德」之一字還有著明顯差距，不過之後一首紅葉題詩的美麗傳說，卻將李適的地位一下子抬得老高，故事至今仍傳頌不衰。

這件事是說李適時代的大唐帝國有兩座皇宮，長安城裡有一個，洛陽城裡有一個，若許年來從全國各地抓捕及從人販子手中高薪求購的漂亮宮女，足足超過四萬多人。四萬多名年輕美貌的小女生，從此被關進紅牆深宮之中，伸鼻子嗅嗅，四處是濃烈窒人的雌性荷爾蒙氣味，縱然挖地三尺，也找不到一個男生的影子。皇宮嘛，就是這麼一個操蛋的所在，保證有數萬名美少女，卻只有皇帝老頭一個男人的情形下，皇帝才能走到哪，都遇到愛他的女人。這偌大的皇宮就他一個男生，女人不愛他，還能愛什麼？

話說德宗李適年間，有個小宮女叫鳳兒，美貌無雙、才學過人，可是她在宮裡找遍，也找不到德宗李適，鬱悶之下，忽然看到一條排水溝，宮裡倒的脂粉香水，全隨著這條大溝汩汩流出宮外。

小宮女鳳兒拾了片紅葉，在上面題詩一首。

一入深宮裡，無由得見春。

題詩花葉上，寄與接流人。

詩的意思是說，皇宮裡邊好寂寞啊好寂寞，沒有男生啊沒男生，寫封情書漂出去啊漂出去，誰收到了就是誰啊就是誰……

結果這事奇了，還眞有人閒極無聊，天天蹲在皇宮外的排水溝邊撈東西。這個人的名字叫賈全虛，是新科進士。他一把撈出紅葉，頓時陷入情網，本打算也寫一首情詩漂進去，可是那水只向宮外流，情書送不進去，只好在宮外又蹦又跳，急得抓耳搔腮。

結果，賈全虛的行蹤被皇宮侍衛發現，認爲其人形跡可疑，可能是前來上訪的維穩工作目標，將其逮捕，刑訊之後，賈全虛就全招了。

案子報到德宗李適處，李適下令，「對宮中少女進行逐一甄別，務必要找到那個在紅葉上題情詩的小女生。」

命令一下，就有宮女積極地揭發檢舉，「報告陛下，我揭發！這封情書是那個叫鳳兒寫的，陛下，人家早就提醒過你的了，她不愛你。」

「不愛我？不愛就不愛唄。」李適樂了，把賈全虛押上來，「喂，哥們兒，在哪兒發財啊？」

賈全虛不好意思地回答：「陛下，我現在正在求職期間，還沒有找到正式的工作。」

李適點頭，「原來是個無業遊民，那這樣好了，我認識的人多，幫你找個工作，你看你就做個御衛小官，官名叫金吾衛兵曹，再把鳳兒嫁給你當老婆，樂不樂意？」

有分教：排水溝邊一堆土，紅葉怡情傳千古。姻緣全靠一首詩，從此宮門敲皮鼓。

德宗李適成人之美的故事，到了宋代、元代，都有許多民間戲劇不停上演，看得許多村漢神思恍惚，天天跑到皇宮的排水溝處亂撈亂摸。

單只這兩件事，李適就已經不愧於德宗之稱，但儘管如此，仍然有人對李適的「德」提出否定性意見。

這人是誰呢？

德宗的正式髮妻，王氏。

那麼王氏又為啥不樂意呢？

因為王氏，是中國歷史上最鬧心的皇后，所以她不樂意。

那麼王氏又怎麼最鬧心呢？

王氏，是中國歷史上做皇后時間最短的一位女性，她當上皇后的當天就死了，你說她鬧心不鬧心？

6 皇帝從此去流浪

姚令言苦勸無效，只聽轟的一聲，眾家兄弟各自持了刀槍，不由分說殺入長安城，當此之時，德宗皇帝只好急率王氏還有諸皇子們，忙不迭地跑路。

德宗的皇后王氏，十六歲那年就嫁給李適，李適也只不過才十九歲。當時安史叛亂剛剛平定，肅宗李亨帶著大隊人馬返回皇都長安，不久李亨死，又不久，李適的父親李豫也死了。到了西元七七九年，三十八歲的李適幸福地爬到龍椅上，振臂高呼，「大唐人民站起來了！從此可以和藩鎮們共斷乾綱。」

說到和藩鎮們共斷乾綱，那是超沒面子的事，皇帝就是要孤家寡人，就是要乾綱獨斷，一言九鼎，像李隆基那樣爲所欲爲、無法無天。但正因爲李隆基爲所欲爲，導致藩鎮們有所欲爲，皇家軍事權力迅速下移，落入各方藩鎮手中。

玄宗和肅宗時代，是安祿山專橫天下，兵權在握，等到了代宗李豫即位，安祿山及史思明的部下已經挾著優勢的軍事力量，向李豫表示效忠。

這些藩鎮們割據勢力極爲龐大，比如說平盧節度使李正，此人擁兵十萬，佔有十五個郡，無人敢攖其鋒。像這樣的軍事巨無霸還有田承嗣、李希烈、李勉等人，大家表面上奉皇上號令，實際上不想多惹事，倘若皇帝明智一點，別瞎惹事，那麼大家都有得好日子過；倘若皇帝敢瞎胡鬧，藩鎮們決計不會再認你這個主。

在李隆基時代，軍隊的管理還是有制度，除了軍事主戰官外，另由朝廷委派監軍，也就是政委。政委並不對戰爭的勝負負責，只負責擁有部隊。安史之亂過後，政委制度雖然保留下來，負責皇宮安全的御林軍，卻從此歸太監政委私家所有，藩鎮卻趁機甩掉政委，將部隊私人化。所以到德宗出場，面對如此窘境，也是毫無任何辦法。

沒有辦法也沒關係，如果藩鎮們相安無事，天下也落得個太平。但問題是，諸藩鎮既然有兵權在手，就要耀武揚武，非逼著別人服他，不服就揍；可別人也是藩鎮，手下也是兵強馬壯，怕你個卵子？所以藩鎮之間天天你打我，我砍你，鬧得不亦樂乎。

藩鎮之中，最能鬧騰的是魏博節度使田承嗣。這個老田端的厲害，他本是安祿山、史思明的手下，後來歸順大唐，但家裡還有一座祠堂，祠堂裡供著四尊怪物，分別是大燕聖武皇帝安祿山、殺了安祿山的天成皇帝安慶緒、殺了安慶緒的應天皇帝史思明，還有殺了史思明的顯聖皇帝史朝義。明明這兩對父子四個傢伙，除了自相殘殺再沒別的本事，老田還煞有其事地給他們供牌位，眞是腦袋進水。

老田亂供叛將牌位的事，被德宗他爹代宗知道了，但知道了也沒得法子，你讓他承認錯誤，他是不肯的，你想動手打他，又打不過。所以代宗只能對老田提出委婉的批評，並提拔老田爲同平章事，以免老田挨了批評，心裡一時不平衡發作起來。

儘管升了官，但老田還是老大不樂意，吩咐三軍出動，殺到相州鬧了一場，又趕到衛州，把刺史薛雄殺了。當時代宗勃然大怒，不顧一切地要跟老田拼命，老田才急忙自我檢討，這才了事。

此後老田掌握住這個技巧，再次到汴宋鬧事，然後以迅雷不及掩耳之勢承認錯誤，讓當時的代宗無可奈何。

眨眼工夫，代宗死之，德宗李適說了算。正好成德節度使李寶臣也死翹翹了，於是魏博節度使田承嗣，與山東東道節度使梁崇義等兄弟們召開了一次盛大的參謀長聯席會議。會議上大家一致通過：爲了加強軍隊建設，穩定來之不易的安定團結大好局面，有必要在藩鎮中建立起世襲制。李寶臣死了，就讓他的兒子李惟岳出任節度使吧！

人在江湖上混，混的就是面子，你給我面子，我給你面子，大家才會都有面子。如今老田給了李寶臣面子，李寶臣非常感激，等過幾天老田死後，就由李寶臣出面——不對呀，李寶臣不是死了嗎？這個這個……有的書上說李寶臣死了，有的書上沒說他死，說是老田死了後李寶臣又出來主持局面，那麼李寶臣到底是死了，還是沒死呢？

姑且算做李寶臣沒死好了，但他馬上就會死。因爲接下來的歷史，是老田田承嗣的兒子田悅，和老李李寶臣的兒子李惟岳，這小哥倆雄赳赳氣昂昂，組成了愛國統一戰線跟德宗李適叫板，一定要實行世襲制，不世襲就跟你沒完。

沒完就沒完，德宗火大了，命令盧龍節度使朱滔，外加一個悍將李希烈，去攻打李田聯軍。唐軍大舉進攻，導致李田聯軍內部矛盾激化，結果李惟岳被手下一個叫王武俊的兄弟砍了。

再接下來，唐軍李希烈、朱滔、王武俊與叛軍田悅進行會談，會談之中，田悅動之以情、曉之以理，「喂！你們幾個，都是我的爺叔輩，以前跟我爹也是鐵哥們兒，現在我們被人欺負，你們這些爺叔不出來幫我們的忙，卻反過來打我們，你們對得起自己的良心嗎？再說，我田悅舉兵反唐，爲的是誰呀？不就是爲了你們這些爺叔嗎？我要求建立世襲制，不也是爲了你們家裡的孩子們嗎？不世襲，你們家的孩子將來就要去街頭打工，你們忍心嗎？」

李希烈、朱滔及王武俊聽得動情，連聲喊道：「正所謂長江後浪推前浪，一代更比一代浪，我們仨爺叔加起來，竟然不如你個小兔崽子腦子清醒。你說得對呀，今天打掉了你們，明兒個就是我們這些爺叔們了，不行，我們不能上皇帝的這個怪當。」

於是，朱滔向自己的大哥鳳翔節度使朱泚寫密信，商量一起推翻大唐罪惡的統治。不料，送信的特使才走到半路上，便被唐兵截獲，德宗聞報大驚，急忙將朱泚叫到長安，軟禁起來。

而此時在朔方，叛鎮節帥再次召開重要軍事會議，一致通過每人晉升一級，統統升王的決議，於是朱滔稱冀王、田悅稱魏王、王武俊稱趙王，還有個李納稱齊王。大家都稱王了，勢力最大的李希烈還沒有王號，這可不妥當，於是大家再次開會，會議一致通過讓李希烈稱帝的決議。

西元七八三年，李希烈在諸叛鎮苦苦哀求下，稱天下都元帥，率了手下兄弟去砍襄陽的哥舒曜。哥舒曜力不能支，就向朝廷發急電，「皇帝，看在朝廷的份上，拉兄弟一把吧……」

德宗徵調涇原各道兵馬救援襄陽，涇原節度使姚令言率了五千兵趕到長安，德宗吩咐京兆尹王翔犒軍。可王翔只弄到些粗飯素菜，結果引起士兵們不滿，強烈要求趕近不趕遠，就近攻打長安城算了。

姚令言苦勸無效，只聽轟的一聲，衆家兄弟各自持了刀槍，不由分說殺入長安城，當此之時，德宗皇帝只好急率王氏還有諸皇子們，忙不迭地跑路。

德宗逃了，原本被軟禁在長安裡的軍方人物朱泚出面，穩定長安城中的局勢，然後宣佈登基，自任大秦帝國皇帝，同時寫信給德宗政權，吩咐德宗認清形勢，放棄與人民爲敵的反動立場，及早懸崖勒馬，未爲晚也……諸如此類。讓老朱這麼一惡搞，德宗只好帶著妻子王氏到處流浪，演出一幕流亡政府的悲慘驪歌。

7 世上最鬧心的皇后

這下子禮部熱鬧了，數不清的腐儒戴著超高的巨大帽子，邁著怪異的步子絡繹不絕，進入會議室展開熱烈討論，甭管誰提出一個動議，立即遭到所有人否決。

藩鎮們一直鬧了整整七個年頭，有的老死，有的被人宰殺……等到稍微有點名頭的都已經除名江湖，留下來的，仍然是大唐帝國那殘敗的光景，德宗流亡政權才又返回長安城，而這一年，王氏已經四十二歲，還身染重病。

從十六歲嫁過來，熬到四十二歲，才終於等到亂局平定，王氏這一生，眞是不容易啊！眼看王氏已經奄奄一息，德宗就問：「愛妃啊，人家說，每一個成功男人的後面，都站著一個女人。現在我總算成功回家，站在我身後的女人，就是愛妃妳啊，妳看妳病得這麼厲害，有什麼未了的心願，妳告訴我，我一定替妳完成。」

「你問我的心願啊……」王氏吃力地道：「你猜猜看。」

「我猜……」德宗很是懊惱，「我哪能猜得到啊？」

「你猜不到就算了吧。」王氏閉上了眼睛。

「別啊，我猜不到妳可以告訴我嘛……」德宗還待懇求，可是王氏已經閉上眼睛，不理他了。

德宗很是鬱悶，就出門來，恰好遇到兵部侍郎李紓，正閒著沒事到處亂逛。於是德宗走過去跟他聊天，「老李，吃了沒？你聽說過有首歌嗎？叫女孩的心事你別猜，猜來猜去就會把她愛……你說這事也眞奇怪了，女人有什麼事，爲什麼不肯明說出來呢？」

「誰有事不肯說出來？」李紓暈頭暈腦地問。

德宗答：「我的愛妃王氏啊，你看她跟我浪跡天涯、四海爲家，吃了多少苦，受了多少罪，這回好不容易回家來了，她卻重病不起，我問她有什麼心事未了，她自己不肯說，居然讓我猜，你說我哪猜得到啊？」

李紓想了想，說道：「人家讓你猜，是因爲答案明擺在這裡，你想皇妃一生最大的心願能有什麼？無非是當皇后，現在你空著皇后之位不給她，你說她心裡能沒怨氣嗎？」

「原來是這麼回事！」德宗恍然大悟，「你看我這笨腦子……那什麼，老李，你馬上草擬冊書，讓王氏當皇后，免得讓別人罵我不爺們兒。」

李紓道：「陛下，你弄差了吧？我是兵部侍郎，草擬個行軍打仗的公文還成，這冊立皇后的事兒，應該由禮部負責吧？」

德宗道：「你別唧唧歪歪了，王氏現在病得厲害，趕緊把冊書弄出來，說不定她一高興，病情就會好，你讓我再去找禮部，這不是捨近求遠嗎？」

「那……好吧。」李紓硬著頭皮答應，回去之後，先自己弄了個冊書，提筆寫下「今冊封王氏爲大行皇后，欽此，謝恩」，拿到遠處看看，好像應該差不多吧？估計沒啥問題，就把冊書給德宗送來。

德宗接過冊書，打開一看，又趕緊蓋上，問道：「老李啊，我問你件事。」

李紓道：「陛下，咱倆誰跟誰呀，有事你說。」

德宗道：「李紓，我問你，你知道大行是什麼意思嗎？」

李紓道：「大行……應該是很行的意思吧？」

德宗嘆道：「……老李呀，要不你查查字典，再回答我？」

李紓急忙去查書，這一查就閉上了眼睛，「我靠陛下，弄差了耶，大行的意思……書上說，大行的意思是一去不復返，我弄了個大行皇后，那不就是……可這事不能怪我呀陛下，我他媽的跟你說過了，我是兵部侍郎，你丫非讓我來替皇后弄封號，這不明擺著趕鴨子上架嗎？陛下，老子實話跟你說吧，這事你至少要負主要領導責任！」

德宗心裡說不出來的彆扭，「老李，沒說追究你的責任，你瞎嚷嚷啥呀？我還不知道你是兵部侍郎？之所以找你來幹這活，是因爲……唉，你馬上就會知道禮部那些爛人是多麼難纏。」

萬般無奈，德宗只好把這項工作交給禮部，這下子禮部熱鬧了，數不清的腐儒戴著超高的巨大帽子，邁著怪異的步子絡繹不絕，進入會議室展開熱烈討論，甭管誰提出一個動議，立即遭到所有人否決。就這樣一天天過去，眼看王氏已經快不行了，急得德宗在會議室外團團亂轉，見人就問：「有結果了沒有？你們商量出來個結果沒有？快別你媽的磨蹭了，不就是封號嗎？」

不磨蹭，那還叫什麼腐儒？還叫什麼禮部？就這樣，會議一直開了好多天，眾腐儒吵得面紅耳赤脖子粗，才終於擬定了一個稱號，就叫「皇后長孫氏」，然後拿出來給德宗。德宗一看就急了，「你們他媽的眞缺心眼啊，我老婆姓王，你們怎麼弄出來一個長孫氏？長孫氏那是我的老婆嗎？那是我老祖宗李世民的老婆！」

眾腐儒目瞪口呆，又急忙改爲皇后王氏。德宗把這四個字看了好半天，才終於醒過神來，「我老婆姓王，當然是皇后王氏，你們這群王八蛋開了這麼天的會，才弄出這麼四個字來，眞是典型的廢物點心……」口中罵著，德宗飛奔回宮，「老婆，老婆，告訴妳一個好消息，妳的皇后申請批下來了，現在妳是皇后王氏了……咦？老婆，妳怎臉灰青灰青的不說話呢？」

皇后王氏，已經在諡冊完成之時死了。王氏死後九年，德宗偶感風寒，不治身亡，留下來一個更加不堪的亂爛攤架子，交給下任的順宗李誦。

第八章

順宗李誦：黑魔法的祭品

皇太子突患怪疾，早有人飛報德宗天子。

德宗聽了這個消息，笑了。

人們正在驚訝何以德宗會笑起來，突然發現德宗不是在笑，而他的嘴歪，眼斜了，渾身上下激烈抽搐起來。

1 不順的順宗皇帝

唐順宗李誦，就是出現在這個帝國人口暴增，以殺戮手段削減人口需求的時代，在這樣的時代裡，人心思亂，饒是有天大的本事，也擺不平。

順宗的出現，為搖搖欲墜的大唐帝國帶來一線曙光。他本來有可能為大唐帝國扭轉頹勢，這種可能性一度大到所有人堅信不移的程度，等到所有人都對此堅定不移時，這種可能性卻又突然消失。

簡言之，順宗不過是上天和大唐帝國開的一個玩笑，目的無非想體現一個冷酷的自然規律：個人的能力和品性是靠不住的，歷史唯一能靠得住的，只有規律。

規律決定著大唐帝國走向衰亡，不要說來了一個順宗，就算再來上十個八個順宗，也頂不住規律的碾壓，大唐同樣會被碾壓得零落成泥。

那麼，到底是啥規律這麼缺德，非要跟大唐帝國過不去呢？

這個規律就是「馬爾薩斯人口論」。

啥叫馬爾薩斯人口論？

就是隨著經濟的增長與繁榮，人口的增長越來越狂，而隨著人口基數的倍增，出生率也飆飛猛進，最後突破資源的承受極限，導致飯不夠吃，不得不撕打拼搶的情況出現。

那麼，這個人口增長，究竟是一個什麼比率呢？

我們還記得，大隋開皇年間，人口增長一度達到八百七十萬戶，儘管當時隋文帝楊堅爲這些人準備足夠五十年吃的糧食，可這沒用，如此龐大的農業人口中，至少一半人成爲閒散勞動力。人雖然閒散，物質和生理的慾望需求卻是暴增，急需滿足，沒有人能滿足如此之多閒人的要求，所以閒人怒極，便操刀子亂砍，天下就此大亂。

天下亂過了之後，李淵登基，然後李世民登基，等到李世民完成他的貞觀之治大騙局，兒子李治走上前來，仔細一看國家的人口，差點沒暈倒。

高宗李治登基之時，大唐帝國的人口是三百八十萬戶。

這麼少的人口，無論是高宗李治還是女皇武則天，都不需要爲國家的經濟操什麼心，等到李隆基的開元之治時，大唐帝國的人口，再次實現跳躍式的發展，重新回到八百二十萬戶。

八百二十萬，跟隋帝國開皇年間的人口差不多，糧食卻沒有人家多。

所以安史之亂看似偶然，實則有其必然性。雖然李隆基是個大玩家，對天下大亂難辭其咎，但就算他是個明君，也照樣白扯！多明的明君，你也沒辦法跟超過帝國承受能力的龐大人口相抗衡，被亂民們攆得撒丫子滿世界亂跑，實在情理之中。

話又說回來，爲啥中國人如此拼了老命繁衍，全然不顧自身生存環境的惡化呢？

把話說明白了，就是古中華帝國四千年，始終重複著同一節奏，因爲人口爆炸而導致天下大亂，之後殺殺殺，將人口砍掉八、九成。所以每個帝國的開端，都是地多人少，資源富足，開國皇帝再怎麼折騰，都很容易混個名君幹幹。但隨著時日推移，國人拼了老命地生呀生、生呀生，直到人口數突破極限，仍不肯休息，仍然生呀生、生呀生，直生到閒散富餘人口超級龐大，才又拎起刀子砍砍砍，直把人口砍回到正常界限以下。總之，中國的歷史就是生生生，殺殺殺，所以有句話叫生殺予奪，就是這麼個道理。

那麼，中國人爲什麼不接受歷史的教訓，而泥陷於「生生生，生多了再殺殺殺」的循環當中呢？

這是因爲，中國的政治文明超級落後，單以皇權體制而言，毫無公平之處，這是低等哺乳類動物才玩的野蠻遊戲，而中國人長期泥陷於此，導致另一層次的惡性循環。

具體來說，就是在皇權體制之下，個人的生命與尊嚴得不到絲毫保護。

就拿李隆基來說，他好歹也算是個明白皇帝，可照樣將人家進士柳齊物花三十里錦帳才弄到手的美女嬌陳硬搶入宮，不由分說地脫褲子就上，連獻花求愛的過程都省略了。唐明皇如此，別的皇帝人品就更不堪提，所以生活在皇權體制下的民衆，縱然在盛世，也不過是風中燭火，朝不保夕。

生存的危機與人格尊嚴的淪喪，在弱化個體生命性能力的同時，也反過來強化他們的繁衍念頭。從社會生物學的意義上來說，人是基因載體，當基因意識到外殼靠不住，脆弱疲軟，就會迅速調出副程式，強化人的繁衍欲念，只有多多生些娃兒，才能夠提高基因的存活機率。

概括起來，中國歷史發展的規律就是：皇權的存在，導致個體存活機率降低，客觀上強化中國人的繁衍慾望，進而使得人口增長，不斷突破極限，引發大規模的社會動盪。這種恐怖的社會動盪，又使得人們盼望明君出世，這種群體慾望構成新的皇權形成基礎，當新的皇權形成時，又大舉降低每個人的存活機率，大家只好又開始瘋狂繁衍……

唐順宗李誦，就是出現在這個帝國人口爆增，以殺戮手段削減人口需求的時代，在這樣的時代裡，人心思亂，饒是有天大的本事，也擺不平。

順宗名順，但他的命運卻絕不會順。

2

順宗李誦的個人簡歷

英明神武的李誦終於弄到龍椅，可還沒等坐上去，鑽入他身體內部的蟲蟲就發作起來——鐵定是蟲蟲，要不然哪有那麼湊巧的事？

我們先來看一下大唐第十一任皇帝順宗李誦個人檔案：

- 姓名：李誦
- 出生：上元二年正月十二，西元七六一年
- 籍貫：陝西長安
- 生肖：牛
- 卒年：元和元年，西元八〇六年，享年四十六歲
- 死因：退位後鬱悶死
- 特長：面對現實

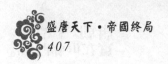

・社會關係：

父親：德宗李適

母親：王氏

妻子：王氏

兒子二十七個，女兒十一名。

零歲：出生。

十七歲：代宗皇帝將一名十三歲的小美女王氏，送給孫兒做禮物，先爲孺人，後爲良娣。

十八歲：生兒子李淳。

十九歲：冊立爲皇太子。

二十三歲：因爲涇原兵變，隨父親德宗逃出長安，逃奔奉天。叛軍蜂擁而至，大舉攻城，太子李誦身先禁旅，率軍乘城拒敵，與叛軍展開一場不屈不撓的血戰。

二十七歲：大長公主之獄爆發。

大長公主，肅宗的女兒，應該算是李誦的奶奶，但她的女兒蕭氏又嫁給李誦，這麼算起來又是李誦的丈母娘。大長公主擁有多名情人，同時精通黑魔法，結果被人告發。

德宗痛責李誦，李誦不知如何是好，提出和蕭氏離婚，德宗則想廢太子，爲宰相李泌所阻。同年，大長公主被幽囚，所有的情人盡被杖殺，家屬流放，皇太子妃蕭氏被殺。

四十四歲：突患中風之疾，失去語言能力。

四十五歲：父親德宗病死，翰林學士正要起草詔書，立李誦爲天子，太監出面制止，「禁中尚未做出決定。」百官驚駭，後來壯起膽子力爭，太監未再堅持，李誦終於登基爲帝。登基半年，任用「二王八司馬」，力主新政。同年失去行爲能力，半年後傳帝位於太子李純。

四十六歲：以離休老幹部的身份接受兒子授予「應乾聖壽太上皇」稱號，爾後卒。

現在我們來看看順宗的一生，就會發現，這廝實乃天下第一倒楣蛋是也，他的少年生活風平浪靜，應該養成了極爲健康的獨立型人格。大唐帝國裡擁有這種健全人格的儲君，數量極是稀少，李誦是上天跟大唐帝國開的一個玩笑，分明故意把他栽培成一個小明君，然後再毀掉他。

總結李誦的一生，大至可以分爲如下四個階段：

第一階段：健康成長期，這階段主要是養成他的健全人格爲主，別無雜事。

第二階段：戰火紛飛的年代。李誦有幸參加奉天城保衛戰，與叛軍浴血拼搏，這進一步養成他過人的智慧，現在這孩子的心智，大概與唐太宗李世民不相上下。

第三階段：誤中蠱術階段。這個階段他分明被政敵暗中下了蠱，這個政敵也是明擺著，就是肅宗李亨的女兒大長公主。很奇怪的一個稱呼，總之這位大長公主有問題，不知從何處學得了恐怖的黑魔法，從此禍亂宮廷。

第四個階段：徹底完蛋階段。這個階段看得讓人耳朵噴火，英明神武的李誦終於弄到龍椅，可還沒等坐上去，鑽入他身體內部的蠱蟲就發作起來——鐵定是蠱蟲，要不然哪有那麼湊巧的事？發作的結果，是李誦不得不含淚讓出權力，導致大唐帝國最後生機的喪失。

好端端的大唐帝國，怎麼又弄出黑魔法來了呢？不是說會黑魔法的韋氏等人都已經死得連骨頭都爛了嗎？

這事……還眞是個歷史大懸疑，值得我們慢慢細說。

3 黑魔法氾濫宮廷

兒子都有了，還是個長子，按理來說，日後的王氏怎麼也應該弄個皇后幹幹了吧？然而黑魔術的介入，卻徹底改變李誦和王氏的命運，也改變了帝國未來的走向。

在講述大長公主的黑魔法之前，我們先來解釋一下，到底啥玩意叫「大長」。

人們通常以為，皇室之家生的女兒，理所當然是公主，其實不然。皇帝家裡生的女兒，只是皇女，是不是能夠弄個公主的封號，還得看這丫頭是不是聰明伶俐，能討皇爹開心，開心了就公主，萬一瞧這丫頭不順眼，那可就麻煩了。

也就是說，「公主」，是皇帝女兒才可以獲得的封號，卻不是每個女兒都有。

皇帝除了女兒，還有姐姐妹妹。這些姐姐有時候時運不濟，拼了老命也沒能逗得自己老爹開心，最終未能晉級為公主，等到新皇帝上任，就是皇帝的姐姐，如果這時候與皇帝的交情還不錯，皇帝就會封給她一個「長公主」的尊號。

可皇帝除了女兒姐姐，上一輩還有姑姑，有的姑姑比較慘，連混兩代都沒混出個什麼名堂來。另外還有一種特殊情況是開國皇帝，比如唐高祖李淵做了皇帝後，他的姑姑就需要一個封號，這時候姑姑輩的皇族女眷，就弄個「大長公主」的封號來過一過癮。

如此一來就清楚了，早年時候，肅宗李亨有一個女兒，比較怪異，生下來雙目在黑暗中能夠視物，走路像小貓一樣輕捷，李亨越瞧這女娃越不對頭，就儘量躲著這孩子，以免自己做噩夢。

於是李亨時代，這倒楣丫頭沒混到公主。

等到李亨的兒子，代宗李豫，跟這丫頭算是姐弟，可是李豫同樣也躲著這怪姐姐，感覺這位姐姐處處不對頭，經常在夜裡騎著掃帚滿天亂飛，驚心不定，也遠遠躲開。結果在這一輪裡，這丫頭又沒有混上個長公主。

終於熬到李豫的兒子德宗李適，這個李適是個厚道人！雖然明明看到這個怪姑姑在圓月之夜飛天，還是硬著頭皮，給了姑姑一個「大長公主」的封號，可萬萬沒想到，就這麼個封號弄出問題。

弄出了什麼問題呢？話說大長公主嫁的丈夫，是駙馬都尉蕭升，兩人合作生了一個女兒。獲封之後，大長公主就跑來找德宗，「大侄子啊，你看你家有個兒子，我家正好有個女兒，要不要咱們兩家聯姻啊？」

當時德宗就有些頭大，「姑姑，妳有沒有搞錯？妳家的女兒，是我的小表妹，我的小表妹嫁給我的兒子，那我兒子是該管她叫姑姑呢，還是叫老婆？萬一兩人再生下個胖小子，那這胖小子是我兒子的兒子，還是我兒子的表弟？」

大長公主笑道：「大侄子，你這就犯糊塗了，不聽人家說過的嗎？女大姑，樂得哭……你兒子娶了他自己的姑姑，就偷著樂去吧。」

德宗還在搖頭，「我看這事……」正說著，卻見大長公主突然朝自己臉上吹了一口氣，一聲咒語念過，德宗猛地打了一個激靈，喜道：「好主意，妳這眞是個好主意啊！叫我兒子娶他姑姑，此乃天作之合啊，眞是太好了，那什麼，妳馬上把孩子他姑姑帶來，立即舉行婚禮。」

就這樣，饒是太子李誦大哭大鬧、大吵大叫地不依，可全都沒用，他硬是被人從原配妻子王氏身邊拖走，送到了自己姑姑床上。

我們現在可以有充足的把握說，被送到李誦身邊的小姑娘蕭氏，多半也會點黑魔法什麼的，否則就無以解釋後來發生的一切怪事。

撂下黑魔法先不說，單說李誦的原配妻子王氏。這個王氏乃金紫光祿大夫王顏的女兒，年紀很小的時候，就被父親賣給當時的代宗李豫，想忽悠李豫幸御這個小女生，可李豫沒顧得上，後來把這小女孩給了自己孫子李誦。

李誦得到這件禮物時，剛滿十八歲，王氏只有十三歲，雖然尚未成年，但人家孩子就是有志氣，次年就替李誦生出個大胖小子，也就是下一任的帝國皇帝李純。

兒子都有了，還是個長子，按理來說，日後的王氏怎麼也應該弄個皇后幹幹了吧？然而黑魔術的介入，卻徹底改變李誦和王氏的命運，也改變了帝國未來的走向。

但史書中表明，最先帶給德宗困擾的，不是大長公主的黑魔法，而是大長公主的情人門。這扇情人門突然打開，露出來的是一個叫李升的宮廷侍衛。

說起這個李升，小夥子端的厲害，武藝高強，模樣長得也俊俏。早年德宗皇帝流亡時，李升與另外五個人在一起，相互咬破手臂，立下血誓，哪怕自己粉身碎骨，也要保護德宗安全。爲了保護德宗，還專門研製並開發一種適合在山路上行走的釘鞋，輪流爲德宗牽馬，護衛在左右，任何陌生人都不得靠近，讓德宗心裡對他們的忠誠好不感動。後來回到長安，德宗便將這六個人全部任命爲禁衛將軍，賦予絕對的信任及優待。

可是忽然有一天，有人悄悄來找德宗打小報告，「報告首長，那個叫李升的，對，就是那個漂亮小夥子，他呀，好像跟大長公主有一腿，經常去大長公主家裡幽會。」

德宗吃驚得鼻子都歪了，「不能吧？李升是個年輕人，可是大長公主是我姑姑，年紀老大了，渾身上下都是老皮褶子，他們兩人……不會吧？」

對方提醒德宗，「沒錯，大長公主年紀是好老好老了，可是你別忘了，她會黑魔法，練有情丹秘藥，用七月初七的蜘蛛絲二斤，八月初八的蟾蜍淚兩瓷瓶，九月初九的狐狸鬍子五百根，再加上十月初十的老鼠腳印二百對，把這些調料湊齊了，在月圓之夜放在一口瓦罐裡熬啊熬，熬啊熬，最後熬乾曬出來的粉末，只要輕輕這麼一吹，噗！不管什麼樣堅貞的男人，都會把持不住，從此永遠永遠地愛上這個老太太……」

「去去去，這他媽的都什麼亂七八糟的！」

德宗懊惱地把告密的人轟走，心裡想，這件事恐怕不是無風起浪，背後定然有著天大陰謀，看來我這腦子不夠用了，那什麼，就找一代奇人名臣李泌來吧！讓他幫我來破這個案！

4 奶奶兼任丈母娘

聽了李誦這句話，德宗長吁一口氣，一屁股坐到龍椅上。只要確保太子沒跟奶奶兼岳母搞出不倫孽情來就好，可他居然做法要當皇帝……

李泌，中唐時代名氣最大的怪人，他是道家的高士、佛家的名人，也是著名的軍事家、外交家、經濟學家、行政專家，現在又成了偵探界的名人。自從接到任務後，不顧自己年高體邁，用顫抖的手換上黑色夜行衣，嗖一聲蹦到屋簷上，就這樣高來高去，轉瞬間到了大長公主的府邸。

找到大長公主的臥室，李泌將腳尖掛在屋簷上，一個倒掛向屋裡看去。

大長公主的臥室裡果然熱鬧非凡，只見成群結隊的漂亮小夥子流水般進進出出，排隊走到大長公主面前，一個個單膝跪地求愛。這些小夥子都是京師社交圈中的紅人，權貴家族都在琢磨將自己的女兒嫁給他們，誰又想得到，這些小夥子不愛青春年少的美貌少女，竟只愛精熟黑魔法的老太太。

看看這些小夥子都有誰……李泌一個一個按人頭數過來，有詹事李升、蜀州別駕蕭鼎、彭州司馬李萬、豐陽縣令韋恪……

正在用心數著，忽然有人拍了他的肩膀一下，「讓一讓，別一個人占這麼大地方，該輪到我看了……」

李泌抬頭一看，頓時大吃一驚，只見屋簷上，整整齊齊密密麻麻，蝙蝠一般掛滿了高來高去的夜行人。原來，長安城中所有能夠養得起俠客的豪門，今夜全都派高手來這裡數人頭了。

這麼多的目擊者，縱然是李泌有心隱瞞，也是不可得了。果然，不等到第二天，德宗李適的辦公台案上，已疊著高高的揭發檢舉材料，不僅列出大長公主情人的數目，床上的姿式與節奏，甚至還列出大長公主秘而不宣的媚藥配方。

此外，揭發材料上還證實說，大長公主不僅是在家裡和這些情人歡愛，還經常出入太子李誦府邸，其目的……那就不好明說了。

德宗看了這些揭發材料，氣得把頭往牆壁上砰砰亂撞，這個大長公主，人家好心好意封妳一個公主，不說謝恩倒也罷了，竟然搞到這麼淫穢！淫穢倒也罷了，竟然還把太子牽扯到其中。

這件事，究竟應該如何處置呢？

茲體事大，只能找能耐最大的李泌了。

德宗說：「嗯，我已經考慮過了，嗯，深思熟慮了，最後的決定是，打掉以大長公主及太子爲首的反動集團。老李，你以爲如何？」

李泌道：「打掉大長公主反動集團就是了，怎麼還把太子帶上？」

德宗急道：「你沒看那些資料嗎？大長公主她……她她她經常去太子府上啊！」

李泌道：「去太子府上又如何？別忘了她本來是太子的奶奶，同時兼任太子的岳母……總而言之，我覺得這種事不宜大肆張揚，張揚開來，丟的可是你皇帝的臉。」

德宗氣道：「我哪還有臉丟啊？我的臉早被這夥人丟光了！」

李泌道：「丟光了再撿起來嘛，臉這東西，地下有得是。我的意思是說……總之呢，大長公主到太子府上到底都幹了些啥，這事爲什麼不問一下太子呢？」

德宗點頭，「說得也對，派人立即給老子把太子叫來。」

李誦聽到父皇傳喚，急如星火趕來，「請問皇爹，有事找我？」

德宗冷冷地看著他，「小兔崽子，小王八蛋，你和大長公主幹的好事，還不從實招來！」

李誦嚇傻了，「皇爹，我眞的沒幹啥，騙你我是你兒子……不對，我眞是你兒子，但我確實沒幹什麼，就是……就是……就是……」

「就是什麼？」德宗吼道。

李誦呑呑吐吐地說了，「就是讓我奶奶……不，就是讓我岳母做個法術，保證讓我登基……」

聽了李誦這句話，德宗長吁一口氣，一屁股坐到龍椅上。

這就好，這就好，只要確保太子沒跟奶奶兼岳母搞出不倫孽情來就好，可他居然做法要當皇帝！這句話的另一個意思，就是詛咒當爹的快點死，這同樣也不能容忍。所以德宗劈頭蓋腦，又把李誦臭罵了頓。

原本德宗已經消了氣，罵太子只是應應景，可李誦卻以爲父親眞動了怒，害怕之下，脫口說道：「皇爹，親不親，路線分，我請求和蕭氏斷絕夫妻關係。再說我們原本就沒有感情，是她媽用了黑魔法，才把我強拖到床上去，我也是受害者，請求公正處理。」

「你也是受害者？」德宗呆了一呆，「那就依你好了。」

5 太監要做天下的主人

剛開始掌握軍權時，太監們自己也有點懵懂，不知道該拿這個權力怎麼用，就蹲在一邊看熱鬧，等到此時德宗死、太子病，太監們才突然醒過神來！

回去之後，李誦就提出和蕭氏離婚的要求。

當時蕭氏一聽就火大了，「李誦，你個不要臉的，我可是你的姑姑啊，你不由分說就強行霸佔我，玩膩了就轟出宮去，你也不替姑姑想想，我一個嫁給侄子的女人，出了宮誰還會要我？」

李誦也急了，「拜託，東西可以亂吃，話不可以亂講的，誰強行霸佔妳了？明明是妳用蠱術強行霸佔青春年少的我。」

「你這個忘恩負義的東西。」蕭氏怒不可遏，「你還有臉跟我提蠱術？不是我們家的黑魔法，你能當上太子嗎？竟然過河拆橋，李誦，你好狠，你跟姑姑老實說，是不是王氏那小狐狸精逼你和我離婚？」

李誦哭笑不得，「這都哪跟哪呀？我和王氏才是恩愛夫妻，姑姑，妳快走吧，別在這裡添亂了。」

蕭氏冷笑一聲，「哼，你當我不知道？王氏那個狐狸精想要趕走我，無非是想等你登基之後，篡奪皇后之位罷了。我告訴你，她休想，你們千萬別動這個念頭，否則的話，哼哼，到時候就讓你們嚐嚐我家巫蠱之術的厲害！」

說完這句話，蕭氏揚長而去，撇下李誦站在當場，目瞪口呆。

蕭氏一出門，就被等候在門外的御林軍逮住，送往監獄，和母親大長公主分別關押起來。經過一番嚴刑拷打，母女二人有的沒的亂招一氣，畫押之後，獄卒送進來兩條雪白的白綾，讓這母女二人自縊。

此後，蕭氏的黑魔法當真控制了帝國的命運。事情始發於西元八〇五年，有一天，德宗大宴臣屬，太子李誦讓王氏替他換上喜氣的衣服，準備去參加酒宴。

看著妻子那嬌美的容顏，李誦心念一動，脫口說道：「愛妃，妳真漂亮，等妳當了皇后……」一句話還沒說完，也不知道是蕭氏是否真的在李誦身上下了蠱，還是強大的心理作用，就見李誦嘴一歪、眼一斜，渾身上下激烈地抽搐起來，眼見得就要不行了。

皇太子突患怪疾，早有人飛報德宗天子。

德宗聽了這個消息，笑了。人們正在驚訝何以德宗會笑起來，突然發現德宗不是在笑，而是嘴歪，眼斜了，渾身上下激烈抽搐起來。

父子倆居然一起病了！

病也沒什麼關係，但要命的是，未及兩日，德宗已徹底病死，這下子群臣急忙商量計議，準備安排皇太子李誦登基。大家正在忙亂著，忽然之間宮裡搖搖擺擺地走出幾個宦官來，尖聲尖氣地叫道：「幹啥呢？這麼多人紮堆在這裡幹啥呢？」

眾大臣回答道：「準備太子登基大典啊，還能幹啥？」

「登基大典？」宦官們不屑冷笑，「有沒有搞錯，皇嗣尚未決定，連讓誰登基都不知道，你們還準備狗屁登基大典？都給咱家滾開！」

何以這幾個太監竟如此兇悍？

前面說過，這時太監們已經掌握皇軍御林軍——神策軍。剛開始掌握軍權時，太監們自己也有點懵懂，不知道該拿這個權力怎麼用，就蹲在一邊看熱鬧，等到此時德宗死、太子病，太監們才突然醒過神來，試看今日之城中，竟是誰家天下？太監們從此站起來了，我們要做天下的主人！一旦把這個問題想明白了，太監們就氣勢洶洶地衝了出來，主張自己的權力。

但這是太監們首次權力試水，還不太習慣。大臣們也不怕，七嘴八舌地亂嚷嚷起來。

首先是翰林學士衛次公叫嚷說：「憑什麼讓我們滾？憑什麼？就算是太子病重，皇嗣未立，那也應該先立太子的大兒子李純爲帝，你們大家說是不是啊？」

其他人立即高高舉起手來，「附議，完全支持衛大學士的觀點，贊同的請舉手。」

吵鬧之中，早有人飛跑入宮去報告太子李誦，這時候李誦的病情已經略有好轉，唯恐再拖延下去，弄出大事來，就急忙穿著紫衣麻鞋，便裝出宮，出來面見大臣。見李誦出來了，太監們也一時不敢當面頂撞，只好任由他就地登基。

順宗李誦，就這樣不順地登基了。

登之後的頭一樁事，就是推動政治體制改革，歷史上著名的「二王八司馬」就此橫空出世。

6 政治體制大改革

眼見太監們來勢洶洶，改革家們立即召開秘密會議，會議上，二王八司馬踴躍發言，一致認為必須要對神策軍制進行體制變革……

所謂的二王八司馬，實際上指的是十個人。

二王分別是王伾和王叔文，而八司馬，則是指王叔文的結義兄弟們，包括韋執宜、韓泰、柳宗元、劉禹錫、韓曄、陳諫、凌准、程異等這八位老兄。在改革失敗後，他們統統被貶爲各地司馬，故稱八司馬。

二王八司馬爲啥要改革呢？

改革的目的是什麼？手段是什麼？結果又如何呢？

首先說爲啥要改革，其實這個問題可以反過來問一問，大唐帝國都已經到了堂堂天子動不動就被人攆得滿世界亂跑的程度，制度明顯出了問題，有問題當然就要解決，而這解決問題的過程，就是改革。

說到改革的目的，中國歷史上所有改革，目的都只有一個，加強皇權。

爲什麼要加強皇權？

這是因爲，中國人有個習慣性認知，舉凡天下大亂，國將不國，都是因爲天子的權柄下移，威勢日失。體現在大唐帝國這段特定區間裡，就是皇帝說話不作數、軍政大權被太監和藩鎭所佔據。

所以歷史上的改革，無一例外都以強化皇權爲目的。因爲所有人確信，與其滿世界都是大大小小的魔頭殺人放火，還不如只養一個大魔頭。說到底，這全因爲中國人的政治文明始終停留在原始生物時代，沒有向前邁出一步，沒學會社會性的合作，才導致過度沉溺於權力暴惡當中。

事實上，所有加強皇權的努力，只會爲天下人帶來更多更大的痛苦，沒有理由相信，一個大魔頭就會比小魔頭更仁慈，百姓受到大魔頭的荼毒，遠甚於小魔頭，除非建立起一套約束權力的公正機制，否則這種改革只會越改越操蛋，越改越讓人承受更多苦難。

但當時的二王八司馬，沒有我們現在這種明晰的政治體制認知，他們堅信一個大權獨攬的皇帝，縱然邪惡到家，也比一個權力被削弱的仁慈皇帝更好。他們根本不知道皇帝沒有好壞之分，權力受到制約的皇帝，絕對會是一個好皇帝；而手擁權力失去控制的聖人，也會被權力異化爲嗜血狂魔。無知帶給改革家們強烈的自信，因此他們邁著大步，朝著改革的錯誤方向大步而行。

接下來一個問題是：他們改革的利益損害者是誰？

那還用問嗎？當然是太監集團啦！因為此時太監集團好不容易掌握軍政大權，突然又跑出來一夥詩人，散文家，吵鬧著要太監們放棄權力，這豈不是瞎胡鬧？

所以這個改革還沒有開始，我們就已經知道結果了。

事實上，這次改革總共是一百四十六天，改革家們也正經地幹了不少好事，包括：

第一，政府機構大裁員，裁撤了醫生、相士、占星師、射霞等諸多技術工種。

第二，打擊貪官，雖然實際上只打擊一個京兆尹李實，但考慮到改革的時間總共才一百四十六天，能夠打掉一個貪官，已算是政績斐然。

第三，大赦天下，將牢獄中那些擠得轉不過身來的犯人全部釋放，大大節省一筆財政開支。

第四，減名苛捐雜稅，取消鹽鐵使月進錢。

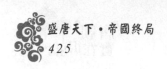

第五，大開宮門，放出滿臉褶子、牙齒掉光光的老太太宮女三百人，讓這些老太太們下崗再就業，自己去街上找東西吃。考慮到長安、洛陽兩處宮女人數早超過四萬，便知道這項改革只是瞎胡鬧。

第六，發現大批違紀官員，已經被撤了職，卻莫名其妙地依然上班，而且照領工資不誤，便取消這些撤職官員的優厚待遇。

第七……還沒等第七項改革方案出台，太監軍事集團已經大舉反攻，改革危如累卵，面臨著失敗的巨大危險。

太監之所以突然想起來反攻，是因爲順宗李誦的老毛病又犯了。

他怎麼又犯病了呢？

病根子，還是在蕭氏的黑魔法上。

《舊唐書》上說，當李誦即位之初，就打算冊立王氏爲皇后，可是這句話他說不出口，因爲每逢他要說這句話時，必然要犯癲癇，全身抽搐。

我們可以想像這對可憐夫婦當時的窘態。順宗李誦溫柔地對妻子說：「愛妃呀，妳十三歲時還不懂事，就已經替我生娃了，那什麼，我現在就決定冊封妳爲皇……哇哇哇哇哇……」

到底是蕭氏眞的對李誦下了什麼可怕的蠱毒，還是她臨走之前的怨咒化爲一種可怕的心靈力量，這事恐怕誰也說不清楚了。

反正，只要順宗一提冊立皇后的事，就必然犯病。

順宗這麼一犯病，掌握兵權的太監們就趁機發難，要冊立太子李純，分化大臣們的勢力。

眼見太監們來勢洶洶，改革家們立即召開秘密會議，會議上，二王八司馬踴躍發言，一致認爲必須要對神策軍制進行體制變革。意思也就是說，要將神策軍的兵權從太監手中奪回來，掌握在自己的手中。

怎麼奪回來呢？

「易爾。」王叔文下令，「以右金吾大將軍范希朝爲右神策統軍，充左右神策，京西諸城鎮行營兵馬節度使，並以韓泰爲行軍司馬。」

命令下達之後，范希朝並韓泰走馬上任，二王八司馬禁不住心潮起伏，把酒酹滔滔，心潮逐浪高！數轟牛人物，還看今朝。

改革家們倒是信心十足，意氣風發。

可是這軍事體制改革的效果，又如何呢？

7 改革就是擊鼓傳花

信使垂頭喪氣地回來，宣告改革的徹底失敗，師出無功，徹底暴露改革派人士的弱點。太監集團吩咐軍隊輪番上書，強烈要求打掉二王八司馬反動集團。

話說右神策統軍范希朝走馬上任，行軍司馬韓泰在一邊敲邊鼓。兩人率手下進了衙司，就命人咚咚擊鼓。

擊鼓傳花，這個遊戲就這樣創造出來。事情是這個樣子，按軍律，三通鼓響過，諸軍將領遲到者斬，所以范希朝把刀磨得快快的，打算等神策軍來了之後，先斬殺一兩個太監集團的親信，以人頭立威。一旦過程順利，軍權就完全徹底地抓在他的手中，軍隊體制改革也就完成。

可是出乎范希朝及韓泰意料之外的是，三通鼓咚咚響過之後，衙司門外冷冷清清、門可羅雀，一個人影也找不到。居然沒有一個將領前來報到！

沒人來，那怎麼辦呢？

范希朝和韓泰大眼大小眼，沒人來，那也得改革呀！想起來了，他們兩人的軍務任命，是改革家們在自己秘密會議上決定的，太監集團肯定封鎖了消息，軍中諸將均不知情，所以才沒人報到。不知情沒關係，馬上派人送籌策給軍中將領，讓他們知道這事，盡速前來點卯。

范希朝派了信使手持籌策，匆匆跑到軍營，遞給門口的統領。統領問：「這是啥玩意兒呀？」

信使答：「此乃右神策統軍大人發下的籌策，接此籌策者，速速趕往行司點卯報到，三通鼓響過，不到者斬。你聽——」就聽衙司方向，范希朝又在吩咐人重新三擊鼓，強化緊張的氣氛。

不想那統領問道：「你們這些人弄這事，宮裡的公公知道嗎？」

信使怒極，「這事跟太監們有什麼關係？軍隊是國家的軍隊，又不是太監的看家狗，怎麼可以聽從他們的命令？」

統領哈哈笑道：「偉大的太監教導我們，只有太監才是歷史發展的真正動力。領導我們事業的核心力量是太監，指導我們思想的理論基礎是太監的喘氣和呼嚕。沒有一個太監的軍隊，就沒有太監的一切……你們不認真學習太監的講話精神，跟你們這些書呆子說不清楚，喏，籌策給你。」順手將手中的籌策丟給下一個統領。

下一個統領接到籌策，又丟給下下一個統領，「老子不去，誰愛去誰去！」下下一個統領再把籌策往下傳，「老子也不去，等鼓響過罷，籌策落在誰的手中誰去……」

只此一言，擊鼓傳花正式開始。那邊衙司中三通鼓急如驟雨，這邊軍隊中的將領們動作飛快傳遞籌策，就聽噹的一聲鑼響，三通鼓過，那支籌策恰好被人扔到一隻路邊變戲法的猴子爪中。

神策軍士哈哈大笑，「公公教導我們說，大唐軍隊具有一往無前的精神，它要壓倒一切敵人，而絕不被敵人屈服。不論在任何艱難困苦的場合，只要還有一個人，這個人就要繼續戰鬥下去。」

無人奉召，信使垂頭喪氣地回來，宣告改革的徹底失敗。

師出無功，徹底暴露改革派人士的弱點。太監集團吩咐軍隊輪番上書，強烈要求打掉二王八司馬反動集團。這時順宗病得說不出話，偏偏改革派兩大首領中，王叔文因為母喪請求辭職，王伾則是莫名其妙地得了和德宗順宗一模一樣的病，突然間嘴歪眼斜、渾身抽搐，等於廢了。

明擺著，太監集團背後也潛伏著魔法界的人士，專門跟改革家們過不去。

自此，二王八司馬失去支持者，被一次性打包流放。

一百四十六天的改革雖然失敗，卻成就兩位文學家，出現傳頌千古的佳作。

成就的第一位文學家，是柳宗元。早在改革之初，他就寫了篇雜文《捕蛇者說》，該文極具穿透力，有著明顯的勵志色彩，文章以一個入山抓捕黑質而白章怪蛇的捕蛇民工說起，這位民工的爺爺、父親都被怪蛇咬死，可是他還是義無反顧，毅然決然地入山抓蛇，爲啥呢？因爲生存的艱難，苛政猛於黑質而白章的怪蛇也。

《捕蛇者說》這篇文章的意思，是在向全社會大聲疾呼「苛政猛於蛇」，國家的政治體制，已經到了非改不可的時候，這時候再不改，就會國進民退，太監官僚集團把持天下的財富，民衆陷入饑餒之中，不改革，經濟體制改革的成果就會毀於一旦……大概就是這麼個意思。

但正像我們看到的一樣，政治改革最終在太監們強力抗拒之下失敗，悲憤莫名的柳宗元被貶後，寫出流傳後世的《永州八記》，成爲山水遊記的知名力作，另外也有許多寓言及諷喻散文傳世，感嘆當時的腐敗社會。

文學家罵人不帶一個髒字，如果你不知道柳宗元的改革歷史，那麼就不會知道這些名作的重點何在。

第一個從改革中獲益的文學家成功後，第二個又走了出來。

詩人，劉禹錫。

劉禹錫被流放到大江邊，地方官欺負他，把窗戶用黃裱紙糊上，硬是不讓他看門外的風景，於是劉禹錫興奮地題筆，寫了一首超短卻傳頌千古的《陋室銘》。

山不在高，有仙則名，水不在深，有龍則靈，斯是陋室，唯吾德馨。苔痕上階綠，草色入簾青。談笑有鴻儒，往來無白丁。可以調素琴，閱金經。無絲竹之亂耳，無案牘之勞形。南陽諸葛廬，西蜀子雲亭。孔子云：何陋之有？

這篇小小的短文，通篇洋溢著一種革命的樂觀主義精神，成爲之後歷代倒楣流放士人的勵志佳篇。

實際上，劉禹錫不過是苦中作樂，在他被趕出京師前，與他相親相愛的女人才被宰相擄走，自己則被放逐到一間狹小的黑屋子裡，耳邊充斥的，是肆無忌憚的謾罵與嘲弄。我們知道，大才子劉禹錫此後再也沒有混出個名堂來，而這篇文章，也不過是在絕境之中，拼盡最後的眼淚和屈辱，給敵人添點堵罷了。

劉禹錫再也沒混出頭，起因是順宗的病情愈發嚴重。此時李誦處身於太監集團的恐怖包圍中，爲了存活，還得被迫讓位給兒子李純，隨後很快死去，截至他死時，在皇帝位置上不過只有七個月。

可以確信的是，李誦應該是自然死亡，並非死於太監的謀害，但他的兒子，下一任的大唐帝王，憲宗李純，卻成功地讓自己成爲開國以來，首位死於太監之手的皇帝。

第九章

憲宗李純：太監與劍仙的邪惡寓言

吳元濟自統兵馬，立即宣佈淮西獨立，拿鞭子抽得朝廷信使李君何四處亂跑，爾後淮西諸軍出動，盡屠舞陽、焚葉、掠魯山、襄城，幾及於東都附近，一時間關東為之震動。

猜猜憲宗如何應對？

1

憲宗李純的個人簡歷

這份簡歷一打開，我們就會大吃一驚。原來李純這輩子過得風起雲湧，大唐帝國時期一系列詭異刺激的情節，都是在他即位時期發生。

大唐帝國的第十二任皇帝，憲宗李純，就是順宗李誦的妻子王氏在十三歲時懷上的小寶寶。儘管王氏未成年，和李誦卻是恩愛非常，這種愛意通過母體，絲絲縷縷滲入李純的生命當中，讓這孩子發育得非常棒。

可惜時代的風雲，註定這孩子成長過程中不會一帆風順，尤其當深諳黑魔法的蕭氏闖入府中，便爲王氏及李純母子帶來了巨大的驚擾。

我們有理由相信，憲宗和父親母親一樣，同樣是蕭氏黑魔法的受害者。有關這方面的證據會在敘述過程中逐一提供，但現在，先讓我們來看看他的個人求職簡歷，瞭解一下這位皇帝的心路歷程。

大唐第十二任皇帝憲宗李純個人檔案：

- 姓名：李純
- 曾用名：李淳
- 出生：大曆十三年二月十四，西元七七八年
- 籍貫：陝西長安皇宮
- 生肖：馬
- 卒年：元和十五年，西元八二〇年，享年四十三歲
- 死因：被宦官秘密殺害
- 特長：傾聽
- 社會關係：

父親：順宗李誦

母親：王氏

妻子：郭氏

兒子二十個，女兒十八名。

零歲：出生。

二歲：皇曾祖代宗死，祖父德宗即位，父親順宗被立為太子。

六歲：涇原兵變發生，隨父親、祖父戰略轉移到奉天。

七歲：收復長安，祖父德宗回到龍椅上，抱李純問：「誰家小兔崽子，怎麼在我懷裡？」李純回答說：「我是第三天子。」德宗大驚，不解其故。

十一歲：立為廣陵郡王。

十六歲：娶郭子儀孫女為妻，妻子的母親是祖爺爺的女兒昇平公主，也就是傳統戲劇《打金枝》中的女主人公，所以李純的妻子又是他的姑姑，丈母娘又是他的奶奶。與此同時，李純的生母王氏，原本是他祖爺爺代宗的女朋友，代宗將其賜給孫子順宗，生下了他，所以李純的母親，又是他的祖奶奶，這麼算起來，他的父親，又應該是他的侄子……

十八歲：生下兒子李宥。從孩子母親那輩算起，這孩子應該是他父親的弟弟。但如果從父親這邊的輩分算起，這孩子又應該是他父親的叔叔……

二十八歲：冊立為太子。

二十八歲：宮中波詭雲譎，由宦官密謀，擁立李純登基，是為憲宗。

二十八歲：山人羅令則從長安潛往秦州，矯太上皇詔令，向隴西經略使劉澭借兵，謀求廢憲宗另立新帝，為劉澭出告，羅令死。

二十八歲：憲宗李純的政治對手，舒王李誼神秘死亡。封離休老幹部順宗李誦為「應乾聖壽太上皇」，是日，李誦死之。

二十九歲：打掉以西川節度使劉闢爲首的反動叛亂。劉闢押送長安，斬於獨柳之下。

三十歲：打掉以鎭海節度使劉奇爲首的反動叛亂，將劉奇送長安腰斬。

三十一歲：沙陀部落叛吐蕃，歸順大唐。

三十八歲：淄青節度師李師道派刺客團潛入京師，殺宰相武元衡。同一天，長安通化坊，刺客殺大臣裴度未遂。

三十八歲：恐怖分子囂鬧長安，憲宗下令急捕。

四十歲：李朔雪夜入蔡州，擒捉淮西節度使吳元濟，送長安，斬於獨柳之下。

四十一歲：宣佈口號，「打倒分裂主義分子李師道！」

四十二歲：發生「諫迎佛骨事件」，刑部侍郎韓愈因爲反對迎佛骨，被流放至潮州。

四十三歲：因爲與宦官領導班子意見不合，於是宦官常委召開會議，會議決定，打掉以憲宗李純爲首的反動集團。李純被秘密處死，對外宣稱是春藥發作。

這份簡歷一打開，我們就會大吃一驚。原來李純這輩子過得風起雲湧，大唐帝國時期一系列詭異刺激的情節，都是在他即位時期發生。

早在肅宗時代，大唐帝國就已經掀起轟轟烈烈的劍仙與俠客運動，像我們曾經提到過的大詩仙李白，他的另一個身份就是劍客，不只和當時的江湖豪士經常往來，自己還招收了許多弟子，跟在他身邊以小弟的身份練劍，居然沒有一個跟他學寫詩的，由此可見當時的劍仙文化之盛行。

等到憲宗登基之時，劍仙俠客，已經構成藩鎮們最爲強大的特種部隊，他們經常化整爲零，與黑道綠林上的朋友們暗通聲氣，潛入敵後方大肆活動，搜集情報或刺殺政敵，總之，鬧得很不像話。

憲宗身處這樣一個激盪的時代，本人也成爲江湖兄弟們急欲奪取的重點目標，但憲宗仍然以他大無畏的革命精神，贏取一場又一場的勝利。眼看憲宗要再勝利下去，大唐帝國頹喪的氣勢便會徹底扭轉，不想他卻不幸遭遇到黑魔法的暗算，突然變得消沉不思進取。更讓人痛心的是，事情到了這一步，還不算完，最後的憲宗竟然淪爲太監集團的祭刀，死得不明不白，委實讓人痛惜扼腕。

他能夠戰勝飛天無影的敵人，卻無法對付身邊的侵擾。

憲宗的一生，宛如一個可怕的寓言，昭示著當時邪惡的時代。

2 調用黑魔法程式

又弄出一對侄子姑姑配來？弄出來也沒得法子，誰叫人家德宗是皇帝呢？一言九鼎啊！讓你娶姑姑你就得娶，不娶要你好看。

事實上，從一開始，憲宗的生命就籠罩在黑魔法的烏雲之下。正如我們所知，他和父親李誦一樣，也是娶了自己的姑姑。

憲宗的姑姑老婆，說起來卻大大有來頭。民間有一齣老戲叫《打金枝》，演的是大唐名將郭子儀，不辭勞苦征戰軍旅，平定安史之亂，在藩鎮勢力坐大時，又力保一個又一個短命皇帝，維護皇家尊嚴，到了代宗年間，代宗就將自己的女兒昇平公主嫁給郭子儀的寶貝兒子郭曖。

那昇平公主和郭曖兩人相當恩愛，小夫妻嘛！閒著沒事不恩愛，還能幹什麼？恩愛之間調情也是必須的。公主就說：「咱們倆，你要聽我的，我讓你往東，你不得往西，我讓你攆狗，你不得打雞。」

郭曖說：「亂講話，我是老公，應該妳聽我的才對。」

公主說：「我爹是皇上，所以你要聽我的。」

郭曖道：「皇帝算個什麼，我爹要是稀罕的話，哪還能輪得到妳爹？」

郭曖說的，全都是實話，但我們知道，在中國這種怪地方，實話往往不和諧，是反動且超級危險的。這句話一說出來，公主就急了，腳不沾地地飛跑回皇宮告狀，「報告皇爹，有一個反動分子，公然散佈反動言論。」

代宗迷迷糊糊地問：「是誰呀，妳告訴我，我立即專政了他。」

公主道：「就是那個叫郭曖的反動分子……」正說著，就聽皇宮外邊嚷成一團，說郭子儀綁了兒子郭曖，進宮來請罪。

原來，郭曖見公主老婆和他劃清政治界限，也駭得魂飛膽裂，急忙跑去找父親求助。郭子儀一聽就樂了，「兒子耶，你知道豬是怎麼死的吧？跟你一樣笨死的。過來過來，讓爹捆了你進宮，好歹要給人家皇上一個台階下，要不怎麼收場？」說罷，就將兒子捆起來，雄赳赳、氣昂昂地進宮請罪。

代宗心裡明鏡似的，知道自己要想繼續在這個皇帝龍椅上坐下去，郭子儀是萬萬不可招惹，如今對方給了自己台階下，自己當然也要投桃報李，於是哈哈一笑，「不聾不瞎，不做爹和媽……那什麼，我說女婿啊，你是不是……嗯……床上的功夫欠火候啊？

你要是讓老婆又喜又怕，亢奮時撓牆皮、抓欄杆、撕床單的話，哪怕你真想幹啥壞事，你老婆也不會主動站出來檢舉揭發，喏，給你兩箱子中草藥，是原始偉哥，搬回家過日子去吧！」

最後，郭曖悻悻地帶著昇平公主回家，先服兩麻袋原生態偉哥，然後和老婆親熱，生下一個聰明伶俐的小女孩。

眨眼工夫十八年過去，小女孩郭氏已經長成一個溫柔賢慧的美少女，這時正值德宗執政，大長公主入宮，運用黑魔法的技術，搞得德宗將自己的表妹蕭氏嫁給兒子李誦。大長公主的黑魔法，很可能是一種設置關鍵字的心理暗示，這個關鍵字，大概就是「侄子娶自己的姑姑」……這麼說，有證據沒有？

有有有，先是李誦被德宗強迫娶了自己的姑姑，現在昇平公主帶著女兒郭氏進宮，結果怎麼著？德宗將自己的孫子李純叫過來，「過來過來，過來見見你姑姑，你看你姑姑多漂亮，跟你一樣都是十八歲……」

「侄子姑姑」這幾個關鍵字一輸入德宗的大腦，黑魔法程式立即被調動，就見德宗眼睛一瞇，「嗯，侄子總是要娶自己的姑姑的……娶姑姑，樂得哭。那什麼，你們倆現在就拜堂成親吧！」

什麼？又弄出一對侄子姑姑配來？弄出來也沒得法子，誰叫人家德宗是皇帝呢？一言九鼎啊！讓你娶姑姑你就得娶，不娶要你好看。

就這樣，憲宗李純牽著姑姑的手，兩人進了洞房，進去後你看我，我看你，越看越彆扭，這他媽的叫什麼世道，還讓不讓正經人活下去？

只好就這樣硬著頭皮過日子吧……李純想，姑姑好像都沒啥意見，兒子硬是替我生了一個，我他媽的還能說啥呢？

彆扭的日子正在過著，爺爺德宗死了，同一年父親順宗也死了，憲宗李純在宦官們擁戴下，走到龍椅上坐下，屁股還沒坐穩當，就見群臣轟的一聲湧上，「陛下，你已經登基了，你姑姑是不是應該也水漲船高了？咱們立馬封你姑姑爲皇后吧。」

憲宗道：「諸位愛卿平身，傳朕旨意，封我媽媽王氏爲皇太后，我那可憐的媽媽，和我爹相親相愛，可直到我爹病死也沒混成皇后，這操蛋的黑魔法啊，可把我們老李家害慘了！」

群臣道：「封你媽爲皇太后，這事沒問題，現在咱們說回你姑姑，你姑姑也該當皇后了吧？」

憲宗道：「諸位愛卿，有事上奏，無事退朝。」

史載，憲宗李純打死也不封他姑姑郭氏爲皇后，史官們研究分析，說是因爲郭氏端莊嫻良，憲宗怕封了郭氏爲皇后，郭氏會限制他和別的嬪妃胡來。這種猜測，也算有道理的，但問題是，封自己的姑姑做皇后這種怪事，眞不是一般人能夠幹得出來的。

3 子承父業大造反

吳少陽死後，他的兒子吳元濟自統兵馬，立即宣佈淮西獨立，拿鞭子抽得朝廷信使李君何四處亂跑，爾後淮西諸軍出動，盡屠舞陽、焚葉、掠魯山、襄城……

憲宗臨朝，重用宰相武元衡及御史中丞裴度，開始了一場轟轟烈烈「收復藩鎮，權政復歸中央」的特大行動。

第一個挨刀的藩鎮，是劍南西川節度副使劉闢。劉闢這廝在劍南西川節度使韋皋死後，強烈要求將自己扶為正職。不想朝中神策軍一出動，浩浩蕩蕩地開往西川，將劉闢擒捉，殺了。

第二個挨刀的藩鎮，是鎮海節度使李錡。李錡這廝也是不聽話，憲宗故意命他進京赴命，李錡哪敢來？不來正好，命淮南節度吏王鍔征討，活捉李錡，送往京師殺之。

這兩個藩鎮能如此容易打掉，是因為經過許久的消磨，原本龐大的藩鎮勢力日漸萎縮，逐一分化，無形中凸顯出憲宗的威嚴。

大藩鎮勢力萎縮，最明顯的就是魏博節度使老田家，早年時候，就是魏博田氏搞得天下大亂，連德宗都被迫成為流亡皇帝。可是現在，魏博節度使一代代傳下，一代比一代缺乏影響力。現任魏博節度使田季安死之，他的兒子才剛剛十一歲，屁事都不懂，說話算數的，變成替田季安遞夜壺的僮僕蔣士則，藩鎮士兵早已不服。

當時，朝中大臣建議，立即發兵，趁魏博群龍無首，機會千載難逢，趕緊打掉這家大藩鎮。憲宗卻搖頭，「你們信不信？根本不用打，過不了多久，他們自己就會上表臣服。」

「會嗎？」大家瞪圓了眼珠子。

果然沒多久，魏博藩鎮爆發了大亂子。

時有步射都知兵馬使田興，去軍府辦理業務，遭受僮僕蔣士則的羞辱，羞辱也就羞辱了，田興不敢亂吭聲，萬沒料到，當他出門時，卻見各部將領紛紛趕到，到他面前撲通跪倒，苦苦哀求他出面主持大局。

田興大喜，就當即命人殺掉蔣士則，從此統領魏博藩鎮。

鬧事時，士兵相當狂亂，險些連督軍的太監一塊宰掉，幸好被田興勸住，事後監軍急忙上書，報告這裡發生的情報。

憲宗傳旨，「任命田興為魏博節度使，雖然魏博有變，但將士們以家國為計，忍辱負重，沒有發生任何騷亂，於國有功，於民有功，因此要重賞。」拿出一百五十萬獎勵士兵，同時免除魏博六州百姓一年租賦。

聖旨宣佈後，魏博軍士感激涕零，直著嗓門狂吼，「吾皇萬歲萬歲萬萬歲。」

魏博是個大藩鎮，竟然不動兵戈就能擺平，朝中百官喜形於色，紛紛上表慶賀，另位三家大藩鎮卻急得抓耳搔腮。

另三家大藩鎮，一是成德王承宗，一是淮西吳少陽，還有一個是淄青李師道。要知道，此四家藩鎮共佔據天下七成兵馬，如果這四家不服，任憲宗有天大的本事，也拿他們沒法子。可魏博既已臣服皇室，就意味著另三家將面臨巨大風險，至少現在藩鎮與皇家的勢力已經達成平衡，再要鬧事，那麻煩大幅提升。

三家藩鎮像瘋了一樣地往魏博送信，希望田興能夠保持獨立自主的人格，不要臣服皇室。可田興這個魏博節度使是由於憲宗支持才獲得威權，對皇家只有感激，當然不會聽這仨老哥的瞎忽悠。

後來，淮西吳少陽寫信寫得太急，一口氣沒上來，竟然死掉了。

聞知淮西吳少陽死翹翹，憲宗樂得嘴巴合不攏，立即派工部員外郎李君何前去淮西弔喪——實際上是吩咐李君何見機行事，能以皇家威嚴擺平淮西最好，擺不平，那憲宗可就佔住理了。

果然，吳少陽死後，他的兒子吳元濟自統兵馬，立即宣佈淮西獨立，拿鞭子抽得朝廷信使李君何四處亂跑，爾後淮西諸軍出動，盡屠舞陽、焚葉、掠魯山、襄城，幾及於東都附近，一時間關東為之震動。

猜猜憲宗如何應對？

憲宗下旨，命令成德王承宗及淄青李師道兩家大藩鎮出兵征討吳元濟。

卻說吳元濟起反，王承宗和李師道正在眉歡眼笑，突然接到憲宗命令他們征討的命令，這兩人說不出來的彆扭，都知道憲宗真的不好對付，此乃驅虎吞狼之計，此仗不管輸贏，自己都沒便宜可占。

那麼這事怎麼辦呢？

王承宗的意思是不理憲宗個槌子，索性立即與吳元濟合兵一道，先殺個人頭滾滾再說。李師道的心裡卻另有主意。

4 殺人放火老神仙

「有勞大師了。」李師道面色恭謹肅然，拱手送老和尚走，見老和尚嗖的一聲跳到屋脊上時，又突然大叫起來，「回來！大師回來……」

李師道在打什麼主意呢？

深夜，他戎裝握劍坐在椅子上，一動不動地等著，一等就是大半夜，直到子夜時分，忽聽有幾聲夜鳥的鳴啾，從東南方向隱隱傳來，接著是一聲哈哈大笑，一個鬚眉潔白如銀的老和尚，從屋簷上如雪花般飄落了下來，「哈囉，咕嘟奶特，將軍好，吃了沒？」

一見老和尚，李師道精神一振，長身而起，「大師，你可來了，本座等你等得好苦啊！」

老和尚哈哈笑道：「小意思啦，有事你說吧。」

「不急，不急……」李師道坐了下來，「大師是名滿天下的俠客，本座自打剛出娘胎，就已經聽聞大師之名，聽說大師昔年曾隨唐僧唐玄奘前往西天取經，惡鬥天毒波羅門，還有人說大師不是人，是深海游魚……這個這個，不知是眞是假？」

「嘻嘻！」老和尚笑道：「你若說眞，必然是假。你若說假，必然是眞。」

李師道：「……大師禪鋒，端的高妙，請問大師今年高壽？」

「還小著呢！」老和尚嘻嘻笑道：「才九十八歲。」

「九十八歲？」李師道倒吸一口冷氣，「這麼大年齡了，還堅持戰鬥在殺人放火第一線，大師你果然是令人敬佩！」

老和尚把手一攤，「有什麼辦法呢？人生苦短，生之無趣，唯我佛慈悲，讓老僧操起這柄洛陽鏟，多超渡幾個苦難生靈，也好讓他們解脫人世間的痛苦，豈不聞苦海無邊，死了算球？」

李師道皺眉，「大師的兵器居然是洛陽鏟？那不是盜墓專用的嗎？」

老和尚笑道：「一個人須得多學點本事，才能夠在這世上混下去啊！年輕人，不是老僧以老賣老，人生除了你自己的本事，沒有第二只金飯碗。」

李師道：「大師所言極是，那麼本座現在就跟大師解釋一下目前的情形……是這個樣子，朝廷呢，最近比較強硬，爲啥他們這麼硬呢？因爲用了一個主戰派的宰相叫武元衡。這武元衡又是個什麼來歷呢？此人乃早年大周帝國女皇武則天堂兄的孫子，那麼這個孫子又是個什麼人？實際上，他是一個詩人，詩寫得賊好，比白居易寫得好，也比白居易有女人緣。大師你可能聽說過，當下大唐帝國，最美貌最有才情的女子就是薛濤。薛濤那小姑娘長得有多漂亮呢？這麼說吧，那小姑娘一出門，滿街男人脖子立馬長出三尺長，口水逆流成河啊！所以詩人白居易長期以來一直琢磨，要拿下這個小妮子，一夜情也成，總之白居易是泡定薛濤了，他寫了許多詩，最後才終於打動薛濤，兩人聯繫見面。當時白居易興奮得當場就哭了，說：『黃金不惜買娥眉，揀得如花三五枝』……」

正說得高興，老和尚突然打斷了李師道的話，「不對，這首詩不是寫給才女薛濤的，是寫給名妓關盼盼的。」

李師道疑惑，「關盼盼又是哪個？」

老和尚笑道：「連關盼盼你都不知道，還混什麼混？告訴你，關盼盼是德宗年間的超級美女，那叫一個美貌啊，美貌到什麼程度呢？美貌到了徐州守帥張愔不惜勞師動眾，將她弄到手收藏起來，後來張守帥死了，關盼盼終於獲得自由，正想衝出門去找男生約會時，不留神白居易來了，罵她說：『黃金不惜買娥眉，揀得如花三五枝，歌舞教成心力盡，一朝身去不相隨。』意思是說，關盼盼，妳這個不要臉的，人家張守帥把妳搶了來，皮鞭抽辣椒水灌，指甲釘竹子再上老虎凳，用了多少酷刑，才把妳訓練成性奴，如今張守帥死了，妳怎麼還有臉再活下去呢？你知道不知道羞恥兩個字是怎麼寫的？讓白居易這麼一擠兌，你猜怎麼著？關盼盼萬般無奈，只好自殺。」

聽到這裡，李師道再也聽不下去了，長身而起，戟指門外，怒聲道：「你說這個白居易叫什麼玩意兒？人家關盼盼好端端的一個美女，他非要逼人家自殺，這還叫他媽的什麼男人？」

老和尚長身而起，「那我現在就動手，去摘了白居易的腦殼給你送來。」

「有勞大師了。」李師道面色恭謹肅然，拱手送老和尚走，見老和尚嗖的一聲跳到屋脊上時，又突然大叫起來，「回來，大師回來，你剛才說啥？你要去殺白居易？」

「對啊！」老和尚在屋簷上回答道。

李師道連連搖頭，「錯了，大師你弄錯了，我請你來，不是殺白居易的。」

「那你想讓我殺誰？」老和尚問道。

「殺誰？讓你這麼一打岔，我一時間也想不起來……」李師道急得抓耳搔腮，忽然之間想明白了，「對了，是宰相武元衡，我剛才不是說了嗎？白居易那天不是想要約美女薛濤一夜情嗎？可是等兩人見面時，恰好武元衡來了。當時這廝一襲白衣飄飄若仙，立即驚呆美女薛濤，當即甩開白居易不理，緊追在武元衡身後，苦苦要求一夜情……你說這個武元衡，這麼美的才女都樂意跟你一夜情了，你還跑到朝廷上搗什麼亂呢？可他偏不，他放著浪漫的一夜情不搞，專門去朝廷上當宰相主戰，對四方藩鎮用兵，搞得天下大亂、民怨沸騰！除了這個武元衡，還有一個御史中丞裴度，兩傢伙一唱一合，大師你好不容易出山，這倆缺心眼的傢伙，就拜託大師了，我要親眼看到他們的腦殼……」

「小意思。」老和尚輕笑一聲，已施展踏雪無痕的夜行術，消失在夜色之中。

5 兇手就是沙和尚

望見四周燈籠火把，無數的官兵已經趕到，數不清的槍尖向他刺來，沙和尚的身體順著槍尖捌來的方向向前飄移，頃刻間消失在黑暗之中。

元和十年六月初三，宰相武元衡出門上朝。

出門時，他騎在一匹馬上，身後跟著十幾個隨從，每個隨從手中各提燈籠一盞，在黑漆漆的街道上行走，忽然之間，就聽噗噗幾聲破空之聲，所有燈籠同時熄滅。

這是刺客暗中用利器擊破燈籠的奇襲，可這些隨從安逸日子過慣了，哪裡曉得江湖上的勾當？正想發出驚叫聲，耳邊又響起噗哧噗哧之聲。這聲音是利器刺入人體後，人體內的體液和鮮血激射而出的聲音，在稍刻寂靜之中，黑暗中的長街上，突然響起一片慘號之聲。

武元衡聽到慘叫，就知道來了刺客，大叫一聲，「白居易，我不跟你爭薛濤，也沒有和她一夜情過，你不至於色令智昏跑來殺人吧？」

說著話，武元衡正要跳下馬背，突然黑暗之中一道淩厲的風聲響起，只聽砰的一聲，武元衡的右腿腿骨，已經被一柄洛陽鏟拍碎，痛得他大聲尖吼。

吼聲中，就聽擦的一聲，一枝燭火居然亮了起來，有人把這枝燭火湊近武元衡的臉，仔細看了看。

透過微弱的燈光，武元衡看到了一張慈眉善目、鬚髮如銀的老和尚面孔，可想而知，當時武元衡的感覺一定極為困惑，「阿彌陀佛，請問大師在哪座山門參禪啊？」

就聽老和尚單掌執禮道：「善哉善哉，貧僧乃自東土赴西天取經的玄奘大師的最後關門弟子，江湖人稱沙僧和尚是也。」

沙僧沙和尚……可憐武元衡，聽得那個頭暈啊，「沙僧，你不跟師僧學佛法，怎麼半夜三更殺起人來了？」

就聽沙和尚笑道：「施主啊，你老說學佛學佛，老沙我身在佛門，吃飯是修行，睡覺是修行，殺人更是修行，現在就是老沙修行的時候。」

「世上居然還有這種殺人修行的法子……」武元衡一句話未說完，就見沙和尚的洛陽鏟已經淩空飛起，撲通一聲，武元衡的大好頭顱已經飛到半空，被沙和尚順手一抄，收入懷中，丟了蠟燭，轉眼失去蹤影。

那匹馬馱著武元衡無頭的屍體，繼續向皇宮方向走去。沙和尚卻已經運起輕功，趕到西門外，恰好截住也在上朝路上的御史中丞裴度。他故技重施，以暗器擊滅隨從的燈籠，趁黑撲過去，洛陽鏟揮舞起來嘁哩唼啦，鏟得滿天人頭亂飛。

沙和尚向裴度衝了過去，裴度卻比較機靈，早已跳下馬來，發足狂奔。

沙和尚冷笑一聲，「你跑，你跑得再快，還能跑得過西天取經路上的妖怪嗎？」瞥準裴度黑暗中的身影，手中的洛陽鏟高高舉起來，正要擲出，萬不想這時後面突然撲上一人，使力摟住沙和尚的脖頸。

突然衝出來摟住沙僧沙和尚脖頸的這個人，是裴度的老家人王義，是從小把裴度帶大的人，雖是奴僕，視裴度卻如親子，當然不會允許有人當著他的面殺了裴度，所以不顧性命，拼死抱住沙和尚。

沙和尚一呆，洛陽鏟已經破空而出，就聽黑暗之中響起一聲慘叫，隨即無聲無息。

聽到這慘叫聲，沙和尚微微一笑，向後一記肘拳。老忠僕王義發出一聲含糊不清的慘嘶，身體如斷線風箏遙遙飛出。沙和尚冷笑一聲，循聲向前走去，找到自己的洛陽鏟，拿在手中，再點燃一枝蠟燭，四下照了好半天，才終於發現裴度的屍身伏臥在一條陰溝中，本待再上前補上一鏟，豈料讓王義這麼一打岔，這時望見四周燈籠火把，無數的官兵已經趕到，數不清的槍尖向他刺來，沙和尚的身體順著槍尖移來的方向向前飄移，頃刻間消失在黑暗之中。

刺客走了，士兵們提心吊膽地走過去，往陰溝裡一看，正見裴度抬起頭來，發出了一聲痛苦的呻吟。

原來裴度並沒有死，甚至也沒有受到太大的傷，沙和尚的洛陽鏟，被王義一扳，結果緊貼著裴度的頭皮擦了過去。雖然如此，但刺客夜現京師，從容自若地取走了宰相武元衡的腦袋，卻仍然是中國歷史上最爲轟動的刺殺案。而武元衡，也以唯一的在任期間遭到刺殺的宰相，從此青史留名。

沙和尚回客棧休息，京師長安卻喧鬧得驚天動地。刺客夜入長安，殺掉宰相，這件事委實是太駭人聽聞了，急怒的憲宗下令搜捕刺客，饒是客棧裡查得再嚴，搜捕士兵也想像不到，一個快一百歲的老頭竟然就是兇手。

沙和尚離開京城之前，又施展夜行術，在幾家衙門口各自張貼了一張大字報，上書八個大字，「勿急捕我，我先殺汝！」

沙和尚走了，城裡從李師道處來的十幾個士兵倒了大楣，被強認爲是兇手，酷刑之後全都殺掉了。

下一個倒楣的，就是惹出這場亂子的淮西吳元濟。

6 皇帝要吃藥

憲宗決定開吃，吃吃吃……正吃之間，江湖上爆出特大利空消息，英明神武的憲宗皇帝死了！卒年不過四十三歲，死了？這怎麼可能？

京城大刺殺，令得朝臣震恐，許多大臣都主張改走懷柔政策，別把藩鎮們逼急了，他們可是眞的殺人啊，不跟你開玩笑的。

然而憲宗怒極，他非常清楚，倘若此時退縮，那麼他這個皇帝就算是完蛋了，此後再也甭想有什麼威勢，便拿眼睛看從沙和尚手中僥倖逃得性命的裴度。

裴度這時也豁出去了，心想，奶奶的，你們不是想殺了老子嗎？好，你們既然沒能殺死老子，老子就要你好看！

裴度索性提出冒險用兵的計劃，並強烈要求親赴戰場第一線督戰。憲宗大喜，元和十二年八月，親自送裴度到通化門，依依不捨地握手告別，「老裴呀，我不管你什麼法子，反正你這次去，就一定要徹底解決問題，否則的話，斬草不除根，再讓刺客找到門上來，你老兄的樂子可就大囉！」

為什麼皇帝說裴度他的樂子大，而不算上自己一份呢？

因為皇帝居於深宮，連最寵愛的妃子都弄不清楚他會選擇哪張床睡，宮裡床鋪何止千張，就算刺客真摸進宮，找上個三年五載，也未必能摸到憲宗的床上。正因憲宗心裡有足夠的安全感，所以才這樣說話。

裴度也知道憲宗說的是實話，出發後，歷史上就有了李朔雪夜入蔡州的故事。

事情發生在當年的十月十四日，裴度親自督戰，李朔以三千為前軍，三千為中軍，三千為後軍，頂風冒雪，日夜狂奔，一口氣跑了七十里山路，跑到淮西吳元濟駐紮的蔡州。皇家兵馬已經登城而入，城內的守軍兀自不知。等到官兵圍住吳元濟的府邸，有人告訴他唐兵到了，他卻笑而不言，打死也不信，一直到官兵進來硬生生把他塞進囚籠，他的臉上才露出茫然驚詫的表情。

淮西平定，震駭所有的藩鎮，現在四大藩鎮之中，魏博田興早已投靠朝廷，淮西吳元濟又被捉走，剩成德及淄青兩大藩鎮，嚇得不知如何是好。

成德王承宗拼了老命給魏博田興寫信，苦求田興替他在憲宗面前說句好聽的，做為回報，他願意割出兩個州送給憲宗，此外還可以將自己的兩個兒子送到朝廷當作人質。

憲宗欣然受之。不戰而屈人之兵，上上者也，雖然打掉吳元濟這事看似容易，卻是冒了莫大風險，倘若那一夜蔡州城不是毫無防備，九千名官兵狂奔到城下，等於是去送死。這種僥倖仗可一而不可再，運氣這東西，碰上一次就謝天謝地了，還是讓藩鎮們自己投降更妥當些。

這個道理，淄青的李師道也明白，只不過明白得有點晚。剛開始，他也是嚇壞了，拼命寫信懇求投降，還願意獻出兩個州，外加送兒子當人質。等憲宗急不可耐地答應了之後，李師道卻突然清醒過來，自己這邊兵強馬壯，眞打起來也指不定誰輸誰贏，如今自願投降，豈不是犯糊塗了嗎？

李師道反悔，繼續打出旗號，旗幟鮮明地反對憲宗。

憲宗怒不可遏，下令魏博、宣武、義成、武寧、橫海總計五路兵馬統統出動去打淄青，各路兵馬浩浩蕩蕩逼近，淄青戰區面臨空前壓力。

外部的軍事壓力一大，就把內部的矛盾擠壓出來。

話說李師道正想調兵遣將之際，淄青兵都馬使劉悟竟率部下蜂擁衝上，逮到李師道就狂砍一氣。

李師道急喊「沙僧沙和尚救命」，卻又哪裡來得及？結果就這麼不明不白地被砍了。

李師道的死，宣告大唐中興的實現，憲宗聲望直逼太宗李世民。

直到今天，當史家評點大唐傑出皇帝時，總是拿李世民、李隆基和憲宗李純並列說話，但實際上，這三個人當中，李世民是騙子，李隆基是玩家，只有憲宗李純是正經八百幹過實事的人。

不容易啊！青史上留個名字，真是不容易啊！

藩鎮平定，憲宗往龍椅上一躺，眼淚一下子淌了下來。

事情都幹完了，也該吃藥了吧？

吃藥？吃什麼藥？

長生不老藥還有刺激性慾的春藥，之所以要做皇帝，圖的就是這兩副藥。

長生不老藥讓觀裡的老道柳泌煉製，要多少銀子說話。柳泌要了成堆銀子，又強迫天台山的官吏和百姓進山替他採藥，整整折騰一年，也沒煉製出丹藥來。柳泌一看情形不妙，乾脆逃走，沒想才逃到半路就被地方官逮住，送歸憲宗。

憲宗嚴厲批評柳泌工作不踏實的作風，「在科學的追求上，從來沒有平坦的大道，只有不畏艱險、不畏艱辛的人，才有可能取得成績。馬上回道觀裡去！繼續研究如何煉製丹藥！」

沒奈何，老道柳泌只好苦著臉，拿個小板凳坐在丹爐前搧扇子，繼續琢磨這絕無可能的事。

長生不老藥暫時煉不出來，倒是春藥有許多現成的……憲宗決定開吃，吃吃吃……正吃之間，江湖上爆出特大利空消息，英明神武的憲宗皇帝死了！卒年才不過四十三歲。

死了？這怎麼可能？剛才不是還吃著春藥的嗎？

《舊唐書》上則記載，「時以暴崩，皆言內官陳弘志弒逆，史氏諱言不書。」意思是說，宮裡爆發激烈的兩條路線鬥爭，結果倒楣的憲宗被宦官們下手弄死了，對外則聲稱他是吃多了春藥，身體崩裂開來而死。

那憲宗到底是怎麼死的呢？

這事就此眞的成了大懸疑，只見他的兒子李恒已經接班，大唐帝國猶如一輛疾馳的戰車，轟轟隆隆地將憲宗死亡之謎拋在後頭。

第十章

穆宗父與子：太監也有春天

武宗時代，大唐帝國呈現出最後的平靜時刻，有點迴光返照的意思。

可武宗又不是神仙，哪裡曉得啥玩意兒叫迴光返照？對他而言，趕緊抓緊時間修修補補，整頓吏治，才是正經事。

這吏治一整頓，就整到神策軍的頭上。

1

唐穆宗的個人簡歷

看唐穆宗的個人求職簡歷，就會不由得讓我們心酸。這可憐的倒楣蛋，才剛剛活到三十歲，就急不可耐地死翹翹，更讓人上火的是，他還是被嚇死的！

憲宗李純死時，宮裡到底發生什麼事，已經杳不可考，當時的史官害怕宦官，一個字也不敢寫，資料稀少到讓人猜都無從猜起的程度。

然而，史官雖然害怕太監，卻一點也不怕皇帝。憲宗死後，宮裡宮外，圍繞著由誰來繼位接班這個大問題，產生了激烈的衝突，這事倒是記得明白。

說明白，但也不是太明白。明白的意思是，史官把整個衝突劫殺的過程寫得清清楚楚；不明白的是，參加這場政治鬥爭的人都是些什麼來頭，爲什麼他們會支持一方或是反對另一方，這個事毫無交代。

總而言之，當時的情況是這個樣子的：憲宗李純的兒子不是太多，有二十個，當中有資格捲入立嗣大戰的，是老大李寧、老二李惲，以及老三李宥。

老大李寧很快就退場，因爲他病死了，所以最後決戰就在老二李惲及老三李宥之間展開。

雙方交手，老二李惲獲得太監吐突承瓘的絕對性支持，老三李宥則是獲得神策軍護軍中尉梁守謙與太監馬進譚、劉承偕、韋元素、王守澄等人的支持。明擺著老三這邊人多勢衆，你說老二如何能夠頂得住？

憲宗一死，神策軍就衝入老二的府中，狂砍濫殺，把老二李惲砍得滿地都是，連他唯一的支持者太監吐突承瓘也同時被砍碎。

事後，大唐帝國的第十三任皇帝，老三李宥愉快登基，登基之後改名叫李恒，是爲穆宗。

大唐第十三任皇帝穆宗李恒個人檔案：

- 姓名：李恒
- 曾用名：李宥
- 出生：貞元十一年七月初六，西元七九五年
- 籍貫：陝西長安大明宮別殿
- 生肖：豬

・卒年：長慶四年，西元八二四年，享年三十歲
・死因：驚嚇而死
・特長：吃喝玩樂
・社會關係：
父親：憲宗李純
母親：郭氏
妻子：王氏、蕭氏、韋氏
兒子五個，女兒八名。

零歲：出生，生母爲皇妃郭氏，郭子儀的孫女兒，論輩分，父親還得管他叫弟弟，地位非同一般。
十五歲：十七歲的大哥李寧冊立爲太子。
十七歲：十九歲的皇太子哥哥病死。
十八歲：立爲太子，改李宥之名爲李恒。
十九歲：群臣上表，強烈要求郭妃出任皇后，憲宗抵死不依。
二十五歲：朝中暗潮洶湧，欲改立二哥李惲爲太子。李恒緊張萬分。
二十六歲：憲宗死於暗殺，朝臣以迅雷不及掩耳之勢，簇擁李恒登基，殺二哥李惲，

是為穆宗。

二十七歲：竟日宴遊，淫逸無度。

二十八歲：打馬球時不慎跌落馬下，驚嚇中風。

二十九歲：專注於生物工程，希望研究出長生不老之藥。

三十歲：據說長生不老藥終於研究成功，正要吞食，卒。

看看唐穆宗的個人求職簡歷，就會不由得讓我們心酸。這可憐的倒楣蛋，才剛剛活到三十歲，就急不可耐地死翹翹，更讓人上火的是，他還是被嚇死的。

其實，這孩子天生膽小，嚇死實屬必然。

那麼，好端端的穆宗，怎麼會染上膽小這麼個毛病呢？

這件事，要從穆宗的生母郭氏說起了。

2 生活如此變態

穆宗打生下來之後，就特別不招人喜歡，他自己顯然也知道這點，所以躲在別人找不到的地方默默流淚，而太監集團及神策軍統領們之所以支持他，也正是因為這個原因。

穆宗李恒的母親，就是他的奶奶，兼任他父親的姑姑，乃玄宗、肅宗時期的大唐名將郭子儀的兒子郭曖，和代宗李豫的女兒昇平公主生下來的女兒——是不是覺得這麼說超級變態？

沒錯，是變態，歷史就是這麼變態，你讓穆宗又有什麼法子？

總之，早年穆宗的曾爺爺德宗中了大長公主的黑魔法，強迫兒子和孫子娶了各自的姑姑，這變態的婚姻，導致穆宗李恒一生脆弱的心靈被扭曲。

更大的麻煩在於，上一屆皇帝憲宗李純，和他姑姑郭氏年齡一樣大，兩人在十八歲那年奉旨成親。兩人都是皇家子女，血統超級純正，憲宗容貌俊雅飄逸，郭氏美艷不可方物，少年少女遇到一起，性的吸引力無窮蔓生，他們也很快就有了愛情的結晶——穆宗。孩子一出生，麻煩也隨之而來了。

麻煩在於，郭氏沒辦法把自己生出來的孩子抱給人看，主要是因為稱呼上有個天大障礙，設想她若將年幼的穆宗抱回家，給她的父親郭曖和母親昇平公主看，她父母會說些什麼？

昇平公主會說：「哎喲喂！這孩子真是太可愛了，是女兒妳親自生下來的嗎？好，太好了，快點叫姥姥……不對不對，我是和德宗一輩的，德宗又是妳爺爺，所以女兒啊，妳現在應該管我叫奶奶，那妳的……不對不對，這個輩分還是應該從這邊論，這孩子就是應該管我叫奶奶，妳繼續叫我媽，妳老公也得叫我媽，那我們就和你公公順宗平輩了，可我同時又和德宗平輩，這樣一來，德宗就和他兒子順宗平輩了……快他娘的把這個破孩子掐死，生出這麼一個東西來，把家裡的人際關係全弄亂了！」

其實，早在這個孩子生下來之前，家族輩分這檔子事，已成為宮中的禁忌，誰也不許說這事，否則稍不留神，就罵了一連串的人。

只是穆宗的出生，再次刺激各當事人的神經。

這個孩子的存在，迫使所有人不得不認真思考一個問題：生活如此古怪，大家如此變態，是選擇徹底變壞，還是繼續忍耐？變壞結果更壞，忍耐實屬無奈，莫不如眼不見心不煩，全當這個小兔崽子不存在！

可想而知，穆宗打生下來後，就特別不招人喜歡，他自己顯然也知道這點，所以躲在別人找不到的地方默默流淚，而太監集團及神策軍統領們之所以支持他，也正是因爲這個原因。穆宗的怪異身世，決定他理應遠離皇權的一生，倘若把這個壓根沒資格接掌權力的孩子扶到皇帝寶座上，他對太監的感激和依賴必然毫無保留。

事實也正是這樣，穆宗登基後，就對太監集團寄以全心信任，由著他們亂搞一氣，而穆宗自己也從長期的壓抑之中解放出來，發現生活如此美好，世界上居然有那麼多好玩東西，以飽滿的熱情一頭扎進尋歡作樂當中，任誰也別想把他喚醒。

諸藩鎭趁機瘋狂攬權，急切坐大，但這之前，國家形勢仍然保持憲宗時代的慣性，朝中央集權的方向行進。

先是成德節度使王承宗死了，他的弟弟王承元先是堅決不擔任節度使的官職，最後在朝廷強迫他出任時，才流著淚發誓效忠朝廷；同時，盧龍節度使劉總莫名其妙地想去做和尙，朝廷派使者苦勸，不想劉總自己落了髮，又拿剃刀把勸說的使者喉嚨切開，最後在逃亡的途中神秘死去。

連續這麼兩件事，已經將皇家權力強化到近乎成熟的程度。

但穆宗沉溺於玩樂之中，壓根不理國事，結果魏博藩鎭又出了亂子，緊接著其他的藩鎭也隨之鬧將起來，原本走向中央集權的大好形勢，就在這時發生逆轉，徹底糜敗大唐帝國，再也沒有機會將國家扭回正常的軌道上來。

前面說過，由於穆宗這孩子打出生就不受歡迎，所以郭氏將他冷藏起來，養成他極爲敏感而膽怯的性格，受不得一點點驚嚇。

有一天，他正在宮中和太監們玩樂，有個小宦官不留神從馬上摔下，太監是沒摔到，倒把穆宗嚇了一大跳，然後就見他嘴一歪、眼一斜，全身激烈抽搐起來。

居然是德宗、順宗的老毛病：中風！他只剩一點時間立大兒子景王李湛爲太子，然後就死掉了。

來也匆匆，去也匆匆，穆宗以他的生命爲大唐的中興期畫上一個淒慘的句號，從此，不只是大唐帝國進入風雨飄搖的時期，就連此後的皇帝們，也拜穆宗所賜，淪爲太監們的掌中物，註定一生極爲悲慘的命運。

3 敬宗李湛的個人簡歷

敬宗皇帝沉溺於捉狐狸的樂趣之中，沒等捉到幾隻，先率二十八個太監舉辦盛大PARTY，喝得高興之間，燭火突然熄滅，等再點亮燭火……

穆宗生前只顧自己開心，壓根不理會別人的死活，對於宮裡的女人，也只有幸御的樂趣，絕無負責的意識，所以在位期間幸御過的女人雖然不少，但始終后位虛懸。

宮女王氏，替穆宗生了長子李湛。穆宗死後，十六歲的李湛登基，頭一樁事就是將生母王氏封為皇太后，然後開始大玩特玩起來。

這孩子玩的遊戲超多，但花樣簡單，蓋因他原本是個頭腦簡單的人，玩不了複雜的遊戲，而頭腦簡單的人，處在皇位上無疑非常危險。

不過，敬宗成功打破他父親的記錄，將死皇帝的平均年齡向下拉了一大截，他十六歲登基，十八歲就飛快死掉，搞得史官措手不及，連記錄都不知道如何記錄。

雖然只有兩年的皇帝年資，我們仍然有必要研究一下敬宗的個人求職簡歷。

大唐第十四任皇帝敬宗李湛個人檔案：

- 姓名：李湛
- 出生：元和四年六月初七，西元八〇九年
- 籍貫：陝西長安東內大明宮之別殿
- 生肖：牛
- 卒年：寶曆二年，西元八二六年，享年十八歲
- 死因：被宦官宰殺
- 特長：打機鋒、野狐禪
- 社會關係：

父親：穆宗李恒

母親：王氏

妻子：郭氏

兒子五個，女兒三名。

零歲：出生。

十二歲：爺爺憲宗李純爲宦官暗殺，父親李恒登基爲帝。

十四歲：父親李恒熱衷於打馬球，跌落馬下，中風。大臣強迫穆宗立李湛爲太子。

十六歲：父親李恒煉製長生不老藥成功，未食而死，於是登基爲帝。同年，平民徐忠信闖入浴堂門、染坊工匠張韶率農工殺入禁中，在龍椅上食飯，被宮中禁軍格殺。

十七歲：竟夜遊玩，不捨須臾。

十八歲：與二十八名宦官飲酒，史稱二十八星宿，忽然燈滅，再亮，陛下已然成爲一具屍體，兇手爲宦官劉克明、蘇佐明。

敬宗的皇帝生涯雖然短到了不能再短，但生活中卻豐富刺激又多彩。

先是一個叫徐忠信的老百姓，忽發奇想，闖入浴堂門，要找敬宗單挑，較量一下誰是天下第一大蠢蛋。結果缺心眼的老徐被御林侍衛宰殺，演出一幕智商超低的時代劇。

江山代有蠢貨出，智商又低五百年，徐忠信事件之後，長安大染坊又爆出弱智商門事件。時有占卜術士蘇玄明，與染織工張韶交情很好，忽然間蘇玄明心血來潮，掐指一算，大驚曰：「不得了！老張，我剛才算了一卦，你命中註定要坐在龍椅上和我共進午餐！」

「有這事？」張韶聞之大喜，「那什麼，老蘇，既然是這樣，那咱們就別耽誤時間了，趕緊把手下兄弟召集起來，這就去皇宮開吃吧！」

史書上詳細記載這次弱智群體的怪異行動：以張韶，蘇玄明爲首，率了十幾個智商更不靠譜的染工，弄了輛馬車，車上堆些柴草，柴草中藏著鐵器，大車吱吱扭扭地來到銀台門。衆家兄弟各取武器，發一聲喊，嗚嗷怪叫著殺入皇宮。

這一次的超級弱智大行動，出乎所有人意料，宮女太監們被砍得吱哇慘叫，到處亂竄，張韶則和蘇玄明一馬當先，殺至龍椅前。

看到龍椅，張韶發出歡快的大笑，「哈哈哈，皇帝輪流坐，今年到我家。來來來，蘇愛卿，與朕同坐寶座之上，你我現在就開吃！」

然後這夥人當眞在大殿裡埋鍋造飯，幸福地吃了起來，吃著吃著，蘇玄明醒過神來，「喂，老張……」

張韶道：「你說什麼？」

蘇玄明道：「……老張啊。」

張韶瞪眼道：「蘇愛卿，你犯糊塗了嗎？豈有這樣稱呼朕的道理？快點叫陛下！」

蘇玄明哼道：「陛你媽個頭老張！」

你是不是以爲事情就到此爲止了？

張韶道：「朕已登基爲帝，富有四海，不知愛卿有何奏本啊？」

蘇玄明的奏本還沒說出來，只聽哇的一聲號叫，神策軍從四面八方衝入，不由分說照大家就砍，才剛「登基」的張韶，就這樣駕崩了。

這件事過後，敬宗皇帝沉溺於捉狐狸的樂趣之中，沒等捉到幾隻，先率二十八個太監——史稱二十八星宿——舉辦盛大PARTY，喝得高興之間，燭火突然熄滅，等再點亮燭火，敬宗已經被宦官蘇佐明宰掉了。

蘇佐明爲什麼要殺敬宗呢？

史書上說，因爲敬宗不體恤這些太監們，捉不到狐狸，就嚴厲地懲罰他們，大焉者流放，小焉者大板子暴打屁股，太監們忿怒於心，所以殺之。

但我們嚴重懷疑，兇手蘇佐明，他會不會跟替染工張韶算卦的術士蘇玄明是兄弟呢？就算不是兄弟，但天下姓蘇的都是一家，捋著祖宗八輩往上找，遲早能夠找出點血緣關係來。不過由於已經無法找到蘇佐明、蘇玄明這兩活寶的家譜，這個猜測也就成了瞎猜，只能放在這裡添點樂子。

4 文宗李昂的個人簡歷

據史書上記載，文宗這一輩子，只做了三件事，而且統統失敗。雖然說失敗了不打緊，不過從頭再來，可是不是允許重來，這事文宗說了不算，太監說了才算。

現在來看看敬宗所遇到的三樁怪事：徐忠信事件、染工張韶事件及二十八星宿謀殺案。這些事件具有弱智化、低齡化、無厘頭化、荒謬化……總之是四個現代化。之所以出現上述四個現代化，是因爲敬宗原本便不成熟，只是個貪玩且腦子超級愚笨的大孩子，舉凡貪玩且智商不大靠譜的孩子們，斷無可能碰到成熟大人才會碰到的事，他的生活圈子與價値取向決定了這一點。

當十八歲的少年敬宗被暗殺，三名不重要的人物疾奔衝入歷史。

他們是宦官劉克明、翰林學士路隋，以及憲宗的兒子絳王李悟，三人的政治對手，則是當時赫赫有名的「四貴」。

哪四貴？樞密使王守澄、楊承和及中尉魏從簡、梁守謙。

於是，宮中爆發了大規模的群衆械鬥，以劉克明爲首的兄弟們手操馬桶，大戰殺入宮來的四貴，激昂的口號響徹雲宵，「要文鬥，不要武鬥！」不武鬥才怪，口號響過，宮中到處都是七零八碎的屍體。細看這些碎屍，有宦官劉克明身上零部件，有絳王李悟的胳膊腿，只有翰林學士路隋熱愛和平，沒來參加宮中武鬥，以逍遙派的身份躲過這場亂子。

四貴贏得最後的勝利，慶祝後，便聽取翰林學士韋處的建議，將穆宗的第二個兒子江王李涵抬到龍椅上，改名李昂，是謂文宗。

大唐第十五任皇帝文宗李昂個人檔案：

- 姓名：李昂
- 曾用名：李涵
- 出生：元和四年十月初十，西元八〇九年
- 籍貫：陝西長安
- 生肖：牛
- 卒年：開成五年，西元八四〇年，享年三十三歲
- 死因：鬱悶而死

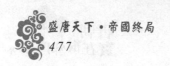

・特長：讀書
・社會關係：
父親：穆宗李恒
母親：蕭氏
妻子：無
兒子二個，女兒四名。

零歲：出生。
十二歲：爺爺憲宗李純爲宦官暗殺，父親李恒登基爲帝。
十四歲：李恒熱衷打馬球，跌落馬下，中風。大臣強迫穆宗立大哥李湛爲太子。
十六歲：父親李恒煉製長生不老藥成功，未食而死，大哥李湛登基爲帝，是爲敬宗。
同年，平民徐忠信闖入浴堂門，染坊工匠張韶率農工殺入禁中，於龍椅上食飯，被禁軍格殺。
十七歲：大哥敬宗竟夜遊玩，不捨須臾。
十八歲：大哥敬宗與二十八名宦官飲酒，忽然燈滅，再亮，大哥敬宗已然成爲一具屍體。兇手爲宦官劉克明及蘇佐明。
十八歲：弒兄兇手劉克明及蘇佐明把持朝政，欲使憲宗之子絳王李悟「權勾當軍國事」，又謀奪其他宦官之權。衆宦大怒，齊擁江王李涵登基，改名李昂，是爲文宗。

二十一歲：南詔侵略軍攻陷成都，擄匠民萬人而歸，從此南詔國工巧比於中國。

二十三歲：文宗李昂秘密聯結同平章事宋申錫，圖謀宦官，事洩，宋申錫貶爲開州司馬，死於任上。

二十五歲：命諸親王出閣，十六王宅縣主亦以時出嫁，從此皇室血親終於民通。

二十七歲：「甘露事變」爆發，以宦官仇士良爲首的常委班子，打掉了以文宗李昂爲首的反太監集團。

文宗李昂與朝臣密議，以天降甘露爲由，誘使太監出看，而後殺之，不料事情未成，宦官登高一呼，「皇上要造反啦，竟然敢殺太監！」神策軍聞之怒，持戈操矛而入，盡殺群臣，凡親屬不問親疏皆斬，孩童無遺，妻女不死者，沒爲官奴。死者數千人，長安城中積血盈尺。坊間惡少年趁機報仇剽殺，一時間風起雲湧，戰火熊熊。

二十九歲：文宗李昂被囚，寫詩曰：「輦路生春草，上林花發時。憑高何限意，無復待臣知。」

三十歲：不明身份的刺客團夜入京師，謀刺宰相李石，劍客一劍削去李石的馬尾，另有一箭精確命中李石。朝臣大駭，次日僅九人上朝。

三十三歲：立敬宗第六子陳王李成美爲太子，正要舉行冊立儀式時，卒。

看到文宗的個人簡歷，我們就會眼前頓時一亮。這個簡歷好啊，熱鬧，充滿了革命樂觀主義的激情，不像穆宗和敬宗，簡歷就那麼簡簡單單的兩行，眞是簡到不能再簡的程度，讓人連評說都找不到話。

文宗明擺著比他的大哥敬宗成熟一些、懂事一些、明白事理一些，所以在史書上也就比父親穆宗和哥哥敬宗加起來都要厚重一些。

然而不幸的是，此時大勢已去，饒是文宗再經緯天下，這天下都將按照既定的規律向前推進，這皇帝註定只能成爲一件悲劇。

事實上，據史書上記載，文宗這一輩子，只做了三件事，而且統統失敗。雖然說失敗了不打緊，不過從頭再來，可允不允許重來，這事文宗說了不算，太監說了才算。自己的命運卻不能讓自己做主，這是文宗最大的悲劇。

5 我家的老舅數不清

李昂盛怒之下，將假老舅蕭洪流放，真老舅蕭本封衛尉少卿，左金吾將軍。蕭本才剛剛上任，福建地方又上報，「泉州晉江人蕭弘找到衙門……」

話說文宗李昂坐到龍椅上後，不由得鼻頭一酸，想起了他那不幸的媽媽。

李昂的母親是個福建女孩子，有天出門捉蝴蝶，結果被人販子擄走，被賣到皇宮裡當女奴。早在穆宗李恒還不是太子時，意外在宮裡遇到她，威脅說：「跟我走，我要和妳搞對象，不答應的話就一刀宰了妳！」可憐的小姑娘嚇壞了，被李恒脅持到他的王府中，飽受摧殘和蹂躪，生下李昂。

可想而知，小李昂在宮中肯定沒什麼地位，這也是太監集團扶持他的最重要原因。你沒地位，太監給了你皇位，你不感謝太監，還有良心嗎？

李昂有良心，所以頭一樁事就是命人把正在碾房推磨的母親解救出來，封生母爲皇太后，加上敬宗的媽媽也是皇太后，這樣宮中就有兩位太后。然後李昂又問母親，「娘，妳受了一輩子的苦，推碾子拉磨、搖軲轆挑水，晚上還要給我那缺大德的爹提供性服務，兒子從今往後一定要好好孝順妳。妳說吧，想吃啥想喝啥？想打誰想罵誰？都由著妳老人家！」

李昂的母親姓蕭，史稱蕭氏。她說：「兒子啊，你娘牙齒被你爹打光了，啥也吃不動了，就是在想，早年我被人販子拐走時，家裡父母都死了，只剩一個不懂事的弟弟，這麼多年過去，也不知他是死是活……」

「你弟弟，就是我老舅。」李昂大喜，「傳旨，馬上派人去福建把我老舅找來！」沒過多久，使者從福建回來，帶回一個滿臉油滑的傢伙，名叫蕭洪，「啓奏陛下，你老舅來看你了。」

李昂急忙接見，問：「你是我老舅？」

蕭洪道：「我和你媽是同一個母親生的，打小你媽帶著我長大，你說我是不是你老舅？外甥啊，你老舅可慘啊，自你媽被人販子拐走後，你老舅我衣食無著，不得不在妓院替人家提茶壺……」原來是位妓院的龜公。

李昂大喜，先封老舅為金吾將軍，沒過多久戶部有空缺，就讓蕭洪做了戶部尙書。

蕭洪剛剛上任，忽然有人來報，「陛下，外邊有個要飯的說是你老舅，叫蕭本。」

「怎麼又來了個老舅？」李昂暈了，急忙叫進來一問。蕭本回答得滴水不漏，再找來戶部尚書蕭洪一核對，果然發現蕭洪是假冒的。

「這叫什麼事啊？連人家的老舅都假冒，眞能添亂！」李昂盛怒之下，將假老舅蕭洪流放，眞老舅蕭本封衛尉少卿，左金吾將軍。

蕭本才剛剛上任，福建地方又上報，「泉州晉江人蕭弘找到衙門，說他才是皇帝眞正的老舅，如今老舅氾濫，孰眞孰假，還請陛下明察。」

這下子文宗傻眼了，這麼多的老舅，如何一個鑑別法呢？福建觀察使唐扶上本奏，「此事易爾，只要派人去太后的老家一打聽，就全都清楚了。」

李昂急忙再派人，不想未幾回報的卻是：「蕭本和蕭弘，這兩傢伙跟頭一個一樣，也是假老舅，目前眞老舅下落不明，正在挖地三尺尋找中。」

史書上說，當時的人們膽子超肥大，老舅成群結隊地入京求官，導致文宗皇帝的「老舅尋找工程」只能被迫中斷。

尋找老舅，是文宗皇帝登基以來的頭一樁事，這樣無疾無終，也隱喻著他的帝王宿命，始終都難以搞出個名堂來。

此後，李昂將與太監集團展開三輪激戰，結果究竟如何，我們一輪一輪看過來。

6 皇帝太監大交火

這一輪交鋒，文宗算是徹底失敗。但事情還沒完，憤怒的太監們展開了慘烈的報復，神策軍士兵出動，到處追殺對太監不友好的反動分子。

頭一輪，李昂發現翰林學士宋申錫為人耿正直守，不黨不私，獨往獨來，十分欽服，便偷偷召見宋申錫，商議該如何打掉龐大恐怖的太監集團。宋申錫在朝中沒什麼朋友，只好憑印象推薦吏部侍郎王璠做京兆尹，以便配合行動。

京兆尹王璠參與密謀後，覺得很有面子，就四處說道：「你們他媽的都給老子乖一點，一旦惹火老子，等打掉了太監集團，你們他媽的頭一個挨刀！」

太監王守澄知道後，立即吩咐太醫鄭注寫揭發信，揭發翰林學士宋申錫謀反。史書上說，文宗皇帝不察，就輕信了——事實上，文宗是壓根不信的，只不過宋申錫如此靠不住，推薦的人又這麼缺心眼，讓太監集團事先知道消息，他也只好由著對手胡來。

之後隨著宋申錫被貶斥，頭一輪交鋒到此結束，文宗輸，太監贏。

接著是第二輪交鋒。這一次文宗改變了策略，俗話說，堡壘最容易從內部攻破，要想打掉太監集團，就得從太監集團內部動手。

當時的情形是這個樣子，原本隸屬太監集團的太醫鄭注及辯才家李訓，都很有一套，李昂索性重用這兩個人，要求他們幫忙，利用太監集團的內部矛盾，提拔一群年輕優秀的小太監，分化大太監王守澄的勢力。和王守澄水火不容的小太監仇士良因此被任命為左神策軍中尉，王守澄自此失勢，文宗趁機命仇士良灌了他一杯毒酒，鴆殺。

另外還有個宦官叫陳弘志。此人乃殺害憲宗皇帝的兇手，這麼年來竟然沒人敢追究他，現在李昂可不客氣了，先召陳弘志入京，在半路上派使者「迎接」，將他拖下馬來，舉著大棍子不停地打啊，生生把陳弘志打成一團液態物。

第二輪交鋒到此結束，文宗勝出，太監集團雖然勢力未能大幅削減，確實也吃了一個大虧。目前戰局一比一平。然後文宗召來李訓和鄭注，要求他們兩人拿出一套方案，要一次性地徹底打掉太監集團。

鄭注和李訓商量好長一段時間，終於拿出方案：在滻水替死太監王守澄召開盛大的追悼會時，由鄭注負責追悼會的保安工作，率親兵，提巨斧，再由文宗下旨，吩咐宮中內臣中尉以下都去參加追悼會。等太監們出宮，立即緊閉城門，鄭注再下令，命侍衛用巨斧將所有的太監統統砍碎。

文宗李昂批准了這個方案。但臨到執行時，李訓突然想起一樁事來。照這麼個搞法，豈不是明擺著讓鄭注立大功嗎？整個方案計劃來計劃去，全沒自己什麼事啊！所以李訓召集朝中諸人，另外弄出第二套方案。

第二套方案，就是歷史上有名的甘露之變。方案設定如下：在太和九年十一月二十一日時，由左金吾衛大將軍韓約出來撒謊，硬說左金吾衙後的石榴樹上長出甘露，有請諸位太監欣賞，然後於衙中伏兵，盡殺太監，庶幾無殆矣。

方案提交上去，李昂覺得這個新方案也蠻好，不比老方案差，就批准了。方案立即進入執行階段，大太監仇士良等真的中計，被騙到左金吾衙門去看甘露，而此時，衙中已經密伏死士，蓄勢待發，只等一聲令下，就要將太監們盡數砍碎。

可萬萬沒想到，這個方案，在執行中出現個大紕漏，埋伏在現場的士兵藏的地方不對，當仇士良走過時，一陣風起，掀起帷幕，竟露出藏在裡邊的士兵。仇士良當時更不猶豫，掉頭就走。安排關衙門的大臣原本已對太監忌憚三分，被仇士良猛一瞪眼，嚇得乖乖把門打開。

仇士良狂奔到含元殿，見到文宗——你看這缺心眼的傻皇帝，早就該找個安全的地方躲起來，怎麼可以又讓太監們逮到——不由分說，命太監們抬起文宗往後宮逃。

這時左右各有兩支人馬殺入宮來，從左金吾衙門追來，左邊有三百人，右邊是二百人，各自上前狂殺太監，而後宮大門也已經緊閉，被仇士良砸開，帶著眾太監抬著文宗逃出。當此之時，就見李訓一個箭步衝上前，死死揪住文宗，想再把文宗搶回來，卻被太監們飛起一輪旋風腿，直踢得李訓滿臉開花，被迫放手。

最後，文宗被太監們搶入宮中，軟禁。

這一輪交鋒，文宗算是徹底失敗。但事情還沒完，憤怒的太監們展開了慘烈的報復，神策軍士兵出動，到處追殺對太監不友好的反動分子。李訓逃到昆明池，被殺；鄭注被身邊的同事殺掉，腦袋送給太監；朝中被殺大臣六百餘人，等於是一次大清洗。

這次失敗，徹底擊潰文宗的信心，喪失與太監集團鬥智的勇氣，太監集團也不會再給他第二次機會。

有一天，文宗在宮中散步，見伎師正在訓練一群伎童爬竿，在讓伎僮爬竿之前，伎師先行表演。只見他敏捷如猴，嗖嗖嗖地爬到竿頂。

文宗看得開心，就問伎師，「這些孩子，你怎麼找來的？」

伎師回答：「陛下，這都是我親生的兒子，所以我才要刻苦地訓練他們，有了本事後，他們活在世上，也才不會讓人欺負……陛下，陛下，你怎麼了，你哭啥呀？」

文宗掩面疾走，大聲嚎啕，「枉我貴爲天子，卻連自己的兒子性命都無法保全，你說我他媽的還活個什麼勁啊？」

然後文宗就死了，卒年三十三歲。

此後，他的五弟李炎走入歷史，再起大唐皇室的悲劇。

7 小女人主宰歷史

王氏跳過來，攔在仇士良面前，雙手掐腰，「……你們兩個缺心眼的東西仔細想一想，那陳王李成美是先帝指定的繼承人，做了皇帝後，還不是一樣要對付你們倆？」

大唐帝國第十五任皇帝文宗李昂，從登基以來就受到太監集團挾制，心靈不得自由，這種鬱悶嚴重抑制他的男性性功能，導致後宮生活缺乏快感，只生下兩個兒子。

老大叫李永，這孩子打小就有毛病，只要看到讓人墮落的玩具遊戲，就會興奮得無以復加，只要看到書本文字，就會患上嚴重的偏頭疼，雖然被立爲太子，但除了鬥雞走狗，其他事情全不感興趣。幸好這個孩子自己識趣，早早死掉了，讓文宗長吁一口氣。

老二叫李宗儉，名字取得蠻好，但就算是再偉大的史學家，都弄不清楚這孩子啥時候死的，又是怎麼個死法，總之是早已江湖除名，不堪提起。

所以文宗臨死之前，便欽定二哥敬宗的第五個兒子陳王李成美，讓他做太子，臨告別人世之時，更召來大太監仇士良、魚弘志，還有宰相楊嗣復、李玨至禁中，吩咐他們立即擁太子監國。大太監仇士良、魚弘志就去後宮找太子李成美，正走著，前面來了一個女孩子，衝他們倆打了聲招呼，「嗨，仇哥、魚哥，你倆忙啥呢？」

這個女孩子姓王，十三歲時被人販子賣入皇宮，給當時的皇帝穆宗玩。三年後，王氏已經十六歲，穆宗看她聰明機警、善體人意，就把她送給自己的兒子穎王李炎。

當時，李炎已十八歲，仍顯稚嫩，王氏卻聰慧過人，所以李炎對她向來言聽計從。

王氏在宮中人緣極好，和太監們也非常熟稔，見了仇士良和魚士弘，就和他們倆親切打招呼。但仇士良和魚志弘有要事在身，敷衍了一句，「沒忙啥。」就要匆匆走開。

不料王氏上前揪住他們，「喂！敢不聽話？給我站住，我問你們兩個，你們沒忙啥，那到底忙啥呢？」

「妳看妳可真麻煩……」仇士良皺眉道：「這不是天子死翹翹了嗎？我們倆得抓緊去叫陳王李成美來登基，妳不要添亂，快放我們走，等以後有時候咱們再閒聊。」

「哎……」王氏把他們兩個抓得更緊了，「你們說話我怎麼就聽不明白呢？天子駕崩，怎讓陳王李成美接班呢？這好像不挨邊吧？」

仇士良道：「小王，此乃軍國大事，妳個丫頭片子別瞎攪和，有先帝遺詔……」

王氏跳過來，攔在仇士良面前，雙手掐腰，「老仇，你跟我扯這個？先帝遺詔？有沒有搞錯？當初先帝興起甘露事件，是想對付誰來著？左金吾衙沒殺掉你，你現在裝什麼忠臣？正因爲有遺詔，我才要說這句話。你們兩個缺心眼的東西仔細想一想，那陳王李成美是先帝指定的繼承人，做了皇帝後，有你們兩個屁事啊？還不是一樣會對付你們倆？莫不如讓我們家李炎來，先別說我老公本來就英明神武，命中註定該做天子，你們倆幫了他這點小忙，你說我們不感激你們，還能感激誰呀？」

仇士良和魚志弘同時被這番說詞打動，不由得點頭。這時候王氏又加上一句，「跟你說，老仇，我這個建議可爲你們倆好，你們自己掂量掂量！」

「好！」仇士良和魚志弘拿定主意，「快叫妳家李炎出來，跟我們去登基！」

王氏大喜，把老公李炎叫出來，跟著仇士良，魚弘志去前殿。

宰相楊嗣復、李玨正在前面等著，見三人回來，就問：「怎麼陳王成美還沒來，快點把他叫來啊，國家不可一日無主……」

仇士良道：「兩位所言極是，那咱們現在就擁戴陛下登基吧。」

「陛下？」楊嗣復和李玨兩人頓時傻眼，「可是先帝遺詔……」

仇士良不耐煩地打斷他們，「先帝是屬耗子的，撂爪就忘，我說你們兩個是不是對『陛下』懷有異心啊？怎麼還這麼磨磨蹭蹭的？」

就這樣，在太監集團的脅迫與威逼之下，朝臣不得不做出退步，讓李炎出任大唐帝國第十六任皇帝。

8 武宗李炎的個人簡歷

武宗竟是一位具有著超級智慧的男子，不只贏得妻子王氏忠貞不渝的愛情，而且還和尾大不掉的太監集團搞好關係。

就這樣，由妻子王氏做主，武宗李炎順利登上帝位。史書上說，王氏與武宗夫妻感情極好，由於兩人長久膩在一起，生活習慣、飲食起居等所有細節沒什麼區別，久而久之形成了夫妻臉，也就是丈夫和妻子兩人容貌長得一模一樣。

武宗和王氏，不只容貌一樣，就連身材體型都沒區別，有時候夫妻二人率眾田獵，偏偏夫妻倆還喜歡穿同樣款式的衣服，當二人並駕齊驅，隨行的士兵竟然辨認不出哪個是男、哪個是女。

能有一個美滿的家庭生活，武宗李炎的人生基本上可以用幸福來形容，那他在歷史上的政績，又是如何呢？

大唐第十六任皇帝武宗李炎個人檔案：

- 姓名：李炎
- 曾用名：李瀍
- 出生：元和九年六月十一日，西元八一四年
- 生肖：馬
- 卒年：會昌六年，西元八四六年，享年三十三歲
- 死因：吞服金丹而死
- 特長：道教
- 社會關係：

父親：穆宗李恒

母親：韋氏

妻子：王氏

兒子五個，女兒七名。

零歲：出生之日，彰義節度使吳元濟叛亂。

三歲：李朔雪夜入蔡州，擒捉吳元濟。

七歲：爺爺憲宗李純死，父親穆宗李恒繼位。

十一歲：父親穆宗李恒卒。哥哥李湛繼位，是爲敬宗。

十三歲：敬宗李湛爲太監謀殺，哥哥李昂繼位，是爲文宗。

二十二歲：甘露事件爆發，宦官打掉了以文宗李昂爲首的反太監集團。

二十七歲：文宗李昂鬱鬱而卒。

宰相李玨欲迎請太子李成美即位，遭到宦官領導班子仇士良的否決。李玨無奈，只好讓步，迎請文宗李昂的五弟李炎登基。

在宦官仇士良的英明領導下，打掉以太子李成美、皇太后楊氏及安王李溶爲首的反太監集團，接著打掉以宰相李玨、楊嗣復爲首的反太監集團。武宗李炎批奏斬之，大臣李德裕堅決反對，於是改斬首爲流放。

二十九歲：將太上老君的降誕日定爲國慶，拜道士趙歸眞爲師。禁止獨輪車，因爲獨輪車會輾破道路中心；也禁止天下飼養黑色動物，舉凡黑貓黑狗黑豬黑牛，皆殺之。

同年，有異僧東來，挑戰道士趙歸眞，言稱可造劍輪，失敗，殺之。

三十歲：朝廷最高領導人，太監仇士良提請離休，准奏。

三十一歲：禁寺廟供養佛牙。

三十二歲：「會昌滅佛」開始，禁天下人信仰佛教，寺院關停，僧尼下崗自謀職業。

三十三歲：道士趙歸眞開出長生不老秘方：李子衣十斤，桃毛十斤，生雞膜十斤，龜毛十斤，兔角十斤。武宗求藥天下，得到食之，卒。妃子王氏自縊殉葬。彌留之際，留下遺詔，封三十七歲的光王李怡為皇太叔。

武宗的個人簡歷，給人一個耳目一新的感覺，他竟是一位具有著超級智慧的男子，不只贏得妻子王氏忠貞不渝的愛情，還和尾大不掉的太監集團搞好關係，沒有遭遇此前及此後皇帝們遭遇到的人生危機。

更重要的是，武宗還藉著這個機會，積極爭取朝臣的力量，為殘敗不堪的大唐帝國多少幹了點實事，所以死後謚號武宗。這稱呼比文宗李昂，更符合實際情況。

到底年輕的武宗，在朝綱失落、皇權也失去威儀之時，又是如何完成這些事情的呢？

9 將皇帝掌控在手心

仇士良這段心裡話，就被史官記載在《新唐書》裡，從此讓後人知道皇帝也就是那麼回事，意志力薄弱，運用人性的弱點將皇帝掌握在手心，不比去一趟洗手間難。

話說武宗登基之初，以仇士良為代表的太監集團，便強烈要求殺掉宰相楊嗣復及李珏。武宗為了保護這兩個人，將楊嗣復貶為湖南觀察使，將李珏貶為桂管觀察使。可是仇士良還不肯罷休，無奈之下，武宗只好答應派出刺客，出宮追殺這兩個老臣子。

命令下達後，武宗召見大臣李德裕，三次讓李德裕落座。

李德裕堅決不肯，只是哭著說：「陛下啊，我是來救倒楣蛋楊嗣復和李珏的，他們倆還沒救出來，我哪敢亂坐呀？」

武宗當即允諾，「ＯＫ，老李，就憑你這一片古道熱腸，我讓他們把刺客追回來，你看如何？」

李德裕感激涕零，更加賣力工作，沒過多久，李德裕就替大唐擺平回鶻，贏得國威。實際上，武宗的稱號，與這項工作有著密切關係，要不是輕易擺平回鶻，他也不會獲得武宗的榮譽稱號。

緊接著，李德裕以年高為由，請求辭去宰相職位。武宗大怒，吼道：「李老頭，你少添亂，你坐在宰相的位子上，我才睡個踏實覺，你想跑？沒門！」

正是因為武宗慧眼識人，重用老臣李德裕，所以當時雖然國政破敗，到處出亂子，可說是按下葫蘆起來瓢，但有名臣李德裕鎮著，幾次小規模的鬧事都被平定，整個國家居然呈現出難得的祥和氣氛。

事實上，武宗時代，大唐帝國呈現出最後的平靜時刻，有點迴光返照的意思。可武宗又不是神仙，哪裡曉得啥玩意兒叫迴光返照？對他而言，趕緊抓緊時間修修補補，整頓吏治，才是正經事。

這吏治一整頓，就整到神策軍的頭上，有消息說，朝廷將減少神策軍的衣糧芻粟，也就是降薪的意思。

聽了這個消息，太監仇士良相當憤怒，立刻放出風聲，「如果敢給神策軍降薪，哼哼，到時候神策軍就舉行大罷工，並到丹鳳樓下舉行遊行集會，靜坐示威。」神策軍是保護皇帝身家性命安全的，現在神策軍要鬧起來，看你皇帝還怎麼辦。

李德裕聽到消息，飛也似地跑去找武宗商議，明擺著，這神策軍真的動不得。

不動可以，可不動也得有個不動的理由，於是兩人先偷偷修改降薪決議，去掉要神策軍降薪的內容，然後由武宗親切地召見神策軍的統領們，語重心長地教導道：「朕跟你們說三件事：一，關於減薪的敕書，是我親自寫的；二，敕書之上，並沒有涉及到神策軍，如果你們自己希望降薪，我也不會反對；三，你們是國家穩定的基石，卻如此偏愛小道消息，聽到風就是雨，這對你們來說絕不是件好事，自己看著辦吧。有事奏本，無事退朝，欽此謝恩。」

這件事就算處理結束。

神策軍的統領們出來，你罵我，我踹你，都責怪傳遞消息給自己的人，害自己在皇帝面前丟了面子。這可不是件小事，埋怨來埋怨去，發現最初是仇士良造的謠，於是軍士們的矛頭全都指向了他。

仇士良發現自己上了武宗的當，明明前面的敕書說是要給神策軍減薪，要不是他反了臉皮爭取，神策軍的薪水恐怕就眞的降了，可是現在神策軍們的薪資沒降，自己反倒成了惡人。

你說這事上哪兒去講理？

仇士良喟然歎息，「社會太黑暗了！人心太複雜了！」遂上書請求退休，武宗欣然批准，於是仇士良就這樣被拔除。

仇士良在禁中二十年，專權跋扈，囂張一時，現在他退休，禁中的太監們擺下酒宴，替他送行。

宴中，仇士良歎息道：「唉，為國家操勞一輩子，最終也只是個黃土一抔埋枯骨，是忠是奸，是善是惡，只能留與後人說。各位兄弟，俗話說，人一走，茶就涼，臨到我失勢時，你們還拿我當朋友，才是我這些年來交結的摯友啊。我有一套心法要告訴你們，你們知道我為什麼能夠屹立二十年而不倒，玩弄皇帝於股掌之上嗎？你們又知道我為什麼這一次卻被清除出局，只能黯然回鄉嗎？來來來，我告訴你們一套終生受用不盡的法門，以後你們侍奉皇上啊，一定要記住，千萬不能給皇上絲毫閒暇，要讓他忙，忙得手忙腳亂、四腳朝天。忙什麼呢？就是忙著玩女人，玩狗玩鷹玩遊戲，總之，就是要讓皇帝沉溺在玩樂之中不得求閒，那麼國家政事，當然是由你們說了算，你們的身家性命，也就可以保全，聽明白了沒有？」

「聽明白了。」鑽在桌子底下偷聽的史官也回答道。

仇士良這段心裡話，就被史官記載在《新唐書》裡，從此讓後人知道皇帝就是那麼回事，意志力薄弱，運用人性的弱點將皇帝掌握在手心，不比去一趟洗手間更難。

10 和尚道士大比拼

人只要做了皇帝，就會再也無法明白這個道理。所以，唐武宗義無反顧地踏上了求仙之路。這一求仙，卻苦了佛門弟子，怎麼回事呢？

仇士良的箴言，深刻道破人性的弱點，當他黯然退休後，唐武宗以迅雷不及掩耳之勢，飛撲入人性泥坑之中，從此再也沒能爬出來。

人性的弱點超級多，但歸納起來，無非只有兩個，也就是人類最原始頑固的兩個本能。人類是基因的載體，是基因用以傳承自我、保護自己的脆弱蛋白質外殼，別看一個人五人六，像是那麼回事似的，實際上他所有的行爲，都只不過是遵循基因的意志，在替基因打工而已。

基因的目的也簡單，一要生存，二要繁衍。生存就得狂吃美食，繁衍就得滿世界去逮美女。中國的皇權體制，正是爲了這兩個根本性目的設置，所以中國文化，一是吃，二是色，只有當了皇帝才能從根本上解決這兩個問題，所以皇權才會長盛不衰。

一旦像武宗那樣走到皇帝的寶座上，美食使勁地吃，美女成堆成堆地擠在後宮，這時候皇帝的追求，就要將這美好的日子永遠過下去，於是長生不老的需求，就成了武宗皇帝急需解決的問題。

要想長生不老，這個還眞不難，中國的道家在這方面有著無數成功的經驗。翻查道家的典籍，就見上面密廂廂黑壓壓，排滿了肉身成仙的凡夫俗子。

比如說有個成語叫雞犬升天，說的是東漢年間的淮南王劉安，此人放著正事不幹，天天蹲在丹房裡燒煉丹藥，好多年後，丹藥終於煉成，劉安服之，於是白日飛升上天。書上說，由於藥力發作，劉安升天之時，連帶著他家的房子傢俱、雞狗家禽，也全都一股腦飛上了太空。書上還記載，當劉安成仙後到了天宮，發現天宮也在鬧經濟危機，找工作不易，最後幾經周折，總算弄到了個掏糞工的職位，從此蹲在天宮裡掏茅廁，正所謂臭薰胸前暖，風吹背後寒。天宮上實行的是終生制，而且神仙永世不死，所以劉安就永生永世把他的茅廁掏下去，再也沒有解脫。

雞犬升天，只爲了個掏茅廁，這個玩笑開大了。這是對那些長生不老之夢的帝王一個警示：甭管天上還是地下，只有茅廁才是永恆的，帝王的運數原本是一個偶然。

然而人只要做了皇帝，就會再也無法明白這個道理。所以，唐武宗義無反顧地踏上了求仙之路。

這一求仙，可苦了佛門弟子。

怎麼回事呢？

原來，武宗求仙，找的是一個道士趙歸眞，讓老趙替他煉製丹藥。趙歸眞可能之前受過和尚的氣，也可能瞧和尚不順眼，還有可能是丹藥煉不出來，轉移矛盾重點，總之，他忽悠著武宗對寺廟實行大裁員，讓僧尼下崗，自謀職業。這件事是佛家心中永遠的痛，從此被佛家記錄在典籍中，稱之爲「會昌法難」。

法難不法難的，武宗並不放在心上，他只是對趙歸眞練出來的丹藥表示懷疑，因爲他吃了那種怪藥之後，全身上下都不舒服。可是趙歸眞解釋說：「不舒服就對了，仙家法術，又稱蛻化，就是蛻去人外在的身體，換一個新的再也不會磨損的身體。因此不舒服實際上是在換骨。」

「換骨？眞的假的？」武宗按了趙歸眞的吩咐，從此躲在小黑屋子裡不出來見人，專注進行換骨，忽一日，嘩啦啦一聲怪響從屋中傳出。

趙歸眞說：「萬歲，萬萬歲！皇帝換骨成功啦。」

大家一聽趙歸眞如此興奮地瞎嚷嚷，情知大事不妙，鑽小黑屋進去後，很快抬著武宗的屍首出來，最終也沒找到武宗換殼之後的新身體。

皇后王氏和武宗是恩愛夫妻，如今見老公已經飛升成仙，撇下自己冷清清一個好生沒趣，很是鬱悶，於是懸樑自盡，從此身入冥府，飛天入地，尋找心愛的丈夫去了。

第十一章

宣宗和懿宗：群氓的盛宴

這個時代以人口的超常規增長為基礎，過多的社會閒散勞動力找不到正經事幹，嘯聚山野淪為流民，演繹出一幕幕黑社會相互砍殺的狂野序曲已是必然。

1 猜謎獲獎贏女人

就在這一輪猜謎遊戲過程中，鄭氏懷上身孕，不久生下了一個孩子。這孩子打小生下來就有問題，不會說話，看人的時候兩眼瓷實實地瞪著……

從穆宗李恒這廝開始，他的大兒子是敬宗，二兒子是文宗，五兒子是武宗。爺兒們四個統領江湖若干時日，終於塵埃落定，結束了從李恒這根枝權上斜生出來的全部輝煌。下屆皇帝，又返回到憲宗時代，由穆宗的弟弟出任。

按照歷史的奇怪規律，當皇族的生殖能力遭受大自然神秘的阻礙時，我們知道這個帝國也已日薄西山，儘管如此，皇家子弟仍然要履行他們神聖的使命，這是沒法子的事。

還有一樁事，儘管隨著皇朝的沒落，皇族的生殖能力呈幾何級數下降，但對女人的佔有慾望，反而超級空前強烈。因爲主宰皇族的基因發現自己已經快要沒戲了，生殖副程式運行中出現BUG，會更加恐慌地拼命佔據更多數量的異性，截斷其他族類的基因傳承之路。

比如說，憲宗在位年間銳意進取，先挑了鎮海節度使李錡這個軟柿子，命其入京。李錡堅決不從，結果官兵大至，將李錡活捉，全家老小也被押解到長安，接受審判。

犯人押解到長安，憲宗拿眼睛一掃，嗯，有個女犯人超美貌、超令人驚艷，急忙叫她過來，「過來過來，妳是李錡的女兒嗎？」

那女犯人羞怯道：「不是，我是他的女朋友……」

「女朋友？」憲宗仔細一看犯人名冊，噢，原來這個美貌小女生姓鄭，史稱鄭氏，是主犯李錡的愛妾。

當時憲宗火氣就上來了，你看這個李錡，本事沒多少，女朋友倒這麼漂亮，這豈不是豈有此理嗎？「過來過來，我帶妳回屋，對妳教育教育……」於是將鄭氏帶到內室，教育一番，又問道：「我的功夫不是蓋的吧？妳說，我和李錡相比，誰的床上功夫厲害？」

鄭氏道：「你猜。」

憲宗哼道：「當然是我了……」

鄭氏道：「你再猜。」

憲宗：「……妳看妳，怎麼淨說實話？看來要多多教育才行。」

就在這一輪猜謎遊戲過程中，鄭氏懷上身孕，不久生下了一個孩子。

這孩子打小生下來就有問題，不會說話，看人的時候兩眼瓷實實地瞪著人，直讓人心裡發毛。當時宮裡人都認爲這是個傻孩子，也就沒多少人注意到他。

到了他十歲時，突然又神經發作，經常對著牆角拱手，誰也不曉得他看到些什麼。又幾年，突然開口說話，偷偷告訴保姆，他夢到自己乘龍升上了天……這個反動的夢，差點沒把保姆嚇死，勒令他閉嘴。

又過了一段時間，武宗躲進小黑屋子裡狂服丹藥，太監們坐在一起秘密開會。與會人員一致認爲，唐武宗這廝，心眼缺到了登峰造極的程度，天天狂吞水銀朱砂，這東西吃多了能有個好嗎？目前形勢已經很明白，武宗遲早也會活活吃死，那他死後，皇帝之位要落到誰的手上呢？

衆太監的目光，齊齊轉向後宮深處，都知道後面住著一個大傻子，倘若把他扶上皇位，哈哈哈，這花花江山，豈不是咱家說了算嗎？

所以鄭氏生下來的那個傻孩子被冊封爲皇太叔，改名叫李忱，待武宗當眞吃丹藥活活吃死後，李忱在太監們的簇擁之下登基，是爲宣宗。

登基之日，人們還擔心李忱能不能擺弄國家大事，可當他坐到龍椅上後，儀容氣度及裁決庶務都合於常理，群臣才頓時鬆了一口氣。大家忘了，這一年，宣宗已經三十七歲，一個三十七歲的男人才剛剛達到正常人的處事水準，明擺著這人智商並不高，不僅不高，往後絕對存在大麻煩。

果然，沒過多久，麻煩就來了。

2 宣宗李忱的個人簡歷

這份簡歷，可以讓我們對宣宗的智商有個粗略的評估，毫無疑問地，他並非智商不高，也不是智商太高，他的智商不高也不低，介於愚和蠢之間。

在宣宗揣出大妻子之前，我們先來看看他的個人簡歷。

大唐第十七任皇帝宣宗李忱個人檔案：

- 姓名：李忱
- 曾用名：李怡
- 出生：元和五年六月二十二，西元八一〇年
- 籍貫：陝西長安大明宮
- 生肖：虎
- 卒年：大中十三年，西元八五九年，享年五十歲

•死因：服食仙丹，中毒而死

•特長：靜默，觀察

•社會關係：

父親：憲宗李純

母親：鄭氏

妻子：晁氏

兒子女兒各十一個。

零歲：出生。

六歲：刺客夜入京師，殺宰相武元衡。

八歲：李朔雪夜入蔡州，擒捉吳元濟。

十歲左右：患異疾，周身發光，蹶然而起，正身拱揖，如同接待臣僚。保姆認為此乃發神經是也。同時還常做異夢，夢到自己乘龍升天，告之保姆，遭暴打。

十一歲：父親憲宗李純為太監所殺，哥哥李恒嗣位，是為穆宗。

十五歲：穆宗李恒死，侄子李湛即位，是為敬宗。

十七歲：侄子皇帝敬宗李湛為太監所殺，侄子李昂即位，是為文宗。

二十六歲：「甘露之變」事件爆發，文宗李昂勾結大臣，欲謀刺朝廷最高領導宦官仇士良，計未成，京師數千人死。

三十一歲：侄子皇帝文宗李昂死，另一個侄子李炎登基，是爲武宗。

三十六歲：會昌法難，武宗滅佛。

三十七歲：侄子皇帝服仙丹卒，臨死前立其爲皇太叔。同年登基爲帝，處死道士趙歸眞，另拜道士劉玄靖爲師。

三十八歲：大詩人白居易死，宣宗哀悼曰：「綴玉聯珠六十年，誰教冥路作詩仙。浮雲不繫名居易，造化無爲字樂天。童子解吟長恨曲，胡兒能唱琵琶篇。文章已滿行人耳，一度思卿一愴然。」

三十九歲：懷疑太皇太后郭氏可能參與謀害憲宗皇帝的陰謀，冷處理，太皇太后說不清楚，就想跳樓明志，被人攔下，回房後神秘死亡。

四十一歲：沙州張義潮驅逐吐蕃將領，重返大唐，向大唐效忠。

四十二歲：萬壽公主的小叔子患病，而公主卻去看戲，遭到李忱責罵。

四十四歲：舅舅鄭光的家人犯法，代爲求情，京兆尹韋澳一口回絕。宣宗羞愧，「阻撓了你的執法，不好意思……」韋澳果然不好意思，改死罪爲鞭撻。

四十六歲：醴泉百姓祈禱縣令留任，宣宗知其賢，提拔爲刺史。

五十歲：丹藥發作，卒。死前遺詔立三子夔王李滋爲帝。

這份簡歷，可以讓我們對宣宗的智商有個粗略評估。毫無疑問，他並非智商不高，也不是太低，他的智商不高也不低，介於愚和蠢之間。要說他愚蠢也不妥當，他實際上是被愚蠢昧住了，也就是愚昧的意思。

愚昧愚昧，被一種愚蠢的念頭昧住，思維像是一張劃破的唱片，鑽針總是在固定的磁軌上轉圈，重複的總是同一個聲道。總而言之，愚昧並不是說人的智商低，而是指人的思維陷入泥沼，也就是俗話說的鑽牛角尖，自己拔不出來，別人也沒辦法點撥。這樣的人生有時會在突如其來的強烈刺激面前醒悟，但更多情況是像宣宗這樣，一輩子繞著心裡的怨咒打轉，到死也擺脫不開。

那麼，讓宣宗執念不忘的思維，到底是什麼？是他對人的仇恨。

3 積蘊於子宮中的仇恨

宣宗對上一任皇帝武宗深惡痛絕，凡是武宗支持的，宣宗必然要反對，凡是武宗反對的，宣宗必然要支持。只有一樁事，兩人取得了共識。

可以確信的是，從宣宗的母親開始，就對這個皇朝懷有刻骨仇恨。不管鄭氏的前夫對她如何，好歹還是個小妾，可是以犯人入宮後，她從此就成爲黑五類分子，只能低頭勞動改造，亂說亂動絕對不允許。所以鄭氏心中，必然對這個皇宮深惡痛絕。

這種仇恨，通過母親的內分泌腺體，絲絲縷縷地滲入宣宗基因當中，他生下來不說話，那是因爲他沒說話的資格。儘管是皇子，卻仍然是異類，如果不是太監們見義勇爲幫了他一把，那麼他註定永世不可翻身。

所以宣宗知恩圖報，施政伊始，便向武宗的重臣宰相李德裕下刀。

李德裕傻眼了，他這正好端端地幹著活，誰料到新帝過來修理他，被貶，被降，被逐，從正一品大員，直接降爲八品以下的崖州司戶。

朝臣大駭，有人賦詩曰：八百孤寒齊下淚，一時南望李崖州。《舊唐書》則對這件事痛心疾首，歎曰：功成北闕，骨葬南溟。嗚呼煙閣，誰上丹青。

搞死名臣李德裕，下一個就是郭皇后。

這個郭皇后，就是昇平公主和郭曖的女兒，既是憲宗的姑姑，同時又是憲宗的妻子，但她和宣宗沒得絲毫關係。宣宗自己的母親是鄭氏，是以前的黑五類，所以宣宗要替自己的母親平反，同時還要狠狠打擊以郭氏爲首的反皇帝集團。

史書上說，宮裡的鬥爭異常激烈，郭氏鬱悶，就登上高樓，揚言跳樓自殺，宣宗急忙趕來勸說。好說歹說請郭氏進屋之後，不久宣宗一個人出來，興奮地告訴大家一個好消息，郭老太太剛才病死了。所有史家都在暗示，是宣宗弄死郭太后，至於弄死的法子，就不好猜了。

打掉郭太后後，宣宗開始實施仁政，主要對貪官汙吏施行，舉凡貪官傷害或是殺害了老百姓者，均可大赦。朝臣爲此和宣宗吵得不亦樂乎，可是宣宗反問朝臣，「難道實施仁政不好嗎？不實施仁政，難道還實施惡政嗎？」

朝臣不敢要求宣宗實施惡政，只好由他大赦貪官。

按說宣宗這麼個惡搞法，理應是個百分百昏君，可人家運氣好，恰好河湟地區吐蕃大亂，有沙州人張義潮率江湖黑道兄弟囂鬧於州門，一陣大砍大殺，直殺得吐蕃人落荒而走，張義潮隨後上表稱臣，捧著河湟之地盡歸大唐。

這項功勞，儘管跟宣宗沒半點關係，但畢竟是在宣宗領導下取得，所以順理成章，李忱就獲得了「宣宗」這個榮譽稱號。

史書上說，宣宗對上一任皇帝武宗深惡痛絕，凡是武宗支持的，宣宗必然要反對，凡是武宗反對的，宣宗必然要支持。武宗讓僧尼下崗，宣宗則繁榮寺廟；武宗大戰太監，宣宗則支持太監；武宗打擊藩鎮，宣宗則任藩鎮削弱大唐。只有一樁事，兩人取得了共識。

啥事呢？

煉製長生不老丹藥。

嚴格說來，宣宗是在最後關頭才和武宗達成共識。一開始，宣宗對武宗這件行為同樣切齒痛恨，並將煉丹術士趙歸眞亂棍打死。可等到宣宗把該報的仇全都報了，該殺的人全都殺了，坐下來一尋思，人生好無聊啊，幹點啥呢？要不弄點丹藥，長生不老吧。

最後，宣宗蹲在原來武宗煉丹的小屋子裡，滿地尋找水銀朱砂，拿到就往嘴裡塞，誰勸也勸不住，沒過多久，吃得後背上起了一個巨大的疙瘩。這疙瘩太大了，躺下硌得慌，趴著壓得慌，連硌帶壓，幾個月後宣宗辭別人世，時年五十歲。

4

懿宗李漼的個人簡歷

大唐帝國開始進入一個理性階段，特點是藩鎮在長期消磨中銷聲匿跡，不明真相的群眾鬧出來的群體事件開始大力影響歷史。

宣宗之所以成爲宣宗，還有一個重要原因，他死得比較早。在他死後，接連爆發了兩件大事，一是浙東人裘甫不和諧，大鬧群體事件，二是因爲南詔國出了麻煩，導致龐勳事件發生。前一樁倒還罷，關鍵是後一樁。宋代史學家歐陽修堅定不移地認爲，第二樁事等於直接宣告大唐帝國就此完蛋。

這兩樁事，無巧不巧，全都被懿宗李漼這個倒楣蛋碰上了。然則，懿宗李漼又是一個什麼樣的人？何以別人都碰不到的怪事，偏偏都讓他撞上？

要想弄清楚這件事，就必須先從他的個人求職簡歷說起。

大唐第十八任皇帝懿宗李漼個人檔案：

- 姓名：李漼
- 曾用名：李溫
- 出生：太和七年十一月十四日，西元八三三年
- 籍貫：長安藩邸。
- 生肖：牛
- 卒年：咸通十四年，西元八七三年，享年四十一歲
- 特長：酒宴遊樂
- 社會關係：

父親：宣宗李忱

母親：晁氏

妻子：王氏

兒子女兒各八個。

零歲：出生。

三歲：甘露事件發生，以宦官仇士良爲核心的常委班子，成功粉碎文宗李昂的政治陰謀。

八歲：文宗李昂鬱悶而死，武宗李炎繼位。

十三歲：會昌法難，武宗禁佛。

十四歲：武宗李炎卒，父親李忱以皇太叔名義繼位，是爲宣宗。同年被封爲鄆王。

二十七歲：父親宣宗死，遺命立三弟李滋爲帝。並將李滋委託給沒有軍權的太監王歸長、馬公儒。此二人商議該如何解決掌握軍權的王宗實，最後假傳聖旨，命王宗實去淮南鎮做監軍。

王宗實正要起行，身邊的人提醒他，「爲什麼不藉辭行之機，去瞧瞧皇上呢？」於是王宗實入宮一看，發現宣宗已死。大罵王歸長、馬公儒兩人假傳聖旨，王歸長與馬公儒有口難辯，眼睜睜地看著憤怒的王宗實立宣宗的長子李溫爲帝。改名李漼，是爲懿宗。

二十八歲：浙東裘甫大鬧群體事件，率領不明眞相的人民群衆三十二萬人，分成三十二分隊，攻陷象山，儒家子王式不舉烽火，將其殄滅。

二十九歲：南詔大搞分裂主義，悍然南獨，建大理國。

三十歲：武寧兵不聽調遣，動輒殺逐官長，觀察使王式率兵圍之，屠千人。

三十一歲：南詔獨立分子攻入安南。

三十六歲：遠征軍討伐大理國，要求輪休。朝廷說：「不要問你休息了沒有，要問你爲什麼還沒有爲國家犧牲？」將士皆反，推判官龐勳爲主，轉戰千里，禍亂天下。

同年，在懿宗皇帝親切關懷下，世界上最早的印刷品《金剛經》問世。

三十七歲：殲滅龐勳匪幫。時河南大旱，民訴於觀察使崔蕘。崔蕘指庭樹曰：「樹上這不是有葉子嗎？說什麼旱？純粹胡說八道！」群衆開始大搞群體事件，崔蕘潛逃，路上遇到百姓，要求飲水，百姓以尿灌之。

三十八歲：大理國侵略軍攻打成都，未克，成都保衛戰勝利閉幕。

是年，最寵愛的同昌公主出嫁剛剛兩年，死之。懿宗痛絞於心，殺御醫二十多人，盡捕其家屬三百餘人，宰相劉瞻前來勸諫，被貶爲司戶。

四十一歲：水銀爲池，金玉爲樹，驅師萬衆，京師皆動，喜迎佛骨舍利入京。懿宗發表演講，「佛骨是個好東西，可以保佑我多活幾年……」言未訖，卒。史家評曰：「佛骨才入於應門，龍遁已泣於蒼野。」意思是說，佛骨來了，懿宗就死翹翹了。

從這份求職簡歷上，我們發現一件奇怪的事。從這時候開始，大唐帝國開始進入一個理性階段，特點是藩鎮在長期消磨中銷聲匿跡，不明眞相的群衆鬧出來的群體事件開始大力影響歷史。這也是中國歷史的常規，但與此同時，大唐帝國似乎並沒有意識到這種轉變，他們仍然停留在舊有的習慣思維之中，沒能跟上形勢的發展變化，結果捅出了大簍子。

這種形勢的變化意味著什麼，何以大唐帝國沒有能夠跟上形勢的變化呢？

這跟懿宗李漼的個人性格，有著莫大關係。

5 學者賊寇是兄弟

黑幫老大出場，儒家學者也如影隨形。儒家和賊寇，在歷史上是一對不離不棄的絕妙組合，但凡有賊寇禍亂天下，總少不了有儒家學者出來將其擺平。

我們應該還記得，在前面提到敬宗皇帝時，曾經遭遇到過兩次群衆鬧事，最搞笑的是第二次，染工張韶率領手下兄弟強闖銀台門，硬是衝到龍椅上吃了頓午餐。這件事之所以充滿滑稽色彩，是因爲張韶的思維與現實構成強烈反差。這只說明了一個問題：當時的人們，對於問鼎皇權考慮很少，行事衝動之餘，難免鬧出笑話。

但是隨著時間推移，皇權威勢越來越弱，到了懿宗李漼的時代，敢於問鼎皇權的已經大有人在，人數一多，難免就會有人碰對路子。

人民群衆之所以敢於思考這個問題，和懿宗李漼登基的法統性不足有著莫大關係。實際上，對周圍人充滿仇恨的宣宗皇帝，最喜歡的是三兒子李滋，死前委託宦官和樞密使王歸長、馬公儒，及宣徽南院使王居方等人，讓他們扶立老三李滋登基。

如此說來，王歸長這幾個人就是歷史上最常見的托孤之臣。大凡托孤，總是要找最有實力最有勢力的，否則這孤也托不住，然而在宣宗恰恰相反，王歸長他們非但沒有實力，沒有勢力，甚至連影響力也沒有。

那麼宣宗爲啥要找這幾個人呢？

這是因爲，宣宗是個仇恨型人格的人，對事對人都充滿怨恨，因爲在極端不公平的環境中長大，屈辱與怨懟已經腐蝕掉他的全部精神。舉凡仇恨型人格的人，做事時喜歡跟正常的規律扭著勁來。表現在宣宗這裡，就是越沒有勢力的大臣他越是要托孤，越有勢力的人，他越是不理你。

這個有勢力，卻被宣宗排斥在托孤之外的，就是左神策軍中尉王宗實。王歸長他們獲得了托孤任命，發現頭一樁麻煩就是得支開王宗實，只好忽悠王宗實去淮南監軍。王宗實心眼也實在，接到命令就準備出發，卻被他的副使攔住。

副使說：「皇上病了這麼久，你只隔著門問候皇帝，面也不曾見過一次，現在突然讓你出外監軍，這到底是眞還是假啊？」

要弄清楚眞假，那就得去宮裡看看了。

王宗實回宮一看，啊，宣宗已經死得不能再死了。這下子王宗實火大，拔刀就要殺王歸長等人，嚇得王歸長急忙跪地求饒，爲了保命，還被迫承認是自己假傳聖旨。結果好端端的事，被宣宗的仇恨型人格給弄砸了。

既然現在王宗實發現「錯誤」，就要糾正過來，廢除宣宗家老三接班的權力，改由宣宗最討厭的大兒子出任，這個大兒子，就是唐懿宗李漼。

那麼懿宗李漼，又是個什麼性格的人呢？

說過了，宣宗登基的時候，已經三十七歲，原本是毫無指望的事情，卻最終成爲了皇帝。所以宣宗最討厭別人說他沒有能力，力圖要證明自己本事超強，而暗示他缺乏能力的，莫過於勸他立太子。所以大臣們勸說一次，宣宗就對大兒子生出幾分厭惡，再勸說，宣宗已經是一看到大兒子就氣不打一處來。

於是懿宗李漼被流放，打發到自己的封地去，這對於李漼來說，無異於一次沉重的打擊。

換到懿宗李漼這個角度上來，他奶奶是擄入宮的犯人家屬，父親是天生不說話的半啞巴，這必然會影響到他在宮中的地位，原本就讓人瞧不起。好不容易父親混成皇帝，偏偏自己又莫名成爲父親的眼中釘，這殘酷的現實，會對懿宗李漼的心理造成一種什麼影響？

這強大的生存壓力，極度擠壓他的精神空間，讓思維陷入一個無法自由伸展的困點，也意味著他的智商大幅縮水，性格變得懦弱而充滿驚懼。這時候的懿宗李漼，其性格近似於武則天時代的中宗李顯及睿宗李旦，在歷史上的地位有他不多，沒他不少，充其量不過是一個過渡。

因為這一類人已經不再具有挑戰自我的勇氣，所以他們的生命，也就喪失了價值。

與武則天時代不同的是，懿宗李漼趕上了最糟糕、最可怕的時代——群氓的時代。

這個時代以人口的超常規增長為基礎，過多的社會閒散勞動力找不到正經事幹，嘯聚山野淪為流民，演繹出一幕幕黑社會相互砍殺的狂野序曲已是必然。

當中的黑社會老大就是浙東人裘甫。

話說此黑老大走入歷史時，身後就已跟著一百多名拎著西瓜刀的小弟，人生成長是一個謎，沒人鬧得清楚他爹媽是誰，又如何走上犯罪道路，當史官注意到他的時候，他已經攻陷象山縣，開始大吃大喝。

黑老大裘甫的人馬很快擴充到三萬，他也毫不客氣地自任為天下都知兵馬使，改元羅平，鑄印天平，瞧這架式，要是人民群衆沒多大意見的話，下一步就準備登基了。

黑幫老大出場，儒家學者也如影隨形。儒家和賊寇，在歷史上是一對不離不棄的絕妙組合，但凡有賊寇禍亂天下，總少不了有儒家學者出來將其擺平。這已經構成中國歷史發展的最基本規律。

這次出場的是儒家學者，是浙東觀察使王式，他只用了三招，就將裘甫打得形神俱散，灰飛煙滅。

第一招：召集吐蕃、回鶻的騎士，用鐵騎重力衝撞裘甫的馬，裘甫立即被撞得潰不成軍。

第二招：軍民聯防，村設堡壘，讓裘甫的手下找不到個落腳的地方。

第三招：將裘甫擠壓在一個小地方，然後吹響集結軍號，發動最後總攻。

三招交手過後，裘甫已經被王式活捉，押送長安城獻俘。

然而，裘甫這件事只是一個小小的過門串場，猶如地雷被引爆之前的火信，目前大唐帝國像這種嗤嗤燃燒中的引線太多，王式這邊撲滅一個，沒想到在大理南詔國那邊還有一根，饒是有天大的本事，他也沒辦法馬上跑去南詔國滅火。

6 南獨恐怖分子

龐勳率叛軍不理睬南詔國侵略軍，反而扭頭殺回內地，一路行來，江湖綠林紛紛趕來加盟，隊伍越來越龐大，很快就攻佔了宿州和彭城。

所謂蠢人，就是泥陷於他那幼稚思維，總是與社會發生衝突的人。

所以明智的人，對於蠢貨向來是敬而遠之。因爲蠢貨就意味著衝突，聰明人則是迴避衝突，二者很難會有交集。

然而兩蠢相遇，必有一爭。中國有句話叫龍爭虎鬥，說的就是蠢貨遭遇蠢貨。兩個聰明人相遇，只會惺惺相惜、會心一笑，而兩個蠢貨相遇，衝突型人格對上衝突型人格，勢必鬧將起來。

但蠢貨必然會遇到蠢貨，方才說過，聰明人會自動避開蠢貨，所以蠢貨能夠找到的，仍然是蠢貨。現在懿宗已經可以確定爲蠢貨了，那麼另一個蠢貨，也自然將要閃亮登場。

話說懿宗登基，首先是給父親宣宗辦理葬事，也派人將此消息通告友邦南詔國。

南詔國定都桂林，乃大唐帝國的藩屬之國，國內只有國王，沒有皇帝，其國王也必須由大唐皇帝蓋章簽字才能生效。所以大唐帝國死了皇帝，按情按理，南詔國有必要表示沉痛的哀悼之意。

可當要求哀悼的國書送抵南詔國時，恰好南詔國老國王也剛剛死掉，老國王的兒子叫酋龍，是一個只比懿宗更蠢的愣頭青，擁有典型的主觀型人格。他也不想一想，你家國王剛死，遠在長安的大唐新皇帝哪裡曉得？你必須也要發出一封國書，大唐那邊才會知道的。

可是酋龍主觀，主觀的人會把別人硬往自己的想像裡裝，他自己知道父親死了，就以爲天下人都知道了，所以一看到大唐國書，登時就火了，「有沒有搞錯？我爹死翹翹了，你們非但不派人磕頭痛哭，反而讓我哀悼你們的皇帝，這像話嗎？還有，這國書應該發給我，我現在是國王。怎麼上面寫的是我父親的名字？」

人家哪裡知道你父親死了？所以酋龍這番鬧事，明擺著不懂事。

遞交國書的使者被酋龍罵了一頓，回去之後添油加醋一忽悠，懿宗如果是個明白人，就知道遇到蠢貨，屆時就會再派個明白人過去忽悠忽悠酋龍，也就沒事了。可懿宗也蠢，一聽酋龍如此無理，認爲這是酋龍不給他面子。超級愛面子，而且強迫別人給自己面子，是蠢貨的第二個特點，於是懿宗便宣佈要對南詔國採取反制措施。

啥反制措施呢？

就是不承認酋龍出任國王，不予冊封。

酋龍一看，「哎喲呵，小樣的，你瞧不起我是不是？」立即宣佈自己登基做皇帝，老子還嫌國王官職太小呢！要做就做皇帝。

當上皇帝之後，酋龍發佈告南詔人民書，憤怒譴責大唐帝國屢犯邊境的罪惡，南詔國已是忍無可忍，人不犯我，我不犯人，人若犯我，你就是我的犯人——南詔國正式對大唐發起正義的自衛還擊戰。

邊疆戰火突起，懿宗沉著應對，立即吩咐官兵出動，要禦敵於國門之外，臨出發前許諾將士，「打上三年的仗，就可以輪休，換別的部隊。」將士們興沖沖地出發，砰砰砰哐哐哐，這仗一打就是六年，打到大家筋疲力盡，連做夢都想回家，忽然想起三年輪休的誓約，要求懿宗履行諾言。

殊不知，越是人口增長爆棚之時，社會資源越是短缺，表現在國家治理上，就是人口越多，盜匪越多，養兵費用也越高昂。這時候的大唐帝國壓根養不起兵，好歹這裡還有幾個能幹活的人，你要輪休，誰來接替你？所以壓根沒有可能。

發現懿宗皇帝說話不算，輪休竟成泡影，三軍將士大怒，遂以糧料官龐勳爲首，掀起叛亂。龐勳率叛軍不理睬南詔國侵略軍，反而扭頭殺回內地，一路行來，江湖綠林紛紛趕來加盟，隊伍越來越龐大，很快攻佔了宿州和彭城。

發現自己手下兵強馬壯，小弟眾多，龐勛極是開心，就給懿宗寫信，建議雙方和談。不想懿宗卻鐵了心，盡調天下兵馬，一面和龐勛談判，一邊調兵遣將，加緊進攻，與龐勳大軍展開徐州會戰。結果龐勳不支，向亳州、宋州方向逃竄，官兵窮追不捨，一直追到蘄州，龐勳同志不幸犧牲，這次鬧事就這樣被鎮壓。

事實上，龐勳事件並非毫無意義，他是行將到來的殺人狂魔黃巢亂國的預演，此時的大唐帝國就像是坐在一座火山口上，無以計數的遊民和社會閒散勞動力，他們的本性就是破壞，要從根本上徹底毀滅這個帝國。

但是懿宗卻懶得考慮這些怪事，專注於推進佛學事業的發展之中，還派使者去鳳翔法門寺迎佛骨。大臣拼命阻攔，懿宗卻說：「朕生得見之，死亦無恨。」

咸通十四年四月，佛骨抵達京城，懿宗走出宮來，對佛骨下跪膜拜，因爲心情過於激動，以致淚水浸濕胸襟。

拜了佛骨，懿宗感覺心事已了，就閉上眼睛，告別這個怪異的世界。

第十二章

僖宗、昭宗和哀帝：毀滅季節的恐怖餘響

鳳翔節度使李茂貞自從上次弄丟昭宗後，
後悔不迭，誠懇地希望昭宗去他那裡，讓他繼續清君側；
宣武節度朱溫使也熱烈歡迎陛下親臨視察。
比較李茂貞和朱溫，昭宗還沒在朱溫手下吃過苦頭，
決定把這個機會讓給他。

1 僖宗李儇的個人簡歷

李儇這孩子的簡歷一打開，我們就知道，此時的大唐帝國已經正式進入倒數計時階段，目前登場的主角，已經不再是李氏皇族，而是殺人狂魔黃巢。

話說懿宗臨死之前，宮中太監召開常委會議，與會人員包括了左神策軍中尉劉行深及右神策軍中尉韓文約。會議的議題主要是：懿宗將死，大唐帝國向何處去？與會人員一致認為，甭管大唐向何處去，總之，不能讓自己吃虧，既然要在懿宗的諸兒子中挑選出一個皇帝，那麼理所當然的，就要挑一個最缺心眼、腦子最不夠用、年齡最小的！

十二歲的皇五子李儼，就成了無可爭議的人選。

李儼這個缺心眼的孩子，改名李儇，成功入主大寶，成為大唐帝國的第十九任皇帝，這個孩子到底有多麼缺心眼呢？看看這倒楣孩子的個人求職簡歷，我們心裡就會有數了。

大唐第十九任皇帝僖宗李儇個人檔案：

- 姓名：李儇
- 曾用名：李儼
- 出生：咸通三年五月初八，西元八六二年
- 籍貫：陝西長安宮中
- 生肖：馬
- 卒年：文德元年，西元八八八年，享年二十七歲
- 死因：暴疾
- 特長：打馬球
- 社會關係：

父親：懿宗李漼
母親：王氏
妻子：
兒子女兒各兩名。

零歲：出生

十二歲：父親懿宗卒，在太監們的一致擁護下，登基爲帝。改李儼之名爲李儇，是爲僖宗。

十三歲：濮陽動亂分子王仙芝，煽動不明眞相的群衆數千人，大搞群體事件。

十四歲：僖宗年幼，不知自己來歷，誤以爲太監田令孜才是自己的爹，呼之曰「阿父」，託田令孜掌握神策軍兵權。

十五歲：王仙芝匪幫發生激烈的路線鬥爭，黃巢與王仙芝分裂，分兵而行。

十六歲：匪首王仙芝受朝廷政策感召，希望改過重新，於是派遣部將尙君長，前往招討副都監楊復光處商量起義事宜。平盧節度使宋威得知，嫉妒楊復光立功，暗中綁架尙君長，殺之。王芝仙未能經受得住殘酷政治鬥爭的考驗，再次叛亂。

十七歲：沙陀軍事將領李克用父子擒殺匪首王仙芝，宣佈剿匪戰役的階段性勝利。同年，匪首黃巢攻取亳州，自稱「沖天大將軍」。

十八歲：匪首黃巢攻陷潭州。

十九歲：黃巢匪幫攻陷洛陽、潼關，僖宗天子赴陝西、漢中等地視察。黃巢匪幫攻陷長安，登基爲帝，改國號齊。

二十歲：僖宗天子赴成都視察工作。

二十一歲：唐軍與齊軍對峙於靈感寺。雙方均無糧草，唐軍捉百姓賣給齊軍，齊軍也捉百姓賣給唐軍，雙方陣地上一片歡呼，須臾，百姓被煮得透爛，食之棄骨。

是年，黃巢匪幫內部發生激烈的路線鬥爭，部將朱全忠洗心革面，回歸朝廷。

二十二歲：沙陀李克用南下，勢如破竹，連戰告捷，齊帝黃巢盡焚長安宮室，棄城而走。

二十三歲：朱全忠設鴻門宴，欲殺李克用，爲其血戰逃脫。

黃巢匪幫於泰山東南狼虎谷陷入重重包圍，命其外甥割其首級，出而投降，宣佈黃巢匪幫的徹底覆滅。

二十四歲：僖宗天子結束對各地工作的視察，返回長安，此時長安已是一片廢墟。

二十四歲：蔡州刺史秦宗權分裂朝廷，於蔡州登基稱帝。陷洛陽，大擄而去。

大太監田令孜討厭河中節度使王重榮，欲殺之，王重榮抗命。朝廷命天下諸鎮共討之，河中節度使李克用卻大敗諸道兵馬，進逼長安。僖宗天子於是赴鳳翔視察，之後李克用不入長安，引兵返回河中。

分寧節度使朱玫欲劫持僖宗後而未果，大怒，就將因病而沒有逃掉的襄王李熅立爲皇帝，宣佈僖宗正式離休。

二十五歲：諸道節度使聯名提出要求，請誅大太監田令孜，於是田令孜攜僖宗天子，赴陝西漢中視察工作。分寧節度使朱玫的愛將王行瑜，殺朱玫，新天子襄王逃奔河中，爲王重榮所殺，械其首級送與僖宗天子。於是李儇再次恢復皇帝職位。

二十六歲：兵馬使畢師鐸攻淮南節度使高駢。

二十七歲：僖宗天子返回長安，說：「這次我死也不離開長安了。」語畢，死之。

李儇這孩子的簡歷一打開，我們就知道，此時的大唐帝國已經正式進入倒數計時階段，目前登場的主角，已經不再是李氏皇族，而是殺人狂魔黃巢。

此外，我們還會注意到一件事，僖宗這個孩子，他的智商已經跌破靈長類動物的底限，與低等的爬行類動物堪可比肩。

我們知道，人類與其他物種相比，就在於其他類種的動物只認娘不認爹，對於低等動物來說，爹是毫無意義的存在，而人類則不然，娘是靠不住的，過日子還得靠爹。所以爹是人類文化的核心教義所在，然而僖宗他偏偏在爹這個問題上產生認差，這就難免悲劇了！

可僖宗好端端一個大活人，怎麼會認錯爹呢？

這事……讓我們從頭說起吧。

2 回歸土匪時代

田令孜升任神策軍中尉後，提出了一個劃時代的建議：劫掠長安城中的集市客商，把值錢的東西全都搶回宮裡來。

話說唐僖宗的親爹唐懿宗，原本智力就存在明顯缺陷。

從生物學上來說，越是智力不高的物種，尋找異性交配的衝動就越是強烈，蓋因主宰這個智商不高的靈長類的基因，明顯知道這個人靠不住，急於通過兩性交合把自己複製拷貝出去。就在這種神秘的慾望衝動之下，唐懿宗的兩隻眼睛天天在宮女們身上轉過來，又轉過去。

突然之間，懿宗發現了目標。

那是一個十七歲的小宮女，姓王，史稱王氏。史家最終也沒弄清楚她的身世來歷，也不知道是罪臣家屬被擄入宮，還是被人販子拐賣來的……總之，她在宮中的地位不高，主要從事一些體力勞動工作。

皇宮是一個可怕的地方，競爭之慘烈，超越一般人想像，大凡在宮中會被擠壓到最低層的重體力勞動者，多有兩個特點：一是笨，二是容貌不漂亮。按說像這類女孩子，在美女成堆的宮中很難受到皇帝關注，但事無定論，要知道唐懿宗這人的腦子也有些問題，再說，每天美女看得太多，就會對普通容貌的女子產生一股好奇。

這一好奇，懿宗產生了幸御王氏的強烈衝動。

然後王氏就懷孕了。

然後就生下了僖宗。

可想而知，僖宗在宮裡的地位是多麼尷尬，投向他的目光並沒有多少仇恨，而是蔑視與不屑，因爲他是父親惡作劇的副產品，比他爺爺宣宗、父親懿宗的地位更要彆扭。爺爺父親面對的鄙視是眞切的，可以從生理上做出過激反應，唯獨僖宗他連反應都不知如何反應，彆扭之程度，堪稱登峰造極。

考慮到懿宗一生也未能成熟的性格，完全不排除這是他有意爲之的行爲。不成熟的人必然會做出荒謬可笑的事，於懿宗而言，故意幸御地位最低賤的女工，讓她生出孩子，再來品味這個倒楣孩子那茫然無助的痛苦，感覺一定很美妙。

感受不到愛，感受不到恨，甚至連冷漠都感受不到，存在只是別人的一個惡作劇，這離奇的境遇，構成僖宗人格形成上的莫大障礙……然而，倒楣孩子也是有春天的，即便全世界都拋棄這個孩子，仍然有一個人真心愛著他。

這個人叫田令孜，負責在後宮的馬廄裡清理馬糞，幼年的僖宗在馬糞堆裡長大，田令孜陪伴這個孩子一年又一年。我們也絲毫不懷疑，田令孜應該在僖宗四歲之前陪伴著他，這樣一來，當僖宗四歲形成第一次自我人格時，自然把田令孜包括在自己人格裡。

孩子在四歲時所形成的初始人格，界定孩子與這個世界的分界線，從此孩子知道自己所擁有的身體是獨立的，與外部世界有著嚴格而鮮明的分野。而僖宗在四歲形成人格時，田令孜是他生命中唯一感受到溫暖的所在，所以在僖宗的人格裡，田令孜和他化爲一體。

或者說，僖宗的潛意識深處，沒有把自己和田令孜區分開，認爲他就是田令孜的一部分，又或是田令孜是他的一部分。僖宗向外宣稱，田令孜是他的父親，所以我們明白，僖宗認爲自己是田令孜的一部分。

所以僖宗登基之後，頭一樁事就是提拔田令孜，他不可能把自己的一部分丟在馬糞堆裡，任誰也幹不出這種事。

田令孜升任神策軍中尉後，提出一個劃時代的建議：劫掠長安城中的集市客商，把值錢的東西全都搶回宮裡來。

看看田令孜這個建議，老李家花了幾輩子的心血，才從土匪轉職爲皇帝，田令孜倒好，一下子又將老李家打回土匪原型。

現在我們知道了，在田令孜的身後，一定是隱藏著一齣復仇雪恨的悲烈劇碼。田令孜此人與李唐家族，一定是有著血海深仇。

儘管我們不知道這種仇恨的具體因由，但替當時的人們想想吧，皇宮裡的李氏皇族，對世間女子財物有著隨意侵佔的權力，不知道多少家庭被害得家破人亡，不知道有多少人日夜瀝血，只思報仇……然而這個仇卻是端的不好報，除非像田令孜這樣，伸刀割下腿中球，淨身入宮。

縱然隔著厚重的歷史煙雲，我們依然能夠聽到田令孜那欣慰的聲音：姓李的，你他媽的完蛋了！

3 天煞星臨世

長安城中的百姓見黃巢要退走，便衝出來追殺一些落後的食人士兵。此舉讓黃巢大怒，率師返殺入長安，縱兵屠殺，血流成川，謂之「洗城」。

當田令孜仰天大笑的時候，另一個人也正在大笑。

天煞星黃巢。

黃巢，沖天大將軍，殺人不眨眼。

舊時民間傳說，黃巢乃天煞星下界，專門來清理剩餘人口，民間還有一句俗語：黃巢殺人八百萬——劫數難逃。

《舊唐書》上記載說，黃巢這個人不只喜歡殺人，還最喜歡吃人肉，不僅他一個人吃，還帶著手下兄弟們一起吃。當他率群寇攻打陳州時，並不為部眾準備軍糧，而是吩咐工匠打造出三千巨碓，將捉來的男女老幼衣服剝光，趕到了巨碓之下，然後巨碓緩慢輾動，只聽一片驚天動地的慘號之聲，這些無辜的百姓身體，連骨頭都被巨碓碾壓成粉末狀，頃刻間磨成肉糜。接著黃巢率手下兄弟們，拿著飯碗飛奔而來，一人分一大碗肉糜，就著燒酒大嚼特嚼起來！

黃巢是一個有文化的人，他把這種吃人的法子命名為「搗磨寨」，當時陳州四周的百姓，都被黃巢軍吃得精光，無奈何下縱兵四掠，自河南、許、汝、唐、鄧、孟、鄭、汴、曹、徐、袞等數十州的百姓，凡是被黃巢捉來的，統統剝光衣服，巨碓碾碎，做為軍糧供大家吃。

這麼一來，我們就知道大唐帝國壞了，黃巢的口味如此之重，這意味著他在打仗時不會發生糧草短缺的困擾，前來鎮壓的官兵又不可能學他，逮了活人就往嘴裡塞。所以，官兵一旦和黃巢對峙，兵糧的運輸線路就成為了官兵的軟肋，只要被黃巢掐斷，必輸無疑。

黃巢以人為食，沒有軍糧方面的缺點，由是開始了禍亂天下，人莫能制。

最開始的時候，黃巢還有一個搭檔王仙芝。由於王仙芝的口味比黃巢稍微正常那麼一點點，革命肯定不會像黃巢那麼徹底，幾次懇求官方招安，想離開黃巢，找個正常人多一點的地方待著。不料，王仙芝不肯吃人的事件被黃巢發現，慘遭暴打，然後黃巢帶著喜歡吃人肉的兄弟們離開，讓王仙芝自生自滅。

果不其然，王仙芝由於口味正常，在與官兵交戰中糧草斷絕，又吃不下人肉，結果慘遭官兵圍殺。

殺王仙芝容易，但殺黃巢就難了，除非有誰能夠把黃巢的食譜改一改。好端端的清平世界，突然冒出來這麼一支食人的羅剎軍團，官兵自然措手不及，被黃巢追趕著，大踏步地逼近長安城。

長安城的百姓，卻不曉得黃巢的食譜竟如此另類，他們只知道當今天子是個強盜土匪，所以積極配合黃巢進攻，合力逐走唐僖宗。

唐僖宗和他的爸爸田令孜從金光門逃走，只帶了福王、穆王、澤王、壽王，還有幾個最寵愛的美貌妃子，其餘的全都扔下不要。

傍晚時分，黃巢的食人大隊進入長安，受到了長安城百姓的夾道歡迎。

黃巢激動不已，熱情地和圍觀群眾揮手，「鄉親們哪，我想死你們……的肉啦！埋鍋造飯，開吃吧！」

黃巢的部屬血紅著眼睛，向著圍觀群眾衝了過去，單挑那皮香肉嫩的女子，噗哧哧一刀砍過去……有關此事，史書上是這樣記載的：殺人滿街，巢不能禁。

意思是說，黃巢還是希望將士們講究三大紀律、八項注意，可這個指望註定要落空，一群食人生番看到如此之多的活動人肉，豈有不衝動之理？黃巢又如何能夠制止得住？

長安城中的百姓哭爹喊娘，瘋了一樣地往家裡逃，黃巢便大搖大擺地進入皇宮，將宮裡的美貌嬪妃拖過來，幸御過後，宣佈登基。

這時，四面八方的官兵紛紛趕來，前來征討黃巢，黃巢率衆匆匆出城，忽聽後面鬼哭狼嚎之聲，原來是長安城中的百姓見黃巢要退走，便衝出來追殺一些落後的食人士兵。此舉讓黃巢大怒，率師返殺入長安，縱兵屠殺，血流成川，謂之「洗城」。

將長安城中能夠找到的百姓殺光後，黃巢這才憤憤不平地與官兵交火。本來雙方不分高下，不想黃巢的部下朱溫，率了主力部隊突然公示出全新食譜，宣佈不吃人肉，改吃青菜葉了。

這還了得！既然不吃人肉，也就等說朱溫要投降唐室，當官兵去了。朱溫的口味變化徹底坑死黃巢，黃巢再也無力對付官兵，只能且戰且走，一直退到狼虎口，被沙陀來的軍事將領李克用團團圍困。

黃巢無路可走，不得不自刎了事。

食人煞星黃巢是消停了，但是大唐帝國被這麼一番折騰，基本上來說已經不復存在。

4 誰叫妳生在中國

這條規律，在唐僖宗時代淋漓盡致地爆發。此後的僖宗，在一群沒有絲毫榮譽感的屠夫追逐之下，倉皇亡命，過著連狗都不如的日子。

當黃巢被追得滿世界亂竄時，僖宗皇帝勝利收復京都長安。

按中國人固有的思維邏輯，勝利了，就要清算此前那些投靠黃巢的人。是誰投靠黃巢呢？當然是扔在宮中，被黃巢幸御過的宮女們，約莫有幾十人，僖宗對她們進行了一場莊嚴的審判及質問。

審判中，女孩子們回答，「黃巢進逼長安，你堂堂天子，撇下我們這些弱女子不戰而逃，那些國家用錢養的士兵，在臨戰的時候也和你們一樣逃得無影無蹤，難道你們還想讓我們這些弱女子來抵禦賊寇嗎？你們還要臉不要臉？還算不算男人？」

審判官們聽著女孩子的抗辯，連連點頭，「有道理，說得很有道理。但妳們顯然忘了，中國男人是世界上最無恥的動物，他們在敵人面前逃得比誰都快，在女人面前，比任何動物更兇殘，因爲中國的軍人，從古到今就沒有榮譽感，他們不是爲榮譽而戰，是爲了滿足自己貪婪的慾望而戰。所以，妳們這些女孩子，就活該倒楣吧！誰叫妳們生在中國？推出去，全部斬首。」

臨刑之時，士兵們拿來燒酒，讓女孩子們喝，目的是爲了減輕她們受刑時的痛苦，這些女孩子們邊喝邊哭，慘然受死，只有回話的女孩子不飲不泣，至死都沒發出痛苦的呻吟聲。

這些女孩子們的死，揭示自大唐以來，古中華帝國一個接一個消亡的原因，主要是榮譽感的喪失。由於皇家權力的存在，處心積慮地摧毀人的獨立意志，讓人們成爲沒有思想的行屍走肉。尤其是軍人，因爲權力經常會讓他們幹一些喪盡天良的勾當，屠殺平民、凌暴老弱，中國古時代的軍人從未曾有過尊嚴與榮譽感，一個沒有尊嚴、沒有榮譽意識的民族，必然是個短命的民族。

這條規律，在唐僖宗時代淋漓盡致地爆發。此後的僖宗，在一群沒有絲毫榮譽感的屠夫追逐之下，倉皇亡命，過著連狗都不如的日子。

先是沙陀軍事將領李克用，與黃巢的降將朱溫展開激烈廝殺，朱溫被打得狼狽而逃，李克用進逼長安，僖宗和他的乾爸爸田令孜再次出逃，一口氣跑到鳳翔，喘息未定，李克用已經追來，強烈要求僖宗返回長安，並誅田令孜。於是老田帶著乾兒子皇帝逃奔到寶雞，看這地方也不安全，又逃到了散關，下一站則是興元……正逃得快活，江湖上突然爆出特大利空消息，壞了，又一個皇上在長安城登基了！

這個在長安城登基的皇上，是襄王李熅，是一位不走運的皇帝，才剛剛登上帝位，擁戴他的藩鎮不知爲何自己打了起來，爲了保住自己的性命，李熅狂奔到河中，不幸被河中節度使殺害，大唐帝國的皇帝還是只剩僖宗一個。

僖宗就這樣逃來奔去，饒是鐵打的身體，也受不得如此煎熬，最後一病不起。乾爸爸田令孜去看望他，問道：「娃，記得你爹嗎？」僖宗鼓著兩隻行將冒火的眼珠子，死盯著田令孜。這目光駭得田令孜魂飛魄散，莫不是這個缺心眼的傻孩子，臨死之前大腦錯亂，智商突然提高了？

同一時間，衆太監們已召開緊急會議，商量準備立僖宗的弟弟壽王爲新皇帝，這個提議差點沒把田令孜嚇死，因爲他和壽王之間有深仇大恨。上一次黃巢打來，大家逃往蜀川的時候，壽王腿痛走不動路，被老田拿鞭子一通狠抽，險些沒把壽王抽死，一旦壽王得勢，老田的腦殼只怕是有點懸。

田令孜當機立斷，立即逃往蜀川，投奔自己的親弟弟，也是西川節度使陳敬瑄。但沒過多久，閬州刺史王建就打來了，攻破蜀川，將陳敬瑄和田令孜雙雙殺掉。

此時天下正值大亂，藩鎮相互攻伐，刀兵起處，血火無涯，這未來的激盪歲月，就由末代皇帝壽王一個人默默品味。

5

替祖宗還債

五代十國都已經開始了，唐昭宗卻才剛剛即位，由此可見這廝走的是何等霉運。那麼，這夥子急於登基的老兄弟們，又是如何修理昭宗的呢？

說句老實話，末代帝王這樁工作，擱誰腦殼上都不樂意，倒楣啊！可這事你又能怪得了誰？早年帝國運數興旺發達之際，你打死也不投胎，到了皇權崩摧、帝國離析的時候，你才邁著莊嚴的正步走來，你說你不倒楣誰倒楣？

歷史上還有這樣一個奇怪的規律，大凡倒楣的末代帝王，都有一個共同的特點，人品超棒、品德一流。就拿大唐帝國的末代帝王昭宗皇帝來說，這孩子愛讀書，走到哪裡手裡都捏著書本，文學方面的造詣也不淺，還有就是喜歡儒術，對有學問、有風骨的大臣極為推崇。昭宗何以具有如此之高的品德呢？

早已經說過了，他倒楣啊，大唐帝國正處於徹底滅亡的最後時刻，根本沒有幾個人再拿他這個皇帝當回事了，他又不傻，心裡當然清楚，才會表現出高尚的人格。人性是中性的，不好也不壞，無惡也無善，如果沾染上權力，就會被權力玷汙得面目全非，一旦權力喪失，必須靠自己的人格人品贏取支持時，人性的光輝就嘩啦一下爆發了。

可惜這時人品才爆發已經來不及，天下大勢已定，昭宗李曄命中註定要由自己償還李氏皇族積欠下來的所有債務。甭管樂意不樂意，早在唐高祖李淵向著皇位一路狂奔時，這個結局就已經註定了。

此時，天下形成十大藩鎮，都虎視眈眈地琢磨著昭宗。

這十大藩鎮分別是：河南的宣武節度使朱溫、山西的河東節度使李克用、陝西的鳳翔節度使李茂貞、河北的盧龍節度使劉仁恭、浙江的鎮海節度使錢謬、江蘇的淮南節度使楊行密、四川的西川節度使王建、廣東的靜海節度使劉隱、湖南的武安軍節度使馬殷，及福建的福建觀察使王潮。

這裡的十位老兄，端的了得。比如說朱溫將開創後粱帝國，而李克用的兒子李存勖建立後唐；四川的王建會弄出個前蜀，錢謬則出任吳越王，馬殷將出任楚王，最要命的是劉守恭的寶貝兒子劉守光，這廝將弄出來一個可怕的桀燕帝國，國家主要業務內容就是以酷刑殺戮百姓。這裡的十位老兄將開創五代十國狂砍濫殺的大好局面，五代十國都已經開始了，唐昭宗卻才剛剛即位，由此可見這廝走的是何等霉運。

那麼，這夥子急於登基的老兄弟們，又是如何修理昭宗的呢？

只要看看昭宗的個人求職簡歷，我們就會知道這個答案。

6 昭宗李曄的個人簡歷

對遭受到諸多藩鎮的瘋狂逼迫，最終丟了性命的昭宗而言，難道他當真的沒有一絲機會嗎？假若他的智商再高點、能力再強一點，結果又會如何呢？

大唐第二十任皇帝昭宗李曄個人檔案：

- 姓名：李曄
- 曾用名：李傑、李敏
- 出生：咸通八年二月二十二，西元八六七年
- 籍貫：陝西長安宮中
- 生肖：豬
- 卒年：天佑元年，西元九〇四年，享年三十八歲
- 死因：暴力殺害

・特長：飲酒

・社會關係：

父親：懿宗李漼

母親：王氏

妻子：何氏

兒子十七個，女兒十一名。

零歲：出生。

七歲：父親懿宗死，哥哥李儇登基，是爲僖宗，封壽王。

二十二歲：哥哥僖宗死之，在大太監楊復恭力保之下，以皇太弟監國，改李傑之名叫李敏，最後改叫李曄。是年，叛亂集團發生內亂，首腦人物秦宗權被部將捉住，折斷雙足，送往京師長安，斬於獨柳之下。

二十四歲：應軍方諸道要求，宣稱打倒野心家李克用，諸道兵馬齊討沙陀軍事將領李克用，大敗。

另一方面，鳳翔節度使李茂貞佔據關中十五州，遂有問鼎天下之志。

二十五歲：打掉以大太監田令孜爲首的反朝廷集團，斬田令孜。

宦官觀軍容使楊復恭專橫，令其退休，楊復恭逃往興元，悍然叛亂。

二十六歲：楊復恭流竄各地。

二十七歲：宣武節度使朱全忠攻克徐州。

二十八歲：叛徒楊復恭於華州被擒，押送長安，斬於獨柳之下。

二十九歲：有三鎭節度使率兵進入長安，大肆殺戮，沙陀軍事將領李克用平之，天子盡赦其罪，封李克用爲晉王。

三十歲：鳳翔節度使李茂貞悍然進犯長安，昭宗李曄赴華州視察工作，爲了保證皇室安全，將軍隊指揮權移交諸親王，爲皇室宗親帶來滅頂之災。

三十一歲：華州節度使韓建將唐宗室睦王、濟王、韶王、通王、彭王、韓王、儀王還有陳王統統囚禁起來，宣佈皇家羽林軍即刻解散，衆軍士下崗自謀職業。

鎭國節度使韓建，與大宦官劉季述合兵，圍十六宅。皇親諸親王或攀牆，或爬屋，放聲大哭，「皇帝啊，快來救命啊……」喊聲未止，士兵已經殺到，李氏皇族盡被擒獲，俱斬。事後，韓建和劉季述發表了嚴正聲明，「堅決打擊一切反動皇帝的陰謀」，昭宗封韓建爲守太傅、中書令、興德尹。

三十二歲：陛下結束對華州的視察，返回長安。

三十三歲：宣武節度使朱全忠，收朱簡爲義子，改名朱友謙。

三十四歲：宦官常委隆重召開會議，左神策軍中尉劉季述，右神策軍中尉王仲先出席會議，決定實現幹部年輕化，讓昭宗李曄離休，立太子李裕爲帝。

三十五歲：左神策軍指揮使孫德超起兵，殺野心家劉季述、王仲先，宣佈少帝李裕退休，李曄恢復皇帝職務。其時諸兵道齊結兵馬，意欲盡殺太監，太監驚恐，宣佈昭宗將赴鳳翔視察工作。宣武節度使朱全忠率兵追至，兵圍鳳翔。

三十六歲：鳳翔被困，食物盡絕，十六宅親王以下，日凍死者數百。封淮南節度使楊行密爲吳王，封鎭海節度使錢謬爲越王。

三十七歲：鳳翔力不能支，守將李茂貞盡捕城中抵抗者，與朱全忠和解，由朱全忠迎昭宗李曄返回長安。李曄身邊的宦官盡被斬殺，皇親國戚也全殺淨，只留下三十名垃圾清潔工。

是年，應朱全忠強烈要求，封朱全忠爲梁王。

三十八歲：梁王朱全忠大搞拆遷建設，將長安拆爲平地。

昭宗李曄赴洛陽檢查指導工作，途中，身邊的工作人員盡被朱全忠殺光。是夜，朱全忠部將衝入宮中，格殺昭宗李曄，另立輝王李柷爲帝，是爲哀帝。

這哪叫什麼個人簡歷？這簡直就是一份血淋淋的個人苦難史！

然而，我們得問一句，對遭受到諸多藩鎭的瘋狂逼迫，最終丟了性命的昭宗而言，難道他當眞沒有一絲機會嗎？假若他的智商再高點、能力再強一點，結果又會如何呢？

一如我們所說，這時節縱然是昭宗的本事再大，也大不過老天，天意亡唐，昭宗又有什麼法子？

那麼什麼叫天意呢？

天意就是規律，這個規律，可以簡單表述為，君王的帝業，是一種超級不合理的獨裁權力，其權力大到無以復加的程度，這權力的形成，並非集權者有多麼英明神武，而是取決於對手的智商有多低。

打個比方說，昭宗如果想澄清天下，重攬皇權，他至少要得到一鎮或是幾鎮的兵馬支持，用這些勢力去壓迫下一家，然後再下一家，這麼一家一家壓迫下去，最後誰也不敢與眾多藩鎮相抗衡，只能乖乖束手歸順。

簡單一句話，成功，並非是因為你多麼聰明，多麼有智慧，只是因為別人的愚蠢，成就了你的機會。

如果大家都拒絕愚蠢呢？

那可就沒咒念了。現實中昭宗所遇到的麻煩是，這十家藩鎮似乎約齊了不給他這個機會，只有李克用幫了昭宗一次，但也是為了自己——李克用由此升級為晉王，為此後的後唐帝國鋪平道路。

7 最後的一夜情

昭宗聽到外邊的殺人聲，光腳爬起來就跑，史太在後面緊追，兩人繞著柱子周旋若干回合，終被史太追上。愛讀書、喜儒術的唐昭宗，就這麼不甘心地被捅死了。

第一個盯著昭宗寶座的，是陝西鳳翔節度使李茂貞，之所以他第一個跳出來，那是因爲他距離長安比較近，對大局看得比較明白，所以就按捺不住，搶先一步殺奔長安。

禁軍潰散，李茂貞逼師城下，嚇傻了的昭宗問他要幹啥，李茂貞哪知道自己想幹啥？難道他能說「我想當皇帝」嗎？

李茂貞只好扯謊說：「清君側。」

宰相杜讓能冤乎枉哉，只得被殺掉，以滿足李茂貞清君側的願望。此後，李茂貞入朝，想效曹操挾天子以令諸侯，沒想到其他藩鎮全都心知肚明，隨你老李如何忽悠，堅決不理。老李羞惱成怒，乾脆一把火把長安宮室全部燒掉。昭宗匆忙逃離長安，前往華州一帶流浪。

昭宗逃了，可是李氏宗室慘了，差不多被人家殺了個精光。

這時昭宗坐下來，痛定思痛，越想越窩火，堂堂的大唐天子，竟然落到這個地步，全都是太監惹的禍！

乾脆徹底消滅太監好了。主意拿定，昭宗就請一夥太監飯局，酒中下藥，毒死十幾個宦官。其餘太監見此情形大怒，頓時囂鬧起來，昭宗力不能支，被太監暴打一頓後，關進牢房中，又強迫昭宗交出玉璽，讓太子即位，尊昭宗爲太上皇。夜晚，昭宗手抓鐵窗的欄杆，兩眼望穿北斗星，心裡盼望救星。

大救星終於來了，神策軍殺進來，將關押昭宗的太監砍碎，從牢房中放出昭宗，所有人坐了下來，商議以後的去處。

鳳翔節度使李茂貞自打上次弄丢昭宗後，後悔不迭，誠懇地希望昭宗去他那裡，讓他繼續清君側；宣武節度朱溫使也熱烈歡迎陛下親臨視察。比較李茂貞和朱溫，昭宗還沒在朱溫手下吃過苦頭，決定把這個機會讓給他。

正要出發，殺不盡的太監又冒了出來，強迫昭宗立即去李茂貞那裡，昭宗無奈，只好硬著頭皮去。他前腳剛到鳳翔，後腳朱溫就追來，雙方經過無數場激烈的血戰，最後李茂貞認輸，把昭宗還給朱溫。

朱溫將昭宗弄到手，先將太監殺光光，然後押著昭宗一家去洛陽。

所謂的昭宗一家，是指昭宗的皇后何氏，還有她替昭宗生的兩個兒子，其中一個就是比昭宗更倒楣的李柷，此外還有一個昭儀李漸榮。一家人到了洛陽行宮，馬上被朱溫囚禁起來，皇后何氏說了一句話，「此後大家夫婦委身賊手矣！」

何氏可是一點也沒說錯，等到了晚上，朱溫的手下蔣玄暉、史太率人來到，哐哐哐地大力砸門，曾被昭宗幸御的宮女裴貞一才打開門，便被蔣玄暉當胸一刀，這時昭儀李漸榮衝出來，拿手抓住蔣玄暉的劍，「不要殺皇帝，要殺就殺我吧！」

蔣玄暉回答了一句「OK」，立刻一劍砍死李漸榮。

昭宗聽到外邊的殺人聲，光腳爬起來就跑，史太在後面緊追，兩人繞著柱子周旋若干回合，終被史太追上。愛讀書、喜儒術的唐昭宗，就這麼不甘心地被捅死了。

還有一個皇后，何氏。

蔣玄暉沒有殺何氏，而是勇敢地向何氏求歡，求一夜情。何氏嚇壞了，只好答應蔣玄暉。後來這事被朱溫發現，朱溫很不高興，「我們做領導的，要時刻注意自己的言行，要以身作則，要嚴厲打擊包二奶或一夜情這種靡爛的腐朽生活作風，要包容性增長，要對那些拉攏腐蝕我們領導幹部的肉彈，進行毫不留情的打擊……」

何皇后被殺，死後廢爲庶人，這個女人以她不靠譜的一夜情，爲大唐帝國的皇權做出了一個清晰的隱喻：權力就是這樣，只是一種汙穢的慾望，永無貞節可言，任何寄望權力的希望，終將落空。

8

哀帝李柷的個人求職簡歷

哀帝的個人簡歷非常單純，誠如前述，他的出場就是為朱溫提供一個合統性，一完成這項工作，他也就該退場了，帶著大唐一起。

大唐帝國實質上已經徹底完蛋，但皇帝的數量，卻仍然穩步增長中。

爲什麼呢？

因爲朱溫曾經是食人魔黃巢的手下，最講文明法理，自古以來，皇帝就有一個法統性的講究，常規情形下是世襲，比如說李淵是皇帝，李世民是李淵的兒子，自然也是皇帝，子承父業，這個就叫世襲。

但也有超常規的情形，比如說高宗李治是皇帝，而武則天是李治的老婆，所以武則天也可以做皇帝，這個叫超常規。

除了超常規，還有非常規。比如說皇位的寶座原本是隋煬帝楊廣坐的，楊廣之後該世襲給楊氏子孫，卻讓李淵坐了，這個就叫非常規。

一旦有非常規的情形打破了常規，就需要用一個常規的配套措施予以化解。這個配套措施就叫「禪讓」。

拿唐高祖李淵來說，他來到長安城時還不是皇帝，但他又想做皇帝，就先宣佈廢除隋煬帝的皇帝，另立隋煬帝的兒子楊侑爲皇帝，再每天修理楊侑，讓他哭著喊著，將楊氏的天下禪讓給李氏。李淵則按禮法規程，連續拒絕若干次後，被迫大哭著答應。這個一手拿刀子威脅，一手抹眼淚表示委屈的過程，就叫禪讓。

現在朱溫要是想當皇帝，也必須經過禪讓這道手續，沒有這道手續，人民群衆就會認爲他是亂臣賊子，就會群起而討之。

可是朱溫已經把昭宗殺掉了，這又該如何禪讓呢？

簡單，昭宗雖然死了，可是皇后何氏替他生了兩個兒子啊！所以爲禪讓計，昭宗的二兒子李柷，就此被迫走入了歷史。

大唐第二十一任皇帝哀帝李柷個人檔案：

- 姓名：李柷
- 曾用名：李祚
- 出生：景福元年九月初三，西元八九二年

• 籍貫：陝西長安大內

• 生肖：鼠

• 卒年：天佑五年，西元九〇八年，享年十七歲

• 死因：被鴆殺

• 特長：無

• 社會關係：

父親：昭宗李曄

母親：何氏

妻子：無

兒子女兒人數皆不詳

零歲：出生，是年楊復恭叛亂集團逃竄入漢中。

五歲：隨父親昭宗皇帝，視察華州工作。

六歲：封輝王。

六歲：華州節度使與大太監劉季述，盡殺皇親宗室，僅以身免。

七歲：隨父親昭宗結束對華州的視察，返回長安。

九歲：父親昭宗離休，哥哥李裕登基。

十歲：哥哥李裕離休，父親昭宗恢復皇帝職務。

十一歲：目擊鳳翔血戰，爲爭奪父親昭宗的所有權，鳳翔節度使李茂貞大戰宣武節度使朱全忠，雙方殺得血流成河。

十二歲：軍閥李茂貞與朱全忠和談，李茂貞將父親昭宗零售給朱全忠，由朱全忠擁昭宗返回長安。是年，拜開府儀同三司，充諸道兵馬元帥。

十三歲：朱全忠拆毀長安城，強迫父親昭宗遷往洛陽，而後殺之。於是登基爲帝，是爲哀帝。

十四歲：以朱全忠爲首的常委班子，堅決果斷地打掉由全體大臣組成的反動集團，殺諸臣與白馬驛，史稱「白馬之禍」。同年，生母被指控與人私通，朱全忠殺之。

十五歲：盧龍節度使將境內所有男人，臉上統統刺字，「定霸都」。知識份子則在手臂上刺「一心事主」。

十六歲：苦求將天下讓給朱全忠，朱全忠斷然拒絕。復哀求，復拒絕，如是者多番，朱全忠受之。降職爲濟陰王。

十七歲：後梁開國皇帝朱全忠恢復舊名朱溫，派人送酒與哀帝，飲之，七竅流血，卒。

哀帝的個人簡歷非常單純，誠如前述，他的出場就是爲朱溫提供一個合統性，一完成這項工作，他也就該退場了，帶著大唐一起。

9 帝王的厚黑歷史

昭宗最後的選擇，卻是帶著太監走入朱溫的軍營，選擇一條最不應該走的路，這正如大唐開國之初，李淵選擇最不應該做的事一樣……

現在我們只剩下最後兩個問題，十大藩鎮虎視眈眈，何以是由朱溫親手結束大唐帝國的性命，與諸多對手相比，他到底有何優勢？

此外，難道大唐帝國眞的喪失一切可能了嗎？

先說第一個問題，朱溫之所以拔得頭籌，徹底終結大唐帝國，優勢就在於與諸藩鎮相比，絲毫不具優勢，相反來說，還是條件最差的一個，但恰恰是這最差的條件，成就了他和他的後盾。

爲何這麼說呢？

要知道，朱溫與諸藩鎮不同，諸藩鎮本是朝廷自己的兵馬，只是日漸坐大，最終形成自己的勢力，可以和朝廷分庭抗禮，然而正是這樣一個原因，他們反而對李唐宗室懷有幾分忌憚之心。

比如說鳳翔節度使李茂貞，他是最早將昭宗控制在手中的人，大可挾之以令諸侯，可他的道義資源正是來自官兵出身的背景，所以每逼迫昭宗一步，無形中都讓自己形象更加不堪。到他火焚長安宮室、驅逐昭宗時，道義資源已經耗盡，近乎破罐子破摔，在諸藩鎮心目中的形象也已經是欺主的惡奴，再也無法獲得支持。

相反的，朱溫本是強盜出身，是食人狂魔黃巢手下的大將，因為自己的勢力愈發坐大，引發黃巢的不安，為求保身才索性投靠唐室。所以在諸藩鎮中，朱溫不具絲毫道義資源，只是一介賊寇，賊寇幹出什麼壞事來，都可以理解，這讓朱溫在逼迫昭宗時沒有任何心理負擔，反正都已經惡到底，再加上這麼一樁，也不過如此而已。

孔子曰：「春秋責賢者。」這句話的意思是說，做好人是要吃大虧的，而做一個壞蛋，卻是占盡天下便宜，惡人做了惡事，理所應當可以理解，好人哪那怕是德品上稍有汙點，都難以獲得原諒。

朱溫正是一個地地道道的惡棍，此人在黃巢手下幹得久了，沾染上了幹壞事沒有極限的壞毛病，淫孌不分妻女、刑殺不分骨肉。史書上曾記載，在他晚年時，幾個兒子爭寵，於是朱溫下旨，命幾個兒媳婦入宮，輪番讓他幸御。這種事都幹得出來，即使諸藩鎮再壞到家，也根本沒法與之相比。

實際上，這對好人苛刻無端，對惡人無限寬容的「春秋責賢者」文化，也惡化了大唐帝國末期的生存環境，導致社會出現一種逆淘汰現象。對好人苛刻無端，導致身邊好人越來越少；對惡人無限寬容，導致惡人越來越多，當惡人的數量達到足夠高的比例時，社會文化走向就以惡爲價値取向，表現越是邪惡之人，越容易占得上風，越是善良之人，反而受到群衆的嘲弄。

這個規則並不是唐高祖李淵創立的，但他入主大寶後，並沒有對此進行改良，反而以邪惡的皇家權力進一步惡化這種態勢，到最後，當整個社會的價値取向徹底轉向邪惡時，最終的惡果也只能落到李淵的子孫頭上。

儘管面臨如此惡化的社會環境，大唐帝國仍然有著些許機會，只不過，無論僖宗還是昭宗，他們都錯過了這個機會。這個機會，就在沙陀軍事將領李克用身上。

如前所述，諸藩鎭或是原有的官兵，或是投降的賊寇，只有李克用是從邊境調入的少數民族軍隊。相比於國內諸藩鎭，沙陀人對中原文化較爲生疏。實際上，李克用是從儒家的書本上瞭解中原的，而儒家的書本，向以仁義爲核心，結果事情搞到最後，諸藩鎭之中，只有李克用這個外國人還保留下了儒家文化的印痕，其他人只把書本當成哄呆子的廢紙。

或許是「非我族類，其心必異」的想法作祟，儘管李克用將食人狂魔黃巢剿殺殆淨，又曾解救過昭宗的危局，昭宗卻對李克用心懷忌憚，不敢將自己完全託付給他，錯失了挽救大唐的最後良機。事實上，正所我們所知，當李克用百戰身死之後，其子李存勖承襲家業軍隊，卻仍然採用大唐國號，這也表明，沙陀人眞的已被儒家書本感化，心中一直在懷想大唐。

若是懿宗或昭宗能夠稍有眼光，選擇沙陀人李克用，讓他承擔替皇權護法的工作，不排除歷史被重新拉回到肅宗時代的可能，儘管終究無法改變帝國的必然毀滅，但垂死掙扎個幾下，過程想必極爲刺激。然而，歷史從不能假設，因爲人性無法改變，所有的假設都是基建於違背人性的構設上。說到底，所謂歷史的規律，不過是人性的規律，人性規律如此，歷史也因此被註定了唯一。

比較一下唐宗室所面對的這些敵人，李克用比諸藩鎮可靠，諸藩鎮比朱溫可靠，朱溫比皇帝身邊的太監可靠。然而昭宗最後的選擇，卻是帶著太監走入朱溫的軍營，選擇一條最不應該走的路，這正如大唐開國之初，李淵選擇最不應該做的事一樣。不是昭宗太蠢，也不是李淵沒智慧，他們只是人性規律法則中的兩個必然步驟，由此及彼，如此而已。

當大唐帝國的風光就此沉寂，我們卻於歷史之中解讀出皇權的本質邏輯。

・全書完

群星會

173

唐朝實在很邪門全集

作　　者　霧滿攔江
社　　長　陳維都
美術總監　黃聖文
編輯總監　王　凌
出 版 者　普天出版社
　　　　　新北市汐止區康寧街 169 巷 25 號 6 樓
　　　　　TEL / (02) 26921935 (代表號)
　　　　　FAX / (02) 26959332
　　　　　E-mail：popular.press@msa.hinet.net
　　　　　http://www.popu.com.tw/
　　　　　郵政劃撥 19091443 陳維都帳戶
總 經 銷　旭昇圖書有限公司
　　　　　新北市中和區中山路二段 352 號 2F
　　　　　TEL / (02) 22451480 (代表號)
　　　　　FAX / (02) 22451479
　　　　　E-mail：s1686688@ms31.hinet.net
法律顧問　西華律師事務所・黃憲男律師
電腦排版　巨新電腦排版有限公司
印製裝訂　久裕印刷事業有限公司
出 版 日　2019 (民 108) 年 3 月 第 1 版
ISBN◉978-986-389-584-8　條碼 9789863895848

國家圖書館出版品預行編目資料

唐朝實在很邪門全集

霧滿攔江著. 一第 1 版. 一：新北市, 普天

108.03 面；公分. - (群星會；173)

ISBN◉978-986-389-584-8 (平裝)